未来城市的智慧治理···

基于数字治理视角

刘兴旺 ◎ 著

西南财经大学出版社

中国·成都

图书在版编目(CIP)数据

未来城市的智慧治理:基于数字治理视角/刘兴旺著.--成都:西南
财经大学出版社,2024.9.--ISBN 978-7-5504-6398-1

Ⅰ.F293

中国国家版本馆 CIP 数据核字第 2024MZ2780 号

未来城市的智慧治理:基于数字治理视角

WEILAI CHENGSHI DE ZHIHUI ZHILI:JIYU SHUZI ZHILI SHIJIAO

刘兴旺　著

责任编辑:冯　雪
责任校对:金欣蕾
封面设计:墨创文化
责任印制:朱曼丽

出版发行	西南财经大学出版社(四川省成都市光华村街55号)
网　　址	http://cbs.swufe.edu.cn
电子邮件	bookcj@swufe.edu.cn
邮政编码	610074
电　　话	028-87353785
照　　排	四川胜翔数码印务设计有限公司
印　　刷	郫县犀浦印刷厂
成品尺寸	170 mm×240 mm
印　　张	16.25
字　　数	296 千字
版　　次	2024 年 9 月第 1 版
印　　次	2024 年 9 月第 1 次印刷
书　　号	ISBN 978-7-5504-6398-1
定　　价	88.00 元

前　言

　　城市作为人类聚居文明的一种高级形态，它不仅是人类经济发展的主要载体、引擎，也是文化传承、社会进步和科技创新的摇篮。在数字化技术飞速发展的今天，城市治理正面临前所未有的机遇与挑战。充分利用各种数字技术，探索未来城市的智慧治理，是提升城市管理效能、实现可持续发展、增进民生福祉的必由之路。本书正是在这样的背景下撰写而成的。

　　本书旨在探讨数字治理在未来城市建设中的核心作用，以及如何通过数字技术实现城市治理的现代化等相关问题。本书首先从城市史学、数字治理理论、公共管理学以及数字技术等维度，诠释城市治理演进及发展的多重逻辑，以期"充分利用数字技术激发市民的智慧，……推动城市规划者、市民个人以及团体做出更明智的决策"，从而搭建一种"城市数据+智慧市民"① 的新型治理模式。其核心理念是通过数据驱动、智能决策和公众参与，实现城市治理的精细化、智能化和民主化。

　　在撰写过程中，笔者面临着如何从宏大的历史视野、繁杂的理论丛林和迭代的技术路径中披斩出一条通往未来城市的智慧治理之道。为了克服这一挑战，笔者采用了跨学科的研究方法，结合数字经济学、公共管理学、城市史学、计算机科学和城市哲学等领域的研究成果，力求确保内容的实用性和前瞻性。通过对未来城市智慧治理的深入分析，笔者期望能够激发更多关于如何构建更加智能、更可持续和更人性化城市的讨论和实践。

　　在本书的撰写过程中，恰逢学校进行学科建设，本书的研究视角也与

---

　　① WILLIAM D., JIM MICHAEL G. 让城市更智慧：如何利用市民的集体智慧做出最佳决策［EB/OL］.（2018-02-02）［2024-02-02］.https://www.sohu.com/a/220635180_99947656.

学校数字经济学科的数字治理方向不谋而合。

本书的编写，得到曾绍伦教授和段登辉教授等多位领导和同事的帮助，在此表示特别感谢。书稿的大部分内容是在贵州省图书馆内撰写完成的，书中所用的大部分文献资料由贵州商学院图书馆文献服务中心提供，在此予以感谢。

本书出版受到"数字经济与商务数据智能分析重点实验室""贵州商学院数字商业生态治理研究与实践省创新团队""贵州商学院重点学科建设项目数字经济""2024年度贵州省高校人文社会科学研究项目《贵州基层社会治理数字化转型研究》（项目编号：2024RW45）""贵州商学院经济与金融学院应用经济学学科建设""贵阳贵安民营经济高质量发展研究院"等资助。

由于时间仓促，加之个人学识能力有限，书中难免存在纰漏，希望广大读者予以批评指正。

刘兴旺

2024 年 6 月

目　录

第一章　导论

第一节　研究背景与问题提出

2022 年，联合国发布的《可持续发展目标报告（2022）》指出："目前，全球一半以上的人口生活在城市地区，到 2050 年，预计将有 68% 的人口很可能会生活在城市地区。"可见，城市发展对人类居住的意义十分重大。然而，面对当前只增不减的各种城市病，让我不由回想起《纽约大逃亡》《逃出洛杉矶》《我是传奇》《流浪地球》等科幻电影中所呈现的城市的荒芜的场景，我不禁又想起刘慈欣在《三体》中说的那句话："我们都是阴沟里的虫子，但总还是得有人仰望星空。"

近年来，随着大数据、云计算、物联网、区块链、数字孪生、人工智能等数字化技术的如火如荼发展，特别是这些技术在城市治理中的广泛应用所带来的便捷、高效、智能，让我对城市的未来发展有了许多畅想。当我看到德勤发布的《有目标的城市未来：2030 年塑造城市未来的 12 种趋势》这篇报告时（见图 1-1），我不禁想：这不正像是我"仰望星空"，畅想的未来城市治理吗？因此，在我看来，能够充分利用当前迅猛发展的数字技术，践行习近平总书记提出的"人民城市人民建、人民城市为人民"的重要理念①，探讨未来城市的治理问题，无疑也是一种学术上的享受。

---

① 赵萌琪，孟凡坤. 习近平关于城市治理重要论述研究 [J]. 教学与研究，2023，（8）：18-29.

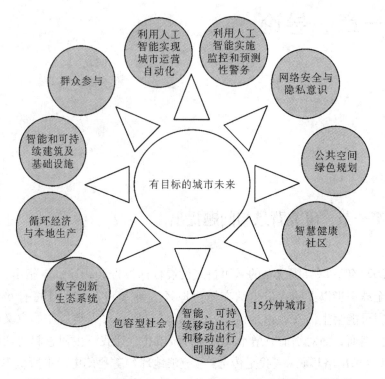

图1-1　有目标的城市未来：2030年塑造城市未来的12种趋势

第二节　研究目的与意义

在全球化与信息化的双轮驱动下，城市作为经济、社会和文化发展的核心载体，其治理模式正经历着前所未有的变革。未来城市的智慧治理，尤其是基于数字治理视角的探索，不仅是"数字经济+公共管理"领域的重要课题，也是推动城市可持续发展的重要途径。本书旨在深入探讨未来城市智慧治理的理论基础、实践模式及其潜在影响，为构建更加高效、包容、可持续的城市治理体系提供理论依据与实践指导。

一、研究目的

本书通过深入梳理数字治理理论，构建未来城市智慧治理的理论分析框架，以期拓展数字化时代对城市治理的新思考。同时，结合公共管理学、数字经济学、城市史学、城市哲学等多学科视角，形成跨学科的理论体系，丰富和发展城市治理的理论内涵。以国内外城市智慧治理的成功案例为基础，总结提炼可复制、可推广的经验做法，为城市治理者提供具有针对性的政策建议与实践指导。特别是在城市治理数字化转型的背景下，探讨如何运用大数据、物联网、云计算、区块链、5G、数字孪生、人工智能等数字化技术提升城市治理效能，是本书研究的重点。针对当前城市治理中数据孤岛严重、多元主体参与意识不强、可持续发展动力不足等问题，通过智慧治理的探索与实践，提出一些解决思路，期望推动城市治理模式的创新与优化。

二、研究意义

本书旨在深化对数字治理理论的理解与认识，拓展其在城市治理领域的应用边界。同时，通过跨学科的理论融合，促进公共管理学与数字经济等学科的交叉发展，为数字治理的研究提供新的视角与思路。面对城市化进程中的各种复杂问题，本书的研究成果对于指导城市治理者运用智慧治理手段解决实际问题具有一定的指导意义。

第三节　研究范围与理论框架

一、研究范围

本书聚焦于未来城市的智慧治理，特别是在数字治理视角下的未来城市智慧治理的探索与实践。研究内容涵盖以下五个方面：

第一，数字治理理论。这部分分析了数字治理理论的核心概念、特征、要素、内容及原则等。

第二，多维视角审视城市治理。这部分从城市史、公共管理、城市哲学、"人、产、城、文"等视角，全面审视了城市治理的内涵与外延。

第三，数字技术视角下的城市治理。这部分介绍了大数据、云计算、物联网、5G、数字孪生、人工智能等数字技术的概念、特征及核心技术，并探讨了相关技术在城市治理中的应用。

第四，国内外城市智慧治理实践。这部分通过选取全球具有代表性的城市智慧治理案例，如新加坡的"智慧国计划"，伦敦的"智慧伦敦"，阿姆斯特丹、纽约等城市的智慧治理实践，以及中国的北京、上海、杭州、深圳等城市智慧治理实践，通过比较分析，总结提炼出它们的成功经验，分析其面临的共同问题，为未来城市的智慧治理提供启示。

第五，未来城市智慧治理的框架设计。这部分基于理论分析和实践探索，提出未来城市智慧治理的技术、逻辑和理论三重框架，结合国内外智慧治理经验和技术发展趋势，深入分析可能遇到的技术风险、数据安全、隐私保护、算法偏见等问题，并提出一些思考。

二、理论框架

本书构建的理论框架以数字治理理论为核心，融合公共管理学、城市哲学等多学科视角，形成跨学科的综合体系。从数字治理理论的角度，未来城市的智慧治理应坚持数据驱动、智能化治理、平台化治理、多元化参与等理念。从公共管理理论的角度，未来城市的智慧治理应强调政府角色的转变、市场机制的引入、社会协同参与等在未来城市智慧治理中的地位和作用。从城市哲学的角度，未来城市的智慧治理应关注城市作为人类生活空间的本质特征和价值追求，注重可持续发展、社会公平正义等理念。这些理念可为未来城市智慧治理提供深层次的价值导向和目标追求。

第四节　研究方法与数据来源

在编写本书时，对研究方法的选择与数据来源的确定对研究的科学性和可靠性至关重要。本书旨在通过系统性、综合性的研究，为未来城市的智慧治理提供一定的理论参考与实践指导。

一、研究方法

（一）文献研究法

通过广泛搜集国内外关于数字治理、智慧城市、公共管理等方面的学术文献、政府工作报告及政策文件，对现有研究成果进行系统梳理与综合分析。这一方法有助于明确本书的研究定位与创新点。

（二）案例分析法

本书选取国内外具有代表性的城市智慧治理案例，如新加坡的"智慧国计划"、杭州的"城市大脑"项目等进行深入剖析。通过对这些案例的详细描述与成效评估，提炼出城市智慧治理的成功要素、存在问题与普适性规律。

（三）比较研究法

通过横向比较国内外城市智慧治理的差异与共性，探讨不同政治、经济、文化背景下城市智慧治理的共性与个性问题，揭示城市智慧治理的普遍规律与独特现象，为构建普适性的理论框架提供支撑。

二、数据来源

本书大量使用了数字经济理论、城市治理理论、智慧城市建设实践、公共管理学、城市哲学、城市史学等多个领域的学术论文、学术著作、研究报告、标准文件，以及政策文本等。这些资料、数据及文献等，一方面是我通过中国知网、Web of Science、SpringerLink、谷歌学术等国内外学术数据库或搜索引擎检索而得的；另一方面则由贵州商学院图书馆文献服务中心、贵州省图书馆提供。

第五节　本书的结构及安排

本书采用总—分—总的结构，用八章的篇幅从城市史学、城市哲学、公共管理学、数字经济学等视角，对未来城市的智慧治理进行了多维度的分析。第一章导论，阐述城市化进程中的挑战与机遇，明确本书的研究范围、框架及方法。第二章当代城市治理的全景分析，分析当前城市治理面临的困境及治理变革的时代诉求。第三章数字治理理论概述，解析数字治理的定义、内涵、特征、要素、内容、核心原则，为未来城市的智慧治理搭建一个基础理论框架。第四章城市治理的多维度审视，从城市史、公共管理学、城市哲学等多维度审视城市治理的问题，为后续研究打下基础。第五章"人、产、城、文"视角下的城市治理，即从不同视角探讨城市治理的具体画像及内容等。第六章城市智慧治理中的数字技术及其应用，探讨了物联网、5G、云计算、大数据、数字孪生、人工智能、区块链等数字技术的概念、特点，以及其在城市治理中的应用。第七章国内外城市智慧治理案例分析，分别选取美国的纽约，新加坡，英国的伦敦，荷兰的阿姆斯特丹，中国的北京、上海、杭州、深圳等城市的智慧治理实践，总结其成功经验与面临的挑战。第八章数字治理视角下的未来城市智慧治理思考，则提出未来城市智慧治理的框架构建等问题。

第二章　当代城市治理的全景分析

随着数字技术在城市治理中广泛而深入的应用，城市的面貌与肌理再次被重塑。作为现代国家治理关键环节的城市治理，其重要性愈发凸显。然而，当下城市治理面临着前所未有的挑战与考验，例如：数据割裂仿佛一道道无形高墙，阻隔了信息的自由流转，桎梏了治理的智慧触角；多元主体协同乏力，犹如齿轮间的沙砾，磨蚀了治理链条的运转顺畅；制度革新滞后，仿佛沉重的历史枷锁，束缚了城市前行的脚步；可持续发展的愿景，虽被屡次提及，却常陷于口号之中，难以转化为切实可行的行动指南；城市治理效能与质量的提升，则海市蜃楼般，美丽而遥远，呼唤着深层次的治道变革与实践突破。

在此背景下，我们迫切需要一场根植于数字时代的城市治理变革"风暴"。这场"风暴"首先应以数智融合为引领，激活城市治理的创新引擎，让数据不再沉默，而是成为洞察城市脉搏、预判发展趋势的智慧之源；其次，应倡导多元协同的理念，汇聚社会各界的力量，打破封闭的思维边界，共同编织一张无缝对接、高效联动的治理网络；应强调数据驱动的价值，使决策过程从直觉判断迈向科学分析，实现从宏观调控到微观服务的精准施策；再次，应致力于化解数字鸿沟，确保每一位市民都能平等地享受数字红利，不让任何人在数字时代掉队；最后，应构建起一座座智能服务平台，让城市服务如同春风拂面般温暖人心，让高效便捷成为常态而不是偶然。唯有如此，我们才能真正开启未来城市的智慧治理之路，让每一座城市不仅拥有钢筋水泥的骨架，更有智慧灵动的灵魂，成为人们向往的美好家园。

第一节　城市治理的重要性与研究背景

早在 2008 年，世界上的城市人口就超过了农村人口，世界已经真正迈入城市社会时代①。城市作为人类文明的重要载体，良好的城市治理直接关系到居民的生活品质、经济的高质量发展与基层社会的和谐稳定。伴随着全球城市化步伐的加快，城市治理的紧迫性愈加凸显。探究城市治理，不仅对应对当前城市发展所面临的挑战具有现实意义，同时也为构建未来理想城市模式提供了理论与实践的指导，更为数字时代国家治理体系和治理能力的提升提供了借鉴与启示。作为社会经济活动的枢纽，城市不仅是人口与资源的密集汇聚区，更是创新与变革的策源地。高效的城市治理，不仅是提升居民生活质量、增强居民幸福感的核心驱动力，更是支撑社会经济全面、协调、可持续发展的基石。

一、城市治理的研究背景

随着信息技术的飞速发展，数字治理成为城市治理的主流。大数据、云计算、人工智能等数字技术的广泛应用，为城市治理带来了前所未有的机遇与挑战。一方面，数字技术为城市治理者提供了更加精准、高效的信息收集与分析手段，使决策过程更加科学化、民主化。另一方面，数字鸿沟、数据隐私保护等问题也随之出现，对城市治理提出了新的要求。纵观城市治理历史，国内外学者与政策制定者在城市治理的理论与实践方面做出了大量的有益探索。从理论层面看，学者采用公共管理学、政治学、城市经济学、社会学、城市哲学、数字经济学及计算机科学等多学科交叉融合的方法，不断丰富了城市治理的理论"丛林"。从实践层面看，诸如新加坡的"智慧国计划"、伦敦的"智能城市"项目、上海的"一网通办"、杭州的"城市大脑"等城市智慧治理成功实践案例，为其他城市的智慧治理提供了宝贵经验与启示。城市治理是国家治理体系的基石，城市稳则国家稳，城市安则国家安。在迅速变化的城市社会经济背景和科技进步的推动下，城市治理的理念、手段与策略亟须创新与发展，以应对层出不穷的

---

① 彼得·克拉克. 牛津世界城市史研究 [M]. 陈恒，屈伯文，等译. 上海：上海三联书店，2019：1.

新问题和新挑战。随着数字技术的迅猛发展及其在众多领域的广泛渗透，我们有充分理由预见，城市治理将趋向智能化、高效率、包容性及可持续性。

二、城市治理的重要性

城市治理的重要性在于其对社会经济发展的全面影响。首先，良好的城市治理能够优化资源配置，提高城市运行效率。例如，新加坡通过"花园城市"规划，实现了高效利用土地资源与绿化空间的结合，成为全球宜居城市的典范①。其次，城市治理对于促进社会稳定与公平正义具有不可替代的作用。城市作为多元文化的交汇点，不同背景、不同需求的居民共同生活在其中，这就需要城市治理者通过公平公正的治理政策，保障每个人的基本权利与利益。最后，城市治理直接关系到城市的可持续发展能力。面对全球气候变化、环境污染等挑战，城市作为资源消耗与排放的集中地，其治理方式直接影响应对挑战的效果。欧洲许多城市（如丹麦首都哥本哈根）通过推广绿色出行、绿色建筑等措施，实现了经济发展与环境保护的双赢②。

第二节 当前城市治理面临的困境

在当前这个数字化和智能化技术飞速发展的时代，传统的城市治理模式正面临前所未有的挑战。

一、数据孤岛和数据烟囱问题仍较突出

在当代城市治理的语境下，数权的冲突，特别是数权的私权力和公权力没有平衡好③，使得数据孤岛和数据烟囱问题依然显著，这些问题在多个层面上影响着城市治理的效能和效率。技术兼容性的缺失导致不同系统

---

① 蔡本田."花园城市"新加坡：打造世界绿色宜居城市［N］.经济日报，2022-04-24（12）.

② 杨敬忠.书写"绿色童话"的城市：丹麦首都哥本哈根的环保故事［EB/OL］.（2012-06-15）［2024-04-15］. http://www.xinhuanet.com/world/2012/06/15/c_112223375.htm.

③ 高志华.数据治理中数权的冲突与平衡［J］.长白学刊，2020，214（4）：51-56.

和平台之间的数据交换与集成遭遇重重困难，这不仅阻碍了信息的自由流动，也限制了治理的视野和深度。此外，部门间的文化差异和组织壁垒加剧了信息共享的难度，导致信息共享机制的不完善，进一步加剧了数据孤岛现象[①]。

缺乏统一的数据管理政策和法规，使得数据共享和流通缺乏必要的法律支持，进一步削弱了数据治理的合法性和正当性[②]。当数据格式和标准不一致时，不同来源和类型的数据难以被有效整合和分析，这不仅降低了数据的价值，也增加了城市治理的复杂性和成本。数据安全和隐私保护的顾虑，虽然在一定程度上保护了个人和组织的权益，但也限制了数据的开放和共享程度，影响了城市治理的透明度和多元主体的参与度。

技术基础设施供给不足，使之无法支撑大规模的数据集成和分析，这在一定程度上制约了城市治理的现代化和智能化进程。同时，缺乏具备数据管理和分析能力的专业人才，不仅影响了数据的有效利用，也限制了治理的改进和创新。对数据管理和分析系统的投资不足，导致技术更新和维护滞后，又进一步加剧了城市治理中的数据孤岛和烟囱问题。

在公共服务提供过程中，数据孤岛问题导致服务效率低下，市民体验感不佳，这不仅损害了政府的形象和信誉，也降低了公众对政府的信任和支持[③]。在决策制定过程中，数据孤岛和数据烟囱问题限制了全面数据分析的可能性，影响了决策的质量和效率。在紧急情况下，数据孤岛和数据烟囱问题可能导致响应迟缓，影响城市公共安全治理的效果和效率。

二、多元主体参与城市治理动力不足

传统的城市治理模式往往受到旧有思维的束缚，这限制了其适应新时代挑战的能力。市民参与的渠道狭窄，导致城市治理缺少广泛的民意基础。城市治理由增长"锦标赛"向治理"竞赛"的转变过程中，由于制度供给的滞后和机制的不健全进一步降低了治理效率，难以满足市民的期望[④]。技术应用的滞后也影响了城市治理的信息化和智能化水平，进而影

---

① 陈文. 城市治理中的信息壁垒与矫治路径 [J]. 国家治理, 2021, 329 (17): 22-26.

② 赵正, 郭明军, 马骁, 等. 数据流通情景下数据要素治理体系及配套制度研究 [J]. 电子政务, 2022, 230 (2): 40-49.

③ 魏鸿. 数据共享在政府公共服务中的应用研究 [D]. 大连: 辽宁师范大学, 2021.

④ 彭勃, 赵吉. 从增长锦标赛到治理竞赛: 我国城市治理方式的转换及其问题 [J]. 内蒙古社会科学 (汉文版), 2019, 40 (1): 63-70.

响了治理效果。

更令人担忧的是，由于缺乏有效的激励措施和多元化的参与途径，市民对城市治理的热情逐渐降低，其关注度和参与意愿降至低点。这导致决策者难以获得充分的民意反馈，政策制定与民众需求之间出现脱节。这种脱节不仅影响了城市治理的效果，也削弱了市民对政府的信任，加剧了城市治理的困境[①]。

市场和社会的调节作用尚未得到充分利用。公众参与的意愿不强，参与手段和工具落后，传统的"顺从"思维和"官本位"双重思想限制了城市治理创新和公众参与空间的拓展[②]。

因此，面对这些挑战，我们必须寻求创新的城市治理模式，以适应这个快速变化的时代。这需要我们打破阻碍城市治理的重重壁垒，以创新、协调、绿色、开放、共享的新发展理念为指导，全面融入民主、法治、公平、正义、安全、可持续发展等基本价值，从观念、制度、技术等多方面对传统的城市治理进行全方位的改革，推进精英治理向协商民主治理、从人治向法治、从维稳治理向安全治理、风险治理的转型，从而实现城市善治[③]。同时，我们也需要激发市民的参与热情，建立多元化的参与渠道，让市民真正成为城市治理的主体，共同推动城市发展迈上新台阶。

三、城市治理制度与机制创新滞后

随着城市化的持续演进，城市发展呈现出集群化趋势，这要求城市治理在跨部门协作与资源整合方面发挥更大作用。然而，跨部门合作经常遭遇障碍，例如沟通障碍、利益分歧和政策不协调等，这些因素严重削弱了合作的效率与成效[④]。资源整合的效率及其创新能力同样需要加强。为了克服这些挑战，建立高效的协作机制和平台至关重要，这不仅能优化资源配置，还能激发创新动力，推动城市治理向更高层次发展。

---

① 付鉴宇. 城市治理中的公民参与失序化问题 [J]. 天水行政学院学报, 2019, 40 (1): 63-70.

② 韩学广, 高亮. 宏观调控管理思路嬗变: 从目标管理到区间管理 [J]. 中国行政管理, 2013, 341 (11): 36-40.

③ 崔莹, 张爱军. 我国城市治理相关问题简析 [J]. 黑龙江社会科学, 2022, 194 (5): 34-39, 135.

④ 蒋敏娟. 中国政府跨部门协同动力及困境探析: 以"成本—收益"为视角 [J]. 湖北行政学院学报, 2018, 101 (5): 46-51.

现代城市治理正逐步超越传统的行政边界，向着城市群体化、集聚化和协同化的方向发展。然而，根深蒂固的部门主义、地方主义不仅妨碍了跨部门、跨区域、跨职能的合作，也成为实现城市精细化管理、系统化治理的障碍，使得城市治理体系在数字化转型中显得不够灵活和响应迟缓[①]。

面对快速发展的科学技术，现有的治理架构，特别是制度超载和制度与技术之间的脱节，严重制约了城市治理创新的潜力，并降低了治理效率。为了适应这一变革，相关部门必须对治理架构进行创新，以确保其能够灵活适应技术发展，提高治理的智能化和响应速度。

四、城市的可持续发展的后劲不够

在当今的城市治理体系中，我们观察到资源配置的效率不尽如人意，尤其是在至关重要的能源与环境领域。尽管数字化治理和技术创新被视为潜在的解决方案，但它们的应用并未达到预期的广度和深度，这使得城市可持续发展目标遭受了重大挑战。资源利用效率的不足以及环境压力的持续上升，凸显了我们在挖掘数字治理、推动绿色发展和循环经济方面的潜力上仍有很长的路要走[②]。城市在向可持续发展的过程中，正遭受着资源配置效率低下和环境管理数字化不足的双重困境。长久以来，传统城市化进程中的弊病，如交通拥堵和环境污染等，不仅降低了居民的生活质量，也对城市的整体福祉构成了威胁。

面对这些挑战，城市人口增长给资源承载带来了更大的压力，凸显出资源配置的不平衡及效率等问题。我们迫切需要关注环境问题，并致力于维护生态平衡。在中国快速城镇化的步伐中，空气和水资源的污染已经成为影响可持续发展的关键因素。此外，生态环境的退化和生物多样性的丧失也削弱了城市的生态复原力，影响了其生态服务功能[③]。同时，鉴于全球气候变暖的趋势，城市治理正面临前所未有的挑战，包括极端气候事件

---

① 薛泽林. 从约略到精准：数字化赋能城市精细化治理的作用机理 [J]. 上海行政学院学报，2021，22（6）：57-66.

② 陈少威，贾开. 数字化转型背景下中国环境治理研究：理论基础的反思与创新 [J]. 电子政务，2020，214（10）：20-28.

③ 邓芙蓉，郭新彪. 我国快速城镇化过程中应关注的环境与健康问题 [J]. 中华疾病控制杂志，2018，22（5）：433-434，444.

和海平面的上升等威胁①。

为了应对这些问题，我们必须采取创新的方法和策略，确保城市发展既能满足当代人的需求，又不损害后代人享受自然资源的权利。这要求我们不仅要重新考虑如何管理和发展城市，还要在政策制定中融入更多的数字技术，提高资源利用率，加强环境保护措施，以及增强城市生态系统的服务功能等。通过这种方式，我们可以朝着更加绿色、公平和可持续的未来城市迈进②。

五、城市治理效能与城市发展质量有待提高

城市治理面临多重挑战，如教育、医疗和交通等基础设施与公共服务的供需仍表现出一定程度的不匹配，无法满足市民多样化、个性化的需求，直接影响到居民的生活质量③。城市规划和土地利用存在的不合理现象，可能导致资源配置的不当和效率损失，制约了城市的可持续发展④。此外，污水处理、垃圾处理和空气质量控制等方面的不足也成为城市发展的瓶颈，影响了环境质量和居民健康⑤。数字化治理工具虽然潜力巨大，但在城市治理实践中仍应用不足或不当，可能导致数据孤岛、信息不对称等问题，从而削弱了政策制定和执行的精准性与效率。

此外，市民参与度不高，市民参与城市治理的渠道和机会有限，导致政策制定与市民需求脱节，降低了政策的接受度和执行效果⑥。治理过程中的透明度和公正性不足，可能出现一定程度的权力滥用和不公平现象，从而损害市民的信任度和满意度。法律法规执行力度不够，可能导致部分违法行为得不到有效制止，对社会秩序和安全构成威胁⑦。城市治理的创

---

① 冯帅. 论全球气候治理中城市的角色转型：兼论中国困境与出路 [J]. 北京理工大学学报（社会科学版），2020，22（2）：151-160.

② 张倩，邓祥征，周青. 城市生态管理概念、模式与资源利用效率 [J]. 中国人口·资源与环境，2015，25（6）：142-151.

③ 陈安熊. "美好生活"需求背景下公共服务有效供给的困境与改革思考：以贵阳市为例 [J]. 呼伦贝尔学院学报，2020，28（2）：34-38.

④ 周永思. 城乡规划及建设中存在的土地资源问题及改善措施 [J]. 建筑设计管理，2018，35（11）：72-74.

⑤ 曾秋红. 浅谈城市环境污染的现状及其治理对策 [J]. 科教导刊（下旬），2017（6）：150-151.

⑥ 狄凡，周霞. 超大城市治理公众参与演变历程与现状分析：基于国内外比较的视角 [J]. 上海城市管理，2019，28（6）：4-14.

⑦ 鞠睿. 浅析执法困境及现有执法理念条件限定 [J]. 法制博览，2019（19）：49-50，55.

新能力不足，使得现有治理模式难以应对快速变化的社会环境，制约了城市治理的现代化进程。此外，不同政府部门之间的协同不足，导致政策执行不力，进一步影响了治理效果。

第三节　城市治理变革的时代诉求

一、推进数智融合，提升城市治理的创新性

人工智能、大数据、云计算等前沿技术的不断革新，为城市治理提供了前所未有的机遇。推进数字技术的融合在智慧治理中扮演着至关重要的角色，它不仅能为城市治理带来创新的可能性，而且能极大地提升城市治理的效率和效果，更能改变传统的城市治理模式。

首先，从结构革新的角度来看，数字技术正在打破传统的治理层级结构，构建起更加灵活和动态的网络化治理结构。以区块链技术为例，它通过增强治理过程中的数据透明度和安全性，为市民提供了更加可信的公共服务体验。例如，在爱沙尼亚的电子政务系统中，区块链技术被用于确保公民数据的安全和不可篡改，从而提高了公共服务的可靠性和效率。

其次，从模式转变的角度来看，数字技术的融合推动了城市治理从线性管理向循环、协同治理模式的转变。数字孪生技术的应用，使得城市治理者能够实时模拟和优化治理方案，极大地提升了决策的科学性和精准性。例如，巴塞罗那利用数字孪生技术模拟城市运行，优化了城市规划和资源分配，提高了城市治理的效率和响应速度①。

再次，从机制整合的角度来看，全功能集成、全网络融合的数智治理体系，实现了治理资源的全面整合。杭州市通过"城市大脑"项目，实现了交通、环境、公共安全等多领域的数据共享和业务协同，提高了城市治理的整体效能。这个项目通过集成多个领域的数据，实现了智能分析和预测，优化了城市治理决策②。

---

① 齐如煜. 巴塞罗那智慧城市建设：用数据和技术塑造未来城市［EB/OL］.（2024-06-02）［2024-06-04］. http://howxidea.com/archives/873.

② 中国信息通信研究院等. 城市大数据平台白皮书（1.0 版）.［EB/OL］.（2019-06-01）［2023-06-03］. https://adc.fzu.edu.cn/__local/0/18/76/347AE07A77D057F657601B495C2_0BBEB89A_72F5CF.pdf？e=.pdf.

最后，从全过程管理的角度来看，数字技术的加持，使城市治理的全周期管理得以实现，从而确保了城市治理从规划、执行到反馈的每个环节都能得到有效监控和及时调整。这种全要素连接的治理体系，通过人机交互，不仅能提升治理效率，而且能增强市民的参与感和满意度。例如，阿姆斯特丹通过智能传感器网络收集城市运行数据，实现了对城市基础设施的实时监控和维护，提升了城市治理的预见性和效率[①]。

二、鼓励多元协同，增加城市治理的有效性

在当今迅速发展的时代，城市治理面临前所未有的挑战与机遇。为了实现城市的可持续发展和居民的美好生活，鼓励多元主体协同成为提升城市治理有效性的关键策略。"多元协同"意味着打破传统的单一治理模式，将政府、企业、社会组织、社区组织以及市民等多元主体汇聚在一起，共同参与城市治理的各个环节[②]。这种模式能够充分发挥各方的优势和资源，形成强大的治理合力。

政府作为城市治理的主导者，承担着制定政策法规、规划城市发展、提供公共服务等重要职责[③]。然而，仅仅依靠政府的力量是远远不够的。企业拥有丰富的资金、技术和管理经验，在城市基础设施建设、科技创新、经济发展、平台建设等方面发挥着重要作用，更重要的是企业的"市场机制"可以弥补"政府失灵"[④]。例如，一些高科技企业通过运用大数据、人工智能等数字技术，为城市的交通管理、环境监测等提供了高效的解决方案，提升了城市的运行效率。

社会组织则凭借其专业性和灵活性，在社会服务、公益事业、文化传承、社会沟通等领域发挥独特的作用。它们能够关注到政府和企业容易忽视的社会问题，为弱势群体提供帮助和支持。比如，一些慈善组织在城市中开展扶贫助困活动，为贫困家庭和个人送去温暖和关爱；环保组织积极

---

① 宋娜，杨秀丹. 阿姆斯特丹智慧城市建设及启示 [J]. 现代工业经济和信息化，2017，7（5）：3-5，13.

② 赵冬，陈志超. 城市协同治理的社会组织：结构、机理与增效 [J]. 上海行政学院学报，2021，22（2）：73-82.

③ 刘韵. 城市治理中的政府角色研究 [D]. 天津：天津师范大学，2016.

④ 彭姝. 城市治理现代化演进中的市场机制作用分析 [J]. 特区实践与理论，2019，238（5）：124-128.

推动城市的绿色发展，倡导居民践行环保理念①。

社区组织扎根于基层，熟悉社区的情况和居民的需求，在社区治理、矛盾调解、邻里互助等方面发挥着重要作用②。例如，以杭州市滨江区浦沿街道彩虹社区的垃圾分类工作为例，社区组织通过宣传教育、监督指导等方式，引导居民积极参与垃圾分类，使得社区的环境卫生得到显著改善③。

市民是城市的主人，他们的参与是城市治理的基础和源泉。鼓励市民积极参与城市治理，能够增强他们的责任感和归属感④。例如，上海市城市管理行政执法局通过市民志愿者活动，让市民参与城市的环保、治安维护等工作中；通过市民意见征集和听证会，政府能够了解市民的需求和诉求，制定更加符合民意的政策⑤。

多元协同治理不仅能够整合各方资源，还能够提高治理决策的科学性和民主性。在制定城市发展规划、解决公共问题等方面，各方主体从不同的角度出发，提供多样化的观点和建议。这种集思广益的方式能够避免决策的片面性和主观性，使决策更加科学合理。同时，多元协同治理能够增强城市治理的灵活性和适应性。面对复杂多变的城市问题，单一的治理主体往往难以迅速做出有效应对。而多元主体的协同合作能够迅速整合资源，灵活调整策略，提高治理的效率和效果⑥。

然而，要实现有效的多元协同治理并非易事，还存在一些挑战和障碍。比如，各方主体之间的利益诉求可能存在差异，导致合作难以达成；信息沟通不畅、协调机制不完善等问题也可能影响协同治理的效果。为了克服这些问题，需要建立健全的协同机制和沟通平台。明确各方主体的职

---

① 王颖. 城市治理中的社会组织：困境与出路：以北京为研究个案 [J]. 城市观察，2019，60（2）：150-156.

② 陈蕾. 社会组织参与社区矛盾化解的实践探索：以上海绿主妇工作室为例 [J]. 上海党史与党建，2019，383（4）：50-53.

③ 辛文. 以"广而深"的宣传教育活动 开展垃圾分类社区宣传 促进分类意识提升 [EB/OL]. （2024-05-10）[2024-05-20]. http://iot. china. com. cn/content/2024-05/10/content_42783538. html.

④ 薛延宇. 我国城市治理中的公众参与问题研究 [D]. 长春：中共吉林省委党校，2019.

⑤ 张毅. 城市治理离不开市民参与 [EB/OL]. （2016-04-22）[2024-05-24]. https://www.gov.cn/zhengce/2016-04/22/content_5066730. htm.

⑥ 唐皇凤. 协商治理的中国实践：经验、问题与展望 [J]. 中共中央党校（国家行政学院）学报，2020，24（1）：79-86.

责和权利，规范合作流程，加强信息共享和交流。同时，要加强对各方主体的培训和引导，提高他们的协同意识和合作能力。在鼓励多元协同的过程中，还需要充分利用现代信息技术的优势。利用物联网、云计算、大数据等技术手段，实现跨部门、跨主体、跨区域的信息共享和协同工作。通过建立城市智慧治理平台，将城市的各种数据整合起来，为多元协同治理提供有力的技术支持。

也就是说，多元协同是提升城市治理有效性的必由之路。只有通过政府、企业、社会组织、社区组织和市民的共同努力，形成共建共治共享的治理格局，才能实现城市的高质量发展，让城市成为人们安居乐业的美好家园。在未来的城市治理中，我们应不断探索和创新多元协同的模式和方法，以适应城市发展的新需求和新挑战，为城市的繁荣与进步注入持续的动力。

三、强化数据驱动，提升治理决策的精准性

城市作为一个复杂的生态系统，涵盖了社会、经济、环境、交通等众多方面，其运行和发展产生了海量的数据。这些数据犹如深埋在价值连城的矿山里的矿石，等待着我们去挖掘和利用。强化数据驱动，就是要将这些数据转化为有意义的信息和知识，为城市治理决策提供坚实的依据。

从公共管理的视角来看，传统的城市治理决策往往依赖于有限的经验、局部的调研以及主观的判断。这种决策方式在面对日益复杂多变的城市问题时，显得捉襟见肘。而数据驱动的决策模式则能够突破这些局限。通过对大规模、多维度数据的整合与分析，我们可以全面、深入地了解城市的运行状态和市民的需求[1]。例如，通过对城市交通流量、道路状况以及公共交通使用情况等数据的综合分析，能够精准地规划交通设施的布局，优化交通信号灯的设置，从而有效缓解交通拥堵问题[2]。

在数字治理领域，大数据技术为数据的采集、存储和分析提供了强大的支持。物联网技术使得城市中的各种设施和设备能够实时感知并传输数

---

① 秦萧，甄峰. 大数据与小数据结合：信息时代城市研究方法探讨 [J]. 地理科学，2017，37（3）：321-330.

② 思通数科多模态 NLP 全行业系统. 智能交通流量分析：利用大数据分析优化城市交通管理 [EB/OL]. （2024-06-21）[2024-06-22]. https://blog.csdn.net/lwl166666/article/details/139869936.

据，云计算为海量数据的存储和处理提供了强大的计算能力，大数据分析技术则能够从海量的、杂乱无章的数据中提取出有价值的信息。以城市的能源管理为例，通过智能电表收集的居民和企业用电数据，可以精确预测能源需求的变化，从而合理调整能源供应策略，实现能源的高效利用和节能减排目标①。

城市智慧治理是城市发展的重要方向，而数据驱动是其核心驱动力。在城市智慧的治理中，数据无处不在，从城市的基础设施到市民的日常生活，从政府的公共服务到企业的商业活动，都在不断产生数据。这些数据不仅反映了城市的现状，更蕴含着城市未来发展的趋势和需求。通过建立智慧城市数据平台，整合来自不同部门和领域的数据，进行跨部门、跨领域的数据分析和应用，可以实现城市资源的优化配置，提升城市的综合竞争力。例如，在城市规划方面，我们可以利用人口流动、土地利用、经济发展等数据进行模拟和预测，制定出更加科学合理的城市发展规划，促进城市的可持续发展②。

然而，要实现数据驱动的城市治理决策精准性提升，并非一帆风顺，还面临诸多挑战。其中，数据质量和数据安全是首要问题。数据的准确性、完整性和一致性直接影响到分析结果的可靠性和决策的正确性。同时，在数据的采集、存储和使用过程中还涉及个人隐私和信息安全，因此，我们必须建立严格的法律法规和技术保障措施，确保数据的合法、安全使用。

此外，数据的共享和整合也是一个难题。城市治理涉及多个部门和领域，数据往往分散在不同的系统和平台中，便形成了数据孤岛。因此，要打破部门之间的数据壁垒，实现数据的共享和整合，还需要建立有效的协调机制和统一的数据标准。

同时，数据分析人才的短缺也是制约因素之一。数据驱动的城市治理决策需要既懂数据分析技术，又熟悉城市治理业务的复合型人才。可见，加强人才培养和引进，建立专业的数据分析团队，是提升城市治理决策精准性的重要保障。

---

① 王成山，罗凤章，张天宇，等.城市电网智能化关键技术［J］.高电压技术，2016，42（7）：2017-2027.

② 新艺元.大数据分析法在城市规划中的运用［EB/OL］.（2024-01-08）［2024-05-08］.http://www.d-xs.com/nd.jsp? id=71&groupId=-1.

为了强化数据驱动，提升城市治理决策的精准性，我们可以做出以下思考。首先，政府应制定明确的数据战略和政策，引导和规范数据的采集、使用和共享。加大对数据基础设施建设的投入，建立统一的数据平台，实现数据的集中管理和共享。其次，加强数据质量管理，建立数据质量评估和监控机制，确保数据的准确性和可靠性。再次，加强数据安全和隐私保护，完善相关法律法规，建立严格的数据安全管理体系。最后，加强与高校、科研机构和企业的合作，推动数据技术的研发和应用，培养和引进数据分析人才。

总之，强化数据驱动是提升城市治理决策精准性的有效途径。面对城市发展的新挑战和新机遇，我们应充分利用数据的力量，不断创新城市治理模式和方法，实现城市的高效、智能、可持续发展，为市民创造更加美好的城市生活。在未来的城市治理中，数据将继续发挥着核心作用，引领城市走向更加繁荣和宜居的明天。

四、化解数字鸿沟，增进城市治理的公平性和包容性

伴随着数字化浪潮，数字鸿沟日益成为城市治理面临的一个亟待解决的重要问题。数字鸿沟，简而言之，是信息拥有者和信息匮乏者之间的鸿沟①。这种差距并非仅仅体现在硬件设备的接入上，更体现在数字技能、信息获取能力以及数字资源利用程度等多个层面②。在城市治理的语境中，数字鸿沟的存在可能导致部分群体无法充分参与到城市发展，无法享受数字化带来的便利和机遇，进而影响城市治理的公平性和包容性。

从公共管理的角度审视，数字鸿沟可能导致数字发展的不平等，从而加剧社会阶层的分化③。那些拥有丰富数字资源和高超数字技能的群体，能够更高效地获取信息、参与公共事务，并在经济活动中占据优势地位。而那些弱势群体如老年人、低收入人群、残障人士以及教育程度较低的群体，可能因缺乏数字设备、网络连接或者必要的数字素养，而在数字世界中处于边缘地位。这不仅限制了他们个人的发展，也可能导致社会贫富差

---

① 邱泽奇，张樹沁，刘世定，等. 从数字鸿沟到红利差异：互联网资本的视角 [J]. 中国社会科学，2016，(10)：93-115，203-204.

② 孟融. 效益到权利：数字经济构建的非均衡性及法治矫正 [J]. 华中科技大学学报（社会科学版），2024，38（4）：26-35.

③ 孙帅. 从数字鸿沟的发展形态解析网络阶层分化 [J]. 新媒体研究，2019，5（22）：81-82.

距进一步扩大，给城市的和谐稳定带来潜在威胁①。

在数字治理领域，数字鸿沟可能削弱政府治理的有效性和公正性。公众参与是推进城市治理现代化进程的关键环节，如果部分市民无法便捷地获取政府在线服务，无法参与电子政务平台的互动，那么政府的决策可能无法充分反映全体市民的需求和意愿。例如，在城市规划和公共政策制定过程中，若只有依赖数字技术的公众参与渠道，而部分群体因数字鸿沟的存在而无法参与，可能导致政策出现偏向性，无法协调好"公意—众意"的问题，则无法实现公共利益的最大化②。

智慧城市建设是当今城市发展的重要方向，但数字鸿沟可能阻碍这一进程的全面推进。城市的智慧治理理念强调利用先进的信息技术提升城市的运行效率、服务质量和居民生活品质。然而，如果一部分居民无法融入城市智慧治理的生态系统，无法享受到智能交通、智能医疗、智能教育等数字化服务带来的便利，那么城市智慧治理就无法真正实现其普惠和包容的目标。

为了缩小数字鸿沟，增进城市治理的公平性和包容性，我们需要采取一系列综合性的策略和措施。首先，政府应加大在数字基础设施建设方面的投入，特别是在偏远地区和贫困社区，确保全民都能接入高速稳定的网络。其次，开展大规模的数字素养普及教育，提供多样化的培训课程和学习资源，帮助不同年龄段和背景的市民提升数字技能，使他们能够熟练使用各种数字工具和平台。最后，社会各界应共同努力，一起推动数字技术的创新和应用，使其更易于操作和普及。企业可以开发针对弱势群体需求的低价、易用的数字产品和服务。非营利组织可以开展数字帮扶活动，为弱势群体提供技术支持和指导。

在政策制定层面，要充分考虑数字鸿沟的影响，制定具有包容性的数字政策。例如，在公共服务的数字化转型过程中，要保留必要的线下渠道，确保那些不擅长使用数字手段的群体也能获得平等的服务。同时，还应建立数字公平监测机制，定期评估数字鸿沟的状况和变化趋势，为政策调整提供依据。

---

① 赵万里，谢榕. 数字不平等与社会分层：信息沟通技术的社会不平等效应探析 [J]. 科学与社会，2020，10（1）：32-45.

② 陈宇琳，赵娟. 城市治理线上公众参与效果及其影响机制研究：基于公意-众意的分析视角 [J]. 城市发展研究，2021，28（8）：107-113，121.

总之，缩小数字鸿沟是实现城市治理公平性和包容性的必要条件。只有当全体市民都能平等地参与到城市的数字化发展进程中，充分享受到数字技术带来的便利和机遇，我们的城市才能真正成为公平、包容、和谐的美好家园。在未来的城市治理中，我们应始终将缩小数字鸿沟作为重要的目标和任务，不断探索创新的解决方案，为城市的可持续发展和全体市民的幸福生活奠定坚实的基础。

五、构建智能平台，优化城市服务的便捷性和高效性

在当今快速城市化和数字化融合发展的时代，城市服务的质量和效率成为衡量城市治理水平的关键指标。随着城市规模的不断扩大和居民需求的日益多样化，传统的城市服务模式逐渐显露出其局限性。信息传递的滞后、服务流程的繁琐、资源配置的不合理等问题，严重制约了城市服务的质量和效率，而构建智能平台则为解决这些问题提供了全新的思路和途径。

从公共管理的视角来看，智能平台能够实现信息的快速整合与精准传递。政府部门可以通过这一平台及时收集和分析各类与城市服务相关的数据，包括居民的需求信息、服务设施的运行状态、资源的分配情况等①。基于这些数据，政府能够做出更加科学、合理的决策，优化公共资源的配置，提高公共服务的供给效率。例如，在教育领域，教育主管部门可通过智能平台对学校的招生信息、师资配备、教学设施等数据进行整合分析，从而更加精准地进行教育资源的分配，缓解教育资源不均衡的问题②。

在数字治理方面，智能平台能够打破部门之间的信息壁垒，实现数据的共享与协同。过去，不同部门之间的数据孤立存在，导致城市服务在跨部门协作时常常出现衔接不畅、效率低下的情况。而智能平台能够将各个部门的数据进行整合和互联互通，使得城市服务的各个环节能够紧密衔接、协同运作。以城市的应急管理为例，当发生突发事件时，智能平台可以迅速整合公安、消防、医疗等多个部门的数据，实现应急资源的统一调

---

① 王永明. 智能化时代城市公共服务平台的构建 [J]. 学术交流，2020，319（10）：114-123.

② 沈燕. 建设三库一平台推进教育信息化，促进教育均衡化 [J]. 中国信息技术教育，2021（2）：94-95.

配和指挥，大大提高应急响应的速度和效率①。

城市智慧治理是提升城市服务便捷性和高效性的重要举措，而智能平台则是智慧治理的核心支撑。在城市智慧治理过程中，智能交通、智能能源、智能环保等各个领域都依赖于智能平台的统一调度和管理。例如，智能交通平台通过实时收集和分析交通流量、路况等数据，能够实现交通信号灯的智能控制、公交线路的优化调整，从而有效缓解交通拥堵，提高市民的出行效率②。

构建智能平台还能够为城市服务带来个性化和精准化的体验。借助大数据分析和人工智能技术，智能平台可以深入了解居民的个性化需求和行为习惯，为其提供定制化的服务。比如，在医疗服务中，智能平台通过对患者的病史、健康数据进行分析，可以为患者提供个性化的医疗建议和健康管理方案③。

然而，构建智能平台并非一蹴而就的，也面临诸多挑战，比如说，技术的复杂性和不断更新。智能平台需要整合多种先进的信息技术，如大数据、物联网、云计算、数字孪生、人工智能等，这就对技术的研发和应用提出了很高的要求。同时，数据的安全和隐私保护也是至关重要的问题。智能平台涉及大量的个人和敏感信息，如何确保这些数据的安全存储和合法使用，防止数据泄露和滥用，则是必须要解决的难题。

此外，智能平台的建设还需要充分考虑到不同群体的数字鸿沟问题。目前，有部分老年人、弱势群体可能因数字技能不足而无法充分享受智能平台带来的便利。因此，在平台设计和服务提供过程中，要注重界面的友好性和操作的简便性，提供多样化的服务接入方式，确保全体居民都能够受益于智能平台的建设。

为了成功构建智能平台，优化城市服务的便捷性和高效性，需要政府、企业和社会各方的共同努力。政府应发挥主导作用，制定相关的政策和标准，加大对智能平台建设的投入和支持。企业要积极参与技术研发和创新，提供高质量的技术解决方案和服务。同时，要加强公众的参与和监

---

① 张猛. 面向城市综合应急的智能指挥调度系统建设与研究 [D]. 杭州：浙江工业大学，2019.

② 刘真如. 面向智能交通的服务平台的研究与实现 [D]. 沈阳：辽宁大学，2023.

③ 刘亚伟. 大数据技术在个性化医疗服务中的应用及平台设计 [D]. 大连：大连交通大学，2021.

督，确保智能平台的建设符合市民的需求和利益。

总之，构建智能平台是优化城市服务的便捷性和高效性的必然选择。在未来城市的智慧治理中，我们应持续推进智能平台的建设和完善，通过整合资源、打破壁垒、实现个性化服务，不断提升城市治理的质量和水平。

第三章 数字治理理论概述

当前，人类社会已逐渐步入数字经济时代。在工业化向数字化转型的浪潮中，数据治理作为数字经济体系的基石与核心驱动力，正日益成为学术界与实务界交相辉映的研究热点与实践前沿。本章旨在通过深入剖析数字治理产生的时代背景，界定其概念特征，梳理构成要素，阐述治理内容，并提炼出指导性的治理原则，力图构建一个既具理论深度又富实践指导意义的数字治理理论框架，为绘制未来城市智慧治理的蓝图提供理论支撑与实践路径探索。

第一节 数字治理的定义与内涵

一、数字治理理论产生的时代背景

数字治理的概念最早可以追溯到 1978 年由乔瓦尼·杜尼提出的"数字行政法"概念[1]，随后演变成电子政务的概念，即政府如何利用信息优化业务流程，提高工作效率，改善政府与公众之间的互动[2]。自 20 世纪 90 年代起，数字治理的概念开始受到学术界和实践界的广泛关注。由此引发了信息技术作用下的政府变革浪潮，并波及企业界、政府服务和公共治理等领域[3]。电子政务出现的时代的标志，是传统官僚体制的没落与以顾客为中心、强调外部协作和为客户服务的公共治理模式的开启。这种新模式

---

[1] 钟祥铭，方兴东. 数字治理的概念辨析与内涵演进 [J]. 未来传播，2021，28（5）：10-20，128.

[2] 王少泉. 美国数字政府治理经验在我国的应用分析 [J]. 天中学刊，2018，33（5）：5-11.

[3] 郑磊. 数字治理的效度，温度和尺度 [J]. 中共浙江省委党校学报，2021，37（2）：5-16，2.

鼓励各级政府通过网络平台提供更多元的服务，从而提高行政效率和服务质量①。然而，尽管电子政务被视为提升政府治理效率的关键工具，但其实施过程中仍然面临诸多挑战和障碍。例如，缺乏资金、技术人员的能力不足以及法律问题（如隐私权）等都是阻碍电子政务进程的主要因素②。此外，电子政务的发展不仅仅是技术层面的转变，它还涉及社会结构和组织机制的重塑。在数字化时代，传统的电子政务需要变革，新的治理模式、治理功能以及治理主体角色等需要重新定义，以适应新的社会需求和技术环境。当然，这包括但不限于通过人工智能、大数据等先进技术优化行政流程、提高决策质量和效率③。同时，政府也需要加强对公民数据的保护，确保信息安全和隐私权利④。随着时间的推移，数字政府的概念逐渐成为讨论的焦点。数字政府不仅意味着技术的运用，更是一种治理模式的转变，它要求政府在数字化进程中保持开放和透明，通过构建开放、平等、包容的数字平台，更好地服务于公众和促进社会公正⑤。数字政府的建设不仅需要技术支持，还需要法治保障和民主参与，以实现真正意义上的治理现代化⑥。

随着数字经济和社会的快速发展，数字治理已经成为全球范围内政府治理改革的重要内容。从早期的信息技术应用到当前对数字政府和数字治理的深入研究，我们可以看到技术在政府治理中的作用日益凸显。未来的政府需要不断适应技术进步，利用数字化手段提升政府服务的质量和效率，同时确保治理过程的公正性和透明度，以实现更加高效、公正和智能的治理模式。

数字治理作为一种新兴的治理模式与时代的脉搏紧密相连，它不仅仅

---

① HO T K. Reinventing local governments and the e-government Initiative [J]. Public Administration Review, 2002, 62 (4): 434-444.

② MOON M J. The evolution of e-government among municipalities: rhetoric or reality? [J]. Public Administration Review, 2002, 62 (4): 424-433.

③ 章贵桥，陈志斌，徐宗宇. 人工智能发展、政府会计功能拓展与数字政府治理体制的完善 [J]. 中国行政管理, 2022, 439 (1): 48-54.

④ FRANCE, BÉLANGER, LEMURIA, et al. Digitizing government interactions with constituents: An historical review of e-government research in information systems [J]. Journal of the Association of Information Systems, 2012, 13 (5): 363-394.

⑤ 高翔. 建立适应数字时代的政府治理新形态 [J]. 探索与争鸣, 2021, 378 (4): 141-146, 179-180.

⑥ 高秦伟. 数字政府背景下行政法治的发展及其课题 [J]. 东方法学, 2022, 86 (2): 174-187.

是一种技术的应用，更是一场深刻的治理变革①。随着科技进步和社会发展，人们对治理方式有了更高的要求，数字治理由此应运而生，它旨在通过数字化手段实现更为高效、透明和智能化的治理。

在历史的演进过程中，数字治理的概念经历了从信息管理到数字化治理的转变，每一个阶段都反映出治理理念和技术应用的变化。在最初阶段，由于技术条件的限制，治理的主要任务是将信息进行分类管理并提供基本服务，在这种情况下，人们关注的是如何更有效地处理信息资源②。随着互联网技术的发展，数据开始成为重要的管理对象，而如何利用这些数据为决策提供支持成为治理的新挑战③。进入21世纪，尤其是随着云计算、大数据和人工智能等技术的出现，数字治理开始走向更深层次的发展。这一时期，人们不仅追求技术在具体领域的应用，同时也更加重视对数据安全、隐私保护以及公民参与度的提升④。

总体而言，国外关于数字治理的研究经历了从理论探索到实践应用的过程，反映了数字治理领域研究的不断深入和国际化趋势。通过与国外的研究相结合，可以为我国的数字治理研究提供宝贵的经验和启示，促进我国数字治理体系和治理能力的现代化。

二、数字治理的概念界定

数字治理理论，也被称为"数字时代治理理论"（DEG），是由英国学者邓利维（Patrick Dunleavy）等率先提出的⑤。其基本概念可以简单概括为两个维度，即数字基础设施和数字技术与治理的融合。其中，数字基础设施包括支持数字治理活动的各种硬件设备和软件系统，比如云计算、物联网等，它们就是数字治理的基础⑥。而数字技术与治理的融合则指在治

---

① 薛澜，张楠. 以数字化提升国家治理效能［EB/OL］.（2023-11-03）［2024-06-08］. http://www.xinhuanet.com/politics/20231103/9fff8466c2c34caf99760012a296d515/c.html.

② 苑宁萍，孔晓荣. 网络时代新型信息分类法探究［J］. 电脑知识与技术，2021，17（30）：74-75.

③ 保海旭，陶荣根，张晓卉. 从数字管理到数字治理：理论、实践与反思［J］. 兰州大学学报（社会科学版），2022，50（5）：53-65.

④ 黄建伟，陈玲玲. 国内数字治理研究进展与未来展望［J］. 理论与改革，2019，225（1）：86-95.

⑤ 马文娟. 数字治理理论及其应用研究［D］. 秦皇岛：燕山大学，2016.

⑥ 廖福崇. 数字治理体系建设：要素、特征与生成机制［J］. 行政管理改革，2022，155（7）：84-92.

理过程中融入新技术，如人工智能、区块链等，这些技术的引入极大地丰富了治理的工具和方法①。除此之外，数字治理还特别强调对数据的管理和使用，十分注重对数据的增值化利用和保护②。

数字治理的范畴十分广泛，它不仅涵盖数据采集、存储、处理、分析等多个方面，还包括数据共享、开放、数据安全和隐私保护等领域。在数字政府的建设上，数字治理也起到了关键作用，它通过信息化、网络化和智能化的政府运行方式，改变了政府与公民之间的沟通互动模式③。此外，数字化社区作为数字治理的另一重要领域，强调在数字化建设的基础上，提高居民的数字化素养和参与度④。

数字治理的重要性不言而喻，它是适应数字社会发展需要的重要途径。通过加强对数字治理体系的建设，可以有效提升国家治理能力和治理水平，推动国家治理的现代化。展望未来，随着数字技术的深入发展和应用的深度与广度的不断拓展，数字治理将会展现出更广阔的发展前景和更高的治理效能，从而更好地满足现代社会的需求⑤⑥。

智慧治理是指运用现代信息技术，特别是大数据、云计算、物联网、人工智能等数字技术，对城市运行进行全面感知、分析、整合和智能响应，以实现城市治理的精细化、智能化和人性化的一种新型治理模式。这种治理模式蕴含了政府角色智慧化、城市管理智慧化和公民参与智慧化三层内涵，大数据治理、整体性治理和动态性治理三重逻辑，以及技术驱动、制度确认和观念支持三重基础⑦。也就是说，它强调的是以数据为驱动，以技术为支撑，以人为中心，构建开放、协同、创新的城市治理生态系统。

---

① SETHURAMALINGAM D. Digital governance：theory, policy and practice［J］. SSRN Electronic Journal, 2020：45-51.

② 吴信东，董丙冰，堵新政，等. 数据治理技术［J］. 软件学报, 2019, 30（9）：2830-2856.

③ 陈小华，潘宇航. 数字政府：演进阶段、整体形态与治理意蕴［J］. 观察与思考, 2021, 517（1）：97-106.

④ 马长山. 数字社会的治理逻辑及其法治化展开［J］. 法律科学（西北政法大学学报），2020, 38（5）：3-16.

⑤ 鲍静，贾开. 数字治理体系和治理能力现代化研究：原则、框架与要素［J］. 政治学研究, 2019,（3）：23-32, 125-126.

⑥ 于跃，张雷. 国家治理数字化的基本原理和根本原则［J］. 福建师范大学学报（哲学社会科学版），2022, 236（5）：1-9, 168.

⑦ 谭成华. 智慧治理的内涵、逻辑与基础探析［J］. 领导科学, 2019, 761（24）：51-53.

在当今数字技术飞速发展的时代，数字技术的广泛运用正深刻影响着我们的治理方式。这种变化不仅改变了政府与社会之间互动的方式，也催生了一个全新的治理领域——数字治理。学者对这一概念的定义和理解虽各有侧重，但普遍认同的是，其核心内涵在于通过利用先进的数字技术赋能，改进政府的治理技术、治理手段和治理模式，实现复杂治理问题的超大范围协同、精准处理，提升政府及整个社会的治理能力与效率，从而形成一个更加公正、透明、高效的公共服务体系①。

综合来看，诸位学者从不同的视角，共同描绘了数字治理在现代社会中的角色与挑战。它不是一个简单的概念，而是一种深度融合了数字技术与数据分析能力的新型治理模式②。这种治理方式强调政府、企业乃至社会组织之间的协同合作，通过充分利用大数据、云计算、人工智能等数字技术，来优化政府的决策流程和提高公共服务质量，提升城市治理的精准性、有效性、透明度和公正性。简而言之，数字治理旨在构建一个更加智能、高效且可靠的治理生态系统，使之成为推动国家治理体系和治理能力现代化的强大动力。

第二节　数字治理的特征

数字治理，不仅代表着一种新兴的治理模式，更成为一个涉及公共管理、数字经济、人本主义等多个领域的综合性概念。本节旨在深入探讨数字治理的核心特征及其在公共管理、数字经济和智慧城市建设中的具体应用，同时基于对相关文献的详细梳理和分析，以期为读者提供一个较全面而深入的视角。

一、数据驱动的治理模式

在数字治理中，数据被视为最重要的价值来源。通过大数据分析、算法优化和人工智能等技术，我们可以对海量数据进行精准挖掘与处理，进

---

① 孟天广. 数字治理如何全方位赋能国家治理？有五条路径[EB/OL].（2021-02-23）[2024-04-21]. https://www.thepaper.cn/newsDetail_forward_11438748.

② 李韬，冯贺霞. 数字治理的多维视角、科学内涵与基本要素［J］. 南京大学学报（哲学·人文科学·社会科学），2022，59（1）：70-79，157-158.

而优化决策过程和治理模式①。数据驱动的治理模式强调利用数据的力量来驱动决策制定和治理流程的高效运转。这种治理模式注重于数据的价值挖掘、共享和全面分析的应用，从而显著提升治理的透明度和治理效能②。

二、平台化的治理架构

数字技术的发展促使政府治理模式逐步从层级化管理模式向平台化治理模式演进。数字治理平台构建起一个多功能集成的环境，有效促进了公私部门间的跨部门、跨地区协作和信息共享，为公民提供跨越物理界限的公共服务渠道③。平台化的治理架构不仅可以提高公共服务的质量和效率，还可以增强政府与公众之间的沟通互动，进一步巩固政府的公信力和社会信任。

三、智能化的治理手段

智能化手段是数字治理中不可或缺的组成部分，包括智能预测、智能响应以及智能治理等方面。借助数字技术，城市运行的各种状态能够得到更精细的分析，使得治理措施更加精准和高效④。智能化治理手段还涵盖了自动化和机器人技术的应用，这些技术的应用减少了人为错误，并大幅提升了相关部门应对突发事件的响应能力。

四、多元参与的治理机制

在数字化时代，数字治理鼓励多元主体参与治理过程，共同构建一个开放、透明且高效的治理体系⑤。政府不是单一的治理主体，社会组织、企业及公民个体都有机会成为数字治理的主体⑥。多元参与的治理机制有

---

① 鲍静，贾开. 数字治理体系和治理能力现代化研究：原则、框架与要素 [J]. 政治学研究，2019，(3)：23-32，125-126.

② 锁利铭，冯小东. 数据驱动的城市精细化治理：特征、要素与系统耦合 [J]. 公共管理学报，2018，15 (4)：17-26，150.

③ 黄璜. 数字政府：政策、特征与概念 [J]. 治理研究，2020，36 (3)：6-15，2.

④ 陈水生. 迈向数字时代的城市智慧治理：内在理路与转型路径 [J]. 上海行政学院学报，2021，22 (5)：48-57.

⑤ 王磊. 数字治理的科学内涵、基本特征与运行逻辑 [J]. 经济界，2022，160 (4)：63-68.

⑥ 温雅婷，余江，洪志生，等. 数字化背景下智慧城市的治理效应及治理过程研究 [J]. 科学学与科学技术管理，2022，43 (6)：51-71.

助于吸纳多元主体的意见和建议，形成共识，并共同推动城市治理问题的解决。

五、韧性与安全导向的治理策略

在追求数字治理效率的同时，治理策略也必须考虑其可持续性和安全性[①]。面对如自然灾害、经济波动、公共卫生突发事件等不可预见的风险，数字治理需要展现出强大的韧性，以保证系统的稳定性和适应性。此外，加强隐私保护和数据安全也是保障公民权益、维护社会和谐稳定的关键[②]。

六、以人为本的治理理念

数字治理不只是技术应用的体现，更是以人为本的治理理念的体现[③]。在实施城市治理过程中，应充分考虑人的需求和福祉。通过提供便捷、人性化的服务，不仅可以提高市民的生活质量，还能增强市民的幸福感和满意度。以人为本的治理理念，对于营造和谐的城市社会环境、培育充满活力与创新潜能的城市治理氛围，具有重大而深远的意义。

七、更高质量的服务供给

数字治理运用大数据、人工智能等先进技术，能够准确地识别和预测公共需求。在此基础上，结合大数据，政府可以更好地掌握公共服务的需求和发展趋势，并据此提出更贴近现实的个性化服务。为此，有学者提出了一种以数据为基础的决策与服务模型，该模型能够有效克服传统服务存在的盲目性与低效率，从而增强服务的针对性与有效性[④]。此外，数字化治理促进了政府业务流程的优化与再造，通过打造一体化的政务服务平台和智能化服务体系，简化了行政程序，提高了行政效率。

同时，数字治理实现了线上服务与线下服务的深度融合，为社会公众

---

① 温雅婷，余江，洪志生等. 数字化背景下智慧城市的治理效应及治理过程研究 [J]. 科学学与科学技术管理，2022，43（6）：51-71.

② 孙伟. 以数字科技驱动城市治理水平持续提升 [J]. 新经济导刊，2020，276（1）：32-36.

③ HUMAYUN M, JHANJHI N Z, ALAMRI M Z, et al. Smart cities and digital governance [M]. 2020：7-10.

④ 容志. 大数据背景下公共服务需求精准识别机制创新 [J]. 上海行政学院学报，2019，20（4）：44-53.

提供了全天候响应、全时段待命和全方位服务，极大地提升了服务的便捷性和高效性。在信息管理方面，数字治理强调了信息的透明度和可追溯性。通过公开服务流程、结果和评估信息，政府服务的透明度得以增强，更便于公众监督，从而确保服务质量的持续提升。此外，数字治理还借助区块链等先进技术，确保了服务数据的不可篡改性和可追溯性，进一步增强了服务的可靠性和公信力。

第三节　数字治理的要素

相比其他治理模式，数字治理的最大特点是其治理资源与要素极为丰富，这些是构建现代治理体系的基石，能为数字治理活动提供了坚实的基础和广阔的发展空间①。本节主要集中探讨数字治理的技术、数据、制度、组织、人才、文化与算法等七种关键要素资源。

一、技术要素资源

我们在深入探讨数字治理的架构与演进时，技术要素资源无疑构成了其坚不可摧的基石，不仅为城市治理铺设了坚实的技术路径，还搭建了必要的基础设施框架。互联网的广泛覆盖与高速连接能力，如同城市治理的神经系统，极大地提升了信息流的畅通性，促进了社会各领域的无缝融合与协同，为治理决策提供了即时、全面的信息支撑。大数据技术的日益成熟，更是解锁了海量数据中的价值宝藏，使得决策者能够深入挖掘数据背后的深层知识与关键洞察，从而基于数据驱动的视角，制订更加精准、科学的决策方案。这一转变，不仅增强了决策的客观性与预见性，也极大地提升了治理效率与效果。人工智能技术的飞速发展，则为数字治理注入了前所未有的智能化动力。借助机器学习、深度学习等前沿技术，政府治理得以实现智能化升级，能够迅速响应复杂多变的社会挑战，精准识别并解决治理难题。这一智能化转型，不仅提升了治理的精准度与效率，也增强了政府应对突发事件的能力，确保了城市治理的稳健运行。云计算技术的引入，则为数字治理的数据处理与存储提供了高效、灵活且可扩展的解决

---

① 李镯，冯贺霞. 数字治理的多维视角、科学内涵与基本要素［J］. 南京大学学报（哲学·人文科学·社会科学），2022，59（1）：70-79，157-158.

方案。它打破了传统计算资源的局限，实现了计算能力与存储空间的按需分配与动态调整，为数字治理体系的稳定运行与持续优化提供了强有力的技术保障。此外，物联网、5G 通信、数字孪生、区块链等新兴技术的综合应用，进一步丰富了数字治理的技术工具箱，为构建智慧城市、实现智慧化治理提供了坚实的技术支撑。在都市管理流程中，需特别关注技术运用、变革与都市管理权力架构、组织形式、时空联系等方面的内在逻辑联系，警惕数据驱动都市主义的过度蔓延，坚守人本管理的底线，培养包容性管理胸怀，处理好技术、制度与社会的关系①。

二、数据要素资源

数据资源是数字治理的核心要素，它不仅是决策的基石，也是衡量治理成效的重要尺度。数字化时代的城市治理决策得益于对结构化和非结构化等多元数据的综合利用。这些数据经由部署在城市各处的物联网终端采集，通过 5G 通信或其他先进通信技术进行传输，最终以图片、文本、视频、声音等多种模态呈现。在云计算、人工智能、数字孪生等多重技术的综合作用下，这些数据被深度解析，揭示了社会现象的内在规律，为辅助政府、平台企业预测未来趋势和制定科学决策提供了支撑。构建开放共享的数据平台能让政府、企业、社会组织等多元城市治理者实现信息的流通和业务的协同，推动城市治理向更高水平、更高质量发展。然而，随之而来的数据安全和隐私问题也成为数字治理中必须面对的挑战。因此，实施严格的数据保护措施以确保个人数据安全尤为关键②。

三、制度要素资源

法律法规、政策规划、标准规范等制度要素为数字治理提供了法治保障与制度框架。法律法规明确了数字治理的法律基础与行为准则，保障了治理活动的合法性与规范性。政策规划为数字治理给予了方向性指引，并对目标进行了设定，确保治理活动的系统性和连贯性。标准规范规定了数据在收集、处理、共享及保护等方面的具体要求，保证了数据的质量与安

---

① 文军，高艺多. 技术变革与我国城市治理逻辑的转变及其反思 [J]. 江苏行政学院学报，2017，96 (6)：47-56.

② 张鸣春. 从技术理性转向价值理性：大数据赋能城市治理现代化的挑战与应对 [J]. 城市发展研究，2020，27 (2)：97-102.

全。在城市治理中，制度要素资源发挥作用的前提是在持续适应技术发展和治理需求的变化时，时刻保持灵活性与前瞻性。否则，诸如僵化的体制、滞后的法律法规等制度要素，就可能成为城市治理迈向智慧化、高质量发展的阻碍。

四、组织要素资源

组织要素包括政府、企业、社会组织等治理主体，以及协同治理机制和结构。政府在数字治理中扮演核心角色，负责制定政策、规划和标准，推动数字治理体系的建设。企业通过技术创新和应用促进数字治理的实践与发展。社会组织通过参与和监督确保治理的公正性和透明度。协同治理机制的建立促进了不同治理主体之间的合作与协调，形成了多元共治的治理格局。随着技术发展和治理需求的变化，传统治理组织、机制等需要重新设计，方能适应数字化时代城市治理的新要求。

五、人才要素资源

人才是数字治理的核心资源，主要包括数字技术专业人才，数据分析师，政策制定者、执行者和监督者等，它们共同构成了数字治理的智力支持和创新源泉。数字技术专业人才负责技术研发和应用，推动数字治理技术的不断进步；数据分析师通过深入分析和解读数据为治理决策提供科学依据；政策制定者负责设计和规划治理政策，确保治理活动的有效性和方向性；执行者负责政策的具体实施，保障治理活动的顺利进行；监督者全方位、全过程地对治理主体的行为和治理成效等进行监督。数字治理的成功依赖于如数据科学家、软件工程师、智能城市设计师、政策专家等高素质的专业人才队伍[①]，他们不仅要具备扎实的专业知识，还应具备创新思维和跨学科的能力，以应对城市治理中的复杂挑战。

六、文化要素资源

数字治理既是技术与管理的交汇融合，也是文化与理念的深度融合。政府应秉持开放、包容、共享的城市文化理念，为城市治理主体提供明确的价值引领和行为准则，进而促进治理生态的持续健康发展。蕴含社会信

---

① 阿尔伯特·梅耶尔，曼努埃尔·佩德罗，谢嘉婷. 治理智慧城市：智慧城市治理的文献回顾 [J]. 中共浙江省委党校学报，2020，36（2）：90-99.

任资本的城市文化，能为数字治理营造积极向上的环境氛围。相反，保守的、封闭的、缺乏信任的、歧视性和排斥性的文化观念，则可能成为城市治理数字化转型进程中的阻碍。因此，在城市的数字治理实践中，要顺应时代需求，加强对公民的创新性、开发性、包容性、法治性、参与性等文化的培养。

七、算法要素资源

数字治理与其他治理模式的最大区别是，数字治理有着丰富的算法资源。算法的本质是用于解决特定问题或执行特定任务的一系列明确的步骤或指令①。算法作为数字治理的核心工具，也是数字治理的智力保障，其在城市治理中的应用场景十分广泛。算法的应用能显著提升城市治理决策的科学性、精确性与高效性。例如，清华大学提出的基于深度强化学习的城市社区空间规划方法，就能从海量的数据中学习城市规划，不断优化空间效率，并最终达到超越人类专家的规划水平②。但是，算法是一门具有高技术门槛的东西，如果被误用、滥用、乱用，就必然会影响决策的公正性，加剧社会不平等，限制某些个人或群体的自由和权利，损害公共利益，并可能对城市社会的多元性和包容性造成威胁③。因此在数字治理中，必须加强对算法系统、价值选择、制度构建和评估标准等层面的引导④。

综上所述，数字治理的资源与要素相互依存、相互作用，共同推动了数字治理模式的创新与发展。技术要素提供了必要的技术支持，数据要素为决策提供了基础与依据，制度要素保障了治理活动的合法性与规范性，组织要素确保了多元治理主体的有效参与，人才要素为治理提供了智力支持与创新动力，文化要素为治理的目标与任务提供了价值导向，算法要素为治理提供智力保障。这些要素共同构成了数字治理的复杂而有机的治理体系，为构建开放、透明、高效的现代治理体系提供了坚实的基础与广阔的发展空间。随着数字经济的不断深化与发展，数字治理的资源与要素还会进一步地扩展、丰富和完善。

① @玩转大数据. 算法的定义和特性[EB/OL].（2021-01-01）[2024-05-07]. https://blog. csdn.net/weixin_46002185/article/details/112061082.

② 彬彬. 击败8名人类规划师：清华团队提出强化学习的城市空间规划模型[EB/OL].（2024-01-11）[2024-05-07].https://cloud.tencent.com/developer/article/2378575.

③ 汪钰庚. 算法的伦理问题研究［D］. 武汉：武汉理工大学，2019.

④ 陈姿含. 公共领域算法决策的几个问题探讨［J］. 理论探索，2020，243（3）：113-120.

第四节　数字治理的内容

数字治理不仅是技术层面的治理，更是理念、制度、组织、法治和伦理等多个维度全面革新的数字化的治理①，它是一个多层次、多维度、多方面的复杂系统。本节探讨的数字治理的结构，包括治理主体、治理对象、治理目标、治理机制、治理领域、治理层级、治理工具和治理的动力等内容，以及这些要素如何相互作用，推动数字治理模式的创新与发展②。

一、治理主体

数字治理作为当代城市治理的新范式，其核心在于构建一个由政府、企业、社会组织及公众等多元主体协同的治理格局，从而实现更高效、更民主、更智慧的治理。政府作为城市治理主导者，通过数字化平台提供制度供给，协调各方利益，确保数据共享与协同治理的顺畅进行。企业则依托技术优势，开发和应用数字工具，提升社会治理的智能化水平，同时与政府数据双向流动，促进资源的优化配置③。社会组织与公众则通过各种数字渠道参与社会治理，表达诉求，反馈意见，形成政社互动、政企联动的良好局面。多方参与的治理格局打破了传统治理中的信息壁垒，促进了数据的开放与共享，提高了社会治理的透明度与公信力。多元主体借助物联网、大数据、区块链、人工智能等数字技术搭建共建共享、协同治理平台，更精准地把握城市发展动态，实现靶向化治理、精细化治理，提升治理效能④。

二、治理对象

数字治理涉及的对象众多，主要包括个体与群体、企业与组织、政府

---

① 郑磊. 数字治理的效度、温度和尺度 [J]. 治理研究，2021，37（2）：5-16，2.

② 夏志强，谭毅. 城市治理体系和治理能力建设的基本逻辑 [J]. 上海行政学院学报，2017，18（5）：11-20.

③ 裴炜. 共建共治共享理念下数字社会治理的多主体协同 [J]. 数字法治，2023，（2）：17-23.

④ 程艳，黄容艳. 城市数字治理：一个博弈制度分析框架 [J]. 治理研究，2023，39（6）：100-112.

与公共部门、信息与数据、技术与平台、物理空间与网络空间等。随着个体行为和群体互动的线上化发展，数字治理必须引导和规范这些对象的相关行为。企业和组织作为数字经济的主要实体，其业务运作高度依赖数字技术，因此它们也是数字治理的关注点，特别是在数据使用、网络安全和市场行为方面的相关表现。作为数字治理的关键参与者，政府自身亦是治理对象，它须优化公共服务，增强透明度，提升响应能力，并强化数据驱动的决策。信息与数据作为数字治理的核心资产，应着重于对其流通、储存、分析和应用的治理，确保质量和安全性，并推动开放共享。技术与平台共同构成了数字治理的基础设施，这一设施包括互联网、社交媒体、电商平台和云服务等，需要健康发展和适当监管。物理空间与数字空间，作为实体与虚拟两个维度的活动场域，其治理不仅涵盖传统治理的内容和议题，还涵盖对数字化内容的监管、数据安全与隐私、数据产权保护和网络犯罪防控等议题。另外，数字治理还覆盖城市治理的其他众多领域，如产业发展、公共安全、环境保护、交通管理、城市规划、文化传承与创新等。

三、治理目标

数字治理的目标广泛多样，旨在提升治理效能、保障数据安全与隐私、促进数据开放与共享、加强网络安全、实现政策透明化、推动公共服务创新、促进社会公平与包容、支持经济可持续发展以及构建网络空间命运共同体。这些目标相互联动，共同塑造了数字治理的全面愿景。数字治理的终极目的是打造现代、高效的城乡治理体系，提升治理效率与成效，推动可持续发展，具体体现在提高公共服务质量、增进市民福祉、刺激经济增长和社会公正等方面①②。实现这些目标有赖于政府与社会各阶层的合作，数字技术的应用为此提供了有力的技术支持。治理目标体现了期望达到的结果，包括提升透明度、增强服务效率、促进可持续发展和确保数据安全。智慧治理借助数据分析和智能技术来达成这些目标，比如利用智能

---

① 吕静. 城市治理体系和"数字政府"创新科技现代化问题研究［J］. 科技风，2021，447（7）：90-91.

② 陈水生. 城市治理数字化转型的整体性逻辑［J］. 兰州大学学报：社会科学版，2022，50（6）：72-80.

电表监控和降低能耗，助力环境可持续性①。

四、治理机制

治理机制作为数字治理体系的核心运作模式，是治理主体、组织框架、机制工具与治理客体等多元要素间动态交互的产物，它们共同编织了一张高效、透明的治理网络。这一机制不仅着眼于构建稳固的治理结构，更致力于通过法规确立、政策精准实施、激励体系构建以及监督评估体系的完善，全方位推动治理目标的实现。在智慧治理的语境下，治理机制的创新性体现在其如何巧妙融合技术伦理，如借助立法手段，为大数据时代的个人隐私和数据安全筑起坚固防线②。进一步地讲，数字治理机制的内涵还包括数据共享、协同决策、风险评估与激励机制等多个维度。具体而言，在城市治理中，我们可以通过创建统一的数据共享平台，促进各部门间数据互通，进行更为科学精确的公共决策③。此外，数字治理可运用数字技术进行风险评估，有效预防并降低潜在风险，确保城市安全稳定④。

五、治理领域

治理领域是数字治理的广阔舞台，它横跨政治、经济、社会、文化及生态环境等多个维度，旨在通过数字化的手段实现全面而深入的治理渗透，进而促进这些领域之间的和谐共生与协调发展。数字治理的核心目标，是搭建一个无死角、多领域的治理网络，以此驱动经济的高效增长、社会的和谐稳定、文化的繁荣创新以及生态环境的可持续保护。具体而言，在经济领域，数字治理以其精准的数据分析和高效的资源配置能力，为经济活动的优化升级提供了强大动力，它不仅提升了经济效率，还促进了经济结构的转型升级。在社会领域，数字治理通过强化数据驱动的社会治理模式，有效提升了社会治理的精细化水平和响应速度，对于促进社会

---

① NAM T, PARDO T A. Conceptualizing smart city with dimensions of technology, people, and institutions [J]. ACM, 2011: 18-26.

② KSHETRI N. Big data's impact on privacy, security and consumer protection [J]. Journal of Information, Communication and Ethics in Society, 17 (2), 139-154.

③ 王连峰, 宋刚, 张楠, 等. 面向智慧城市治理的数据模型建构 [J]. 城市发展研究, 2021, 28 (3): 70-76, 84.

④ 吕静. 城市治理体系和"数字政府"创新科技现代化问题研究 [J]. 科技风, 2021, 447 (7): 90-91.

公平正义、增强民众福祉具有不可估量的价值。在文化领域，数字治理则成为传承与创新的重要桥梁。通过数字化手段，优秀传统文化得以更好地保存、传播与弘扬，同时，也为文化创新与发展提供了广阔的空间和丰富的资源，这不仅有助于我们增强文化自信，还能推动文化产业的繁荣与发展。在生态环境领域，数字治理的引入更是为生态环境保护工作带来了革命性的变化。通过实时监测、数据分析与智能决策等手段，数字治理能够精准识别生态环境问题，有效遏制生态破坏行为，为实现可持续发展目标提供了强有力的技术支持和保障。

六、治理层级

在深入探讨数字治理的组织架构时，治理层级的划分构成了其基础而关键的框架。从组织架构的垂直维度审视，数字治理可清晰地划分为治理决策层、智能中枢层与基础执行层。在城市治理的广阔舞台上，治理决策层作为顶层设计的核心，汇聚了政府高层、平台企业高管及监督机构的关键成员，他们共同肩负着制定城市发展蓝图与强化执行能力的重任。智能中枢层则扮演着承上启下的角色，通过设立专项治理组织、委员会及工作组，将高层的战略愿景转化为具体政策，并有效协调各方资源，确保政策的有效落地。基础执行层则作为治理体系的基石，由一线治理团队与可信赖的业务伙伴构成，他们专注于营造高效的工作环境，构建稳固的信任关系，确保治理措施在基层的扎实执行[①]。

从数据资源治理的视角，数字治理的层级进一步细化为数据来源层、数据支撑层、数据存储层与数据分析层。数据来源层聚焦于公共、企业及个人数据的采集与处理规范；数据支撑层则关注数据清洗、转换与关联等预处理工作；数据存储层涵盖了从原始数据到业务定制应用数据集的全面管理；数据分析层则运用先进算法，挖掘数据价值，为城市决策提供科学依据[②]。

从技术构成的维度出发，数字治理可划分为内容层、代码层与物理层。内容层聚焦于互联网协议、域名系统及路由等网络基础设施的治理；

---

① 北京炼石网络技术有限公司. 数据安全与个人信息保护技术白皮书[EB/OL].（2021-01-01）[2024-5-26]. http://www.freeoa.net/attachments/202x/数据安全与个人信息保护技术白皮书2021V1.0.pdf.

② 北京市市场监督管理局. 数据资源治理通用技术要求[EB/OL].（2024-5-16）[2024-5-26]. https://scjgj.beijing.gov.cn/hdjl/myzj/bzzxdyjzj/202405/P020240515628064048446.pdf.

代码层则涵盖了城市基础设施的技术标准、设备规范及人类行为准则；物理层则直接关联到城市电缆、遥感卫星、5G 通信及物联网终端等实体基础设施的建设与管理①。

在政府层级的宏观、中观与微观三个层面，智慧治理强调各层级间的无缝衔接与高效协同，以确保政策的一致性与执行效率。为实现这一目标，数字治理应采取一种综合性的治理模式，融合组织治理、数据治理、技术治理及多层政府治理等多重视角，从而加强城市内部各层级间的信息流通与协作，维护城市治理体系的完整性与系统性。

七、治理工具

数字治理工具的优化运用，推动了精准、高效和智能治理模式的有效构建。这些工具包括数字技术、数据资源以及相关法律法规，它们构成了数字治理的基石。数字技术为治理过程提供了技术支持，如互联网、物联网、大数据、人工智能、5G 通信、云计算、数字孪生和区块链等，这些技术的综合运用加速了治理过程的自动化和智能化。数据资源则为治理决策提供了有力支持和价值源泉，它要求政府、企业、公民等多元主体高效协同，加强数据收集、传输、存储、处理及应用，提升数据质量，为城市治理提供有力支撑。法律法规为治理提供了制度保障，政府需根据治理需求，构建完善的法律法规体系，确保治理活动的合法性与规范性。这些工具的有效利用对于提升城市治理的效率和效果具有极其重要的意义。

八、治理的动力

数字治理作为一种新兴的治理理念和治理方式，其动力来源于多个方面，如技术驱动、市场驱动、政策驱动、社会驱动以及国际合作与区域合作等，它们共同构筑了推动城市治理向绿色化、数字化、智能化转型的关键引擎②。具体而言，物联网、云计算、大数据、人工智能、区块链及数字孪生等数字技术的迭代升级与深度融合，为城市治理提供了前所未有的工具集与方法论，极大地促进了治理过程的智能化与精准化转型。这些技

---

① Government of India. Digital India 2018—2019 年度报告［EB/OL］.（2017-12-31）［2024-5-26］. https：//www.meity.gov.in/writereaddata/files/MeiTY_AR_2018-19.pdf.

② 晏晓娟. 数字驱动还是技术掣肘：数字城市治理的反思与实践［J］. 江西社会科学，2022，42（10）：27-36.

术不仅优化了资源配置，还显著提升了决策效率与响应速度，为城市治理带来了革命性的变化。与此同时，市场竞争的激烈与创新的持续涌动，不断驱动着城市智慧治理方案的优化与升级。企业间的竞争与合作，促使服务效率与质量的双重提升，进一步增强了城市的全球竞争力。在政策层面，政府通过立法保障与财政激励的双重措施，为数字治理明确了发展方向与行为准则，既促进了技术创新的加速，又确保了数据安全与隐私保护，为数字经济的蓬勃发展奠定了坚实基础。另外，社会需求的变迁，尤其是公众对透明、高效服务日益增长的期待，成为推动数字治理深入发展的又一重要力量。在线政务平台（城市大脑）的广泛应用，不仅增强了政府信息的透明度与公众参与度，还拓宽了市民获取服务、参与治理的渠道，有效提升了民众对城市治理的信任度与满意度。此外，国际合作与区域合作的深化，为应对跨国治理挑战、提升全球治理标准提供了宝贵机遇。通过经验分享、技术合作与标准共建，各国及地区能够携手应对共同面临的挑战，推动全球数字治理体系的不断完善与升级。各种动力相互作用、相互影响下，城市治理模式不断创新，继而实现城市治理的智能化、精准化、高效化，共创繁荣可持续的城市未来。

第五节　数字治理的核心原则

一、以人民为中心的原则

以人民为中心是数字治理的基本原则，意味着城市治理的一切行动都应围绕满足民众需求和利益进行。这一理念强调了公民在治理中的核心地位，要求治理不仅要关注经济增长，也要重视人的全面发展和公共利益①。它倡导从根本上考虑民众需求，使政府决策过程更加透明，并确保政策能够获得公众广泛参与和反馈。为此，政府须建立开放透明的治理平台，让民众在政策制定及执行阶段都能直接参与城市治理。例如，通过数字化服务平台，民众不仅能即时反映问题和建议，还能影响政府决策，确保决策更贴合民众实际需求，真正实现以人民为中心。以人民为中心的原则强调

---

① 吕静. 城市治理体系和"数字政府"创新科技现代化问题研究 [J]. 科技风, 2021, 447 (7)：90-91.

治理应回应民众的需求和期望，因此可以通过搭建市民参与平台、服务反馈机制及个性化服务，确保民众声音被听见并纳入决策过程。例如，广州的"穗智管"智慧城市运行中心就以城市治理和需求为导向，通过实时监测和预警系统，提高城市运行效率和效果，进而提升了市民生活质量①。

二、数据驱动决策的原则

数据驱动决策是数字治理的关键原则。数据是数字化时代最宝贵的资源，城市治理者须运用大数据分析、云计算等技术深度处理与解析海量数据，提取有价值的信息，以辅助决策②。数据驱动可提升治理的科学性和效率，优化公共资源分配，防止浪费和滥用。该原则利用数据分析支持政策制定和资源分配。智慧治理通过综合数据平台收集和分析城市运行数据，预测趋势和问题，作出更精确的决策。成功的数字治理依赖于高质量数据的收集、分析和应用。例如，铜陵市"城市超脑"项目通过整合解析城市基础数据，构建数字孪生城市模型，为管理者提供精准全面的决策支持③。坚持该原则，是要在尊重人的自由和权利的前提下倡导人本主义数据伦理，需要注意防止"数据主义"泛化④。

三、开放性和透明性的原则

数字治理应推动政府信息公开透明，便于公民获取和理解数据。开放性，指公开政府信息，邀请公众参与治理；透明性，要求治理过程公正透明，各方能获取决策信息，增进信任和接纳⑤。在城市的智慧治理中，开放透明原则体现为建立数据共享平台，允许第三方获取公共资源，同时确保数据安全和隐私。公开透明的机制提升政府信誉，鼓励公众参与。开放透明原则要求政府公开信息，增强治理透明度和公众信任。数字治理通过开放数据政策和在线服务，使市民访问政府数据并监督政府行为。例如，

---

① Banber 可视化云平台. Banber 被集成案例："穗智管"城市运行管理中枢[EB/OL].（2022-06-17）[2024-05-28].https://cloud.tencent.com/developer/article/2111542.

② 鲍静，贾开. 数字治理体系和治理能力现代化研究：原则、框架与要素 [J]. 政治学研究，2019，（3）：23-32，125-126.

③ 徐秋韵. 中国城市，正在变得更聪明：安徽铜陵"城市超脑"建设透视[EB/OL].（2020-05-10）[2024-05-28].https://www.cnr.cn/ah/news/20200510/t20200510_525084331.shtml.

④ 李伦，黄关. 数据主义与人本主义数据伦理 [J]. 伦理学研究，2019，100（2）：102-107.

⑤ 王磊. 数字治理的科学内涵、基本特征与运行逻辑 [J]. 经济界，2022，160（4）：63-68.

公开政府支出数据能让市民了解税收用途。

四、多元主体协同的原则

数字治理要求各部门、各机构紧密合作，确保信息共享和资源有效利用。数字治理倡导建立政府、企业、公众等多方主体参与的协同网络和机制。这种多元协作模式整合各方资源，发挥各自优势，增强城市治理整体效能[①]。例如，政府可通过公私合作（PPP）引入私营部门技术和资金，企业利用技术专长解决治理问题，公众通过数字平台参与政策制定和监督。

五、持续创新和适应性原则

技术创新是推进治理现代化的核心动力。持续创新和适应性原则鼓励各主体不断探索新技术和方法，以适应社会发展，或者说是要适应新技术发展和社会的变迁，要不断创新城市治理思想、理念、方法等。在城市治理中，政府可以通过设立创新实验室和试点项目等，测试并推行各种新思想、新思路、新技术等。例如，铜陵市"城市超脑"构建数字孪生模型，实现了城市问题自动化识别与跨领域复杂问题协同解决，提升了治理精细化和智能化[②]。因此，持续创新和迅速适应新技术、新挑战是智慧治理的必备能力[③]。这要求治理体系保持灵活和前瞻，能根据现实情况调整策略和工具，满足新兴治理需求和社会变动需求。

第六节　未来城市治理设想

伴随着城市化进程的持续推进，城市发展所面临的资源、环境、社会、人口、经济和文化等复杂问题不但没有得到缓解，反而呈现出一定程度的增长态势。与此同时，大数据、云计算、人工智能等数字化技术的广泛应用，给未来城市的治理带来了诸多新的可能。城市，作为一个复杂的

---

① 邓念国. 整体智治：城市基层数字治理的理论逻辑与运行机制：基于杭州市 S 镇的考察 [J]. 理论与改革, 2021（4）：58-69, 155-156.
② 铜陵发布. 铜陵"城市超脑"建设提速提效 [EB/OL].（2020-05-11）[2024-05-27]. https：//www.thepaper.cn/newsDetail_forward_7348237.
③ 鲍静, 贾开. 数字治理体系和治理能力现代化研究：原则、框架与要素 [J]. 政治学研究, 2019, 146（3）：23-32, 125-126.

综合体，它不仅是人类社会的产物，也是自然生态系统的一部分，更是技术发展驱动下的一种多维度形态。正如刘慈欣在《三体》中所说的："我们都是阴沟里的虫子，但总还是得有人仰望星空。"面向未来，我们的城市将会是什么样的？在未来城市中，我们该如何管理我们的工作、生活、交往与学习？当然，这些问题，一直以来都呈现在众多科幻大师的作品中，如《银翼杀手》和《星际迷航》中的科技之城、《三体》系列中的呼吸机器之城、《明日方舟》等系列作品中的移动之城、《纽约大逃亡》和《逃出洛杉矶》等作品中的监狱之城、《疯狂的麦克斯》系列作品中的衰落郊区之城、《终结者》系列作品中的危机之城、《我是传奇》中的荒芜之城、《第五元素》中的马赛克之城，以及《流浪地球》中的地下之城，等等。而在一些学者的论著中，它则是一个以数字技术为支撑，通过城市生产生活方式的深刻改变和社会运行体系的解构，在创新、协调、绿色、开放、共享的新发展理念的指导下，重构的生态平衡的城市形态①。那么，未来城市会如学者、科幻大师想象的那样吗？

一、未来城市的概念

本书所描述的未来城市，不是科幻作品中描述的未来之城，也不全是一些学者描述的城市形态。而是一个面向未来，动态、复杂且不断演进的城市形态，是一个融合了科技创新、可持续发展、社会包容等多个维度的城市形态，是一种兼顾社会、自然与技术的和谐共生的城市形态。因此，我们可以从社会、自然和技术三个维度来理解。未来城市的治理，旨在创造一个和谐、宜居、高效、智能、绿色和富有活力的城市环境。这座城市不仅仅是物理空间的扩展，也是虚拟空间的再造，更是社会结构、经济模式、文化形态、自然生态的全面升级。

二、未来城市的特征

（一）可持续性

未来城市的首要特征是可持续性，这涵盖了环境、经济和社会三个维度的平衡发展。正如爱德华·格莱泽强调的，"城市应成为文明进步的引

---

① 武廷海，宫鹏，李嫣. 未来城市体系：概念、机理与创造 [J]. 科学通报，2022，67（1）：18-26.

擎，而非环境破坏的源头"①。为实现这一目标，未来城市须采取一系列措施，如推广绿色建筑，发展绿色交通系统，践行绿色低碳的生产、生活及学习方式，提高能源效率，并构建循环经济体系。此外，城市绿地和生态廊道的建设对缓解城市热岛效应、提升居民生活质量具有积极作用。

（二）智慧化

智慧化是未来城市的又一显著特征，它依赖于大数据、物联网、人工智能等技术的广泛应用。安东尼·汤森在《智慧城市：大数据、互联网时代的城市未来》中指出，智慧城市通过收集和分析海量数据，能够优化资源配置，提升城市治理效率，提高居民生活质量②。例如，智能交通系统减少拥堵、智能电网提高能源使用效率等，均体现了智慧城市的强大潜力。此外，智慧城市的发展还须注重跨部门合作和公民参与，以确保技术进步服务于公共利益。

（三）包容性

包容性城市是未来城市发展的重要方向，它强调所有居民都能公平地享受城市发展的成果。城市化进程中存在收入不平等、住房紧张等问题，须通过政策创新和社会投资加以解决。未来城市应提供负担得起的住房、优质的医疗、教育等公共服务，自由、和谐的城市公共空间等，并鼓励多元社会主体参与社区建设。通过这些措施，可以增强城市的凝聚力和社会稳定性，实现社会公平与正义。

（四）创新性

创新性是未来城市的核心竞争力。未来城市需要不断推动科技创新、管理创新和文化创新，以适应快速变化的经济和社会环境。城市应聚焦于发展多元经济、促进创新和知识经济③。通过构建创新生态系统、培育创新型人才和企业、加强产学研合作等方式，可以激发城市的创新活力，推动经济转型升级和可持续发展。

（五）连通性

连通性城市是未来城市发展的重要趋势，它强调城市内部各要素以及

① 爱德华·格莱泽. 城市的胜利：城市如何让我们变得更加富有、智慧、绿色、健康和幸福［M］. 上海：上海社会科学院出版社，2012：34-38.

② 安东尼·M. 汤森，赛迪研究院专家组. 智慧城市：大数据、互联网时代的城市未来［M］. 北京：中信出版社，2014：561-568.

③ 肖林，周国平. 卓越的全球城市：不确定未来中的战略与治理［M］上海：格致出版社，2017：56-64.

城市与外部环境的紧密连接。这种连通性不仅体现在物理空间上，如交通网络的完善、通信基础设施的普及，还体现在信息、人才、资本等要素的自由流动上，更体现在网络社区、元宇宙等虚拟空间无障碍连通上。未来城市应成为一个高度互联、开放和包容的生态系统，通过加强国际合作和区域一体化，提升城市的全球影响力和竞争力①。

三、社会、自然、技术三重维度下的未来城市

（一）社会维度下的未来城市

从社会维度看，城市就是一个人类的聚集地，是一种社会、政治、经济、文化现象。城市是一个大量人口的聚集地，人们为了各自而又根本上相同的目标，从乡村迁移于此，形成高密度的人口聚集。城市是一种社会互动，人们在此处开展广泛而深入的互动活动，如工作、学习、娱乐、生活、宗教等，形成不同的社会阶级、阶层、结构。城市是一个文化大熔炉，拥有不同传统、习俗、宗教信仰、价值观的人们在此互动、交流，共同推进丰富多彩的城市文化。城市是一个经济活动中心，拥有不同职业技能的人们在此协作，组建政府、企业、社会团队等不同功能、形态的组织，并形成多样化产品、服务的供给、需求、贸易。城市是一个理想之城，人们在此学习、生活、就业、创业，踏上自己的寻梦、逐梦与圆梦之旅。

（二）自然维度下的未来城市

从自然维度看，城市就是自然生态系统的一部分，城市与乡村的区别在于城市生态系统易遭受更多的人为干预。在此维度下，城市只是自然的一部分，人也不是城市的唯一，城市的规划、建设与发展须充分考虑人与自然的和谐关系。城市是人类对自然环境进行改造的成果，人类为了满足自己的居住与社会活动需求，开启了对诸如城市地形和地貌、绿地和植被、水系和湿地等生态系统的改造，从而影响到城市的微气候、生物多样性、城市天际线和公共空间等，而城市改造的好坏就在于这些改造活动是否遵循了自然规律。城市不仅是人类聚居之所，更是一个生态系统，城市系统与自然生态系统必须保持"天人合一"的态势，如立足城市自然禀赋而保护建设的青山、绿地、公园、湿地等除了净化空气、调节气候、涵养

---

① 肖林，周国平. 卓越的全球城市：不确定未来中的战略与治理 [M] 上海：格致出版社，2017：427-244.

水源外，还维系了城市生物的多样性等，为城市居民提供了静心、疗养、休憩的场所。城市与自然环境应达成和谐共生，而非单向的征服与被征服。这要求城市发展遵循自然规律、保护自然环境、推进城市绿化、增加绿色空间，以提升生态效益，同时借助绿色建筑、清洁能源、低碳交通等手段实现可持续发展。而城市活动引发的环境一些问题，则展现了城市与自然的紧张关系。对此，城市需采取有效举措治理污染，增强居民的环境意识，倡导绿色生活方式。虽然城市对气候变化影响显著，但它也是应对气候变化的关键区域。城市作为温室气体的主要排放源，减少碳排放至关重要。此外，城市与自然的美学关系体现在城市设计中对自然元素的融合以及居民对自然美的追求，如在城市景观设计中融入河流、山丘、森林等元素可提升美学价值，城市公园、动物园等则能满足居民对自然的亲近与欣赏需求。城市的运转与发展仰仗自然资源，包括水、能源、食物等，其高密度的人口与活跃的活动都会消耗巨大的自然资源。为此，城市需要通过资源回收与循环利用，减少对自然资源的需求。

（三）技术维度下的未来城市

从技术维度看，城市是人类社会进步的见证和人类文明的重要标志。城市的发展历程深深植根于科学技术的演进之中，城市也是当今世界最主要的科技创新与应用中心。每一次技术的革新，都在重新塑造着城市的面貌，从基础建设到日常生活的方方面面，再到城市的功能布局和管理模式，无不受到科技变革的影响。随着现代化进程的加速，技术已成为推动城市发展不可或缺的力量。智能交通系统、自动驾驶车辆、高速铁路等技术的运用，不仅革新了城市交通模式、交往方式，还大大提升了交通效率和安全性[1]。此外，宽带网络、无线通信技术和物联网等技术构建了城市的信息神经系统，促进了信息的高速流通和即时共享，扩展了城市的虚拟空间。这些技术的应用，为城市服务领域带来了显著的成效，如智能电网、智能水务和智慧医疗等领域的智慧化发展，大幅提高了公共服务的效率和质量[2]。同时，技术在城市生产活动中的应用也非常广泛。例如，制造业的自动化和智能化不仅推动了生产效率和产品质量的提升，还催生了

---

[1] 李雪松. 新时代城市精细化治理的逻辑重构：一个"技术赋能"的视角 [J]. 城市发展研究，2020，27（5）：72-79.

[2] 周妍琳. 智慧城市解读与未来城市发展的思考 [J]. 建筑与文化，2014，125（8）：134-136.

电子商务、远程办公和在线教育等新兴业态，这些业态提升了产业发展的效率和质量，促进了城市产业的优化升级和经济增长①。然而，技术在带来城市发展机遇的同时，也给城市带来了挑战。如个别韧性不足的城市，可能会受某些突发事件的影响，若过度依赖技术则可能导致系统性的交通、电力、金融及网络等风险问题，从而影响城市发展的可持续性②。因此，城市需要在享受技术带来的便利和效益的同时，积极探索技术创新的边界、风险的边界，以确保技术向真、向善。

四、未来城市智慧治理的目标体系

（一）提升城市治理效率

通过智慧治理，可以实现城市治理的智能化和精细化。利用智能感知技术，实时监测城市运行状态，及时发现并解决问题；通过智能决策系统，优化资源配置，提高管理效率③。例如，智能交通系统可以减少交通拥堵，提高道路通行能力；智能安防系统可以有效预防犯罪，保障市民安全。

（二）促进社会公平正义

智慧治理应关注社会公平正义，通过数据驱动和公众参与，实现城市资源的均衡配置。如推进数字技术在教育、医疗、就业等公共服务领域广泛应用，通过发展在线教育、远程医疗、电子商务、共享经济等业态，提升教育、医疗、就业等公共资源的可及性，以及向边缘化群体、贫困居民倾斜，从而缓解城市社会的不平等问题；通过数据分析，精准识别社会弱势群体，制定更加精准的帮扶措施④。

（三）推动绿色低碳发展

面对资源短缺和环境污染的严峻挑战，智慧治理应推动绿色低碳发展。通过绿色建筑、节能减排、发展循环经济等措施，减少城市对环境的

① 张永民. 解析智慧技术与智慧城市 ［J］. 中国信息界，2010，159（11）：38-41.

② 刘仲蓓. 数字城市建设中的技术理性问题研究 ［J］. 浙江大学学报（人文社会科学版），2003（2）：154-161.

③ 安东尼·M. 汤森，赛迪研究院专家组. 智慧城市：大数据、互联网时代的城市未来 ［M］. 北京：中信出版社，2014：68-69.

④ 爱德华·格莱泽. 城市的胜利：城市如何让我们变得更加富有、智慧、绿色、健康和幸福 ［M］. 上海：上海社会科学院出版社，2012：34-38.

负面影响；通过智能技术，优化能源使用效率，降低碳排放强度①。

（四）增强居民幸福感

智慧治理的最终目标是增进居民的幸福感。通过提供优质的教育、医疗、文化等公共服务，满足居民多元需求；通过建设宜居的城市环境，提升居民的生活品质；通过促进社区凝聚力，增强居民的归属感和认同感②。

---

① 王植，张慧智，黄宝荣. 有效治理视角：现代城市建设绿色低碳循环发展的经济体系：基于深圳实践与政企调查研究 [J]. 当代经济管理，2021，43（3）：63-71.

② 胡晶. 感知城市建设：治理城市病态与增加幸福感知 [J]. 学习与探索，2014（11）：43-45.

第四章　城市治理的多维度审视

城市治理是一个古老却在不断发展的问题，在人类社会发展的历史长河中扮演着重要的角色。随着城市化进程的不断加速，城市治理的方式和模式也在不断变革和演进。本章旨在探讨城市治理的历史演进过程，从古代城邦到现代城市，从传统政府治理到现代社会治理，从威权统治到民主参与，从简单的行政管理到复杂的网络治理，全面回顾城市治理的发展历程，分析其中的主要变革和影响因素，以期为当前和未来的城市治理提供借鉴和启示。

第一节　城市治理的前世与今生

一、工业化以前的城市治理

（一）工业化以前的城市发展简史

从城市的起源及发展来看，城市治理是一个从无序到有序的过程，前后经历了约 6 500 年（最早的城市起源于约公元前 4000 年的美索不达米亚）。最早期的城市多数是因政治（王权力）或宗教（信仰）而建立起来的[①]，当时，移民是城市发展的关键，安全防御则是其最核心的功能。约公元前 8 世纪，希腊人、罗马人将城市建设推向新高潮，城市由政治、防御功能，扩展到经济活动（工业、服务业、长途贸易）、文化交流（主要是宗教、祭祀）等，城市空间扩展为政治场所、经济活动场所、农业生产场所、宗教空间（如神庙、朝拜之路或圣墙）等。这一时期，城市的发

---

① 王立华，何一民. 王权—国家力量与中国古代城市的形成与变迁 [J]. 江汉论坛，2016，451（1）：120-127.

展，围绕权力结构的重塑（附带宗教活动）、市民身份资格的取得这两个核心要素展开，城市治理主要体现为权力集中和秩序维护①。

在古代，由于生产力水平低下，城市规模相对较小，治理主体多为君主、贵族、宗教长老或军事领袖等，他们通过直接控制或委托代理人对城市进行管理②。此时的治理手段以行政命令和军事镇压为主，旨在维护社会稳定和统治阶级的利益。在这种治理模式下，城市居民的权益往往被忽视，城市发展也受到一定限制。

在古代的城市治理中，最典型的要数城邦治理。城邦是人类社会最早的城市形态，其治理模式主要以城邦或城市国家的政治中心为核心，由君主或贵族统治，以行政命令和法律制度维护秩序③。如古希腊、雅典的民主政治就被认为是古代城邦治理的典范，该治理模式通过公民议会和陪审团等机构实现了一定程度的民主参与。而古罗马的城邦治理则更多地体现了法律和军事的统治，此时的治理以保护城邦的安全和稳定为首要任务④。

随着人类社会步入封建社会，城市治理也步入新的历史阶段。封建时代的城市治理以封建领主和城市议会为主导，形成了封建城市的特有治理模式。在中世纪的欧洲，城市自治权的出现成为城市发展的重要标志，城市议会逐渐成为城市事务的决策机构。城市工匠和商人通过组织行会和商会，参与城市事务的管理，从而推动了城市经济和社会的发展。但与此同时，封建时代的城市治理也存在着贵族专权和城市贫民的剥削，社会矛盾日益加剧，最终导致了许多城市内部的动荡和冲突。

（二）工业化以前的城市治理理论（思想）概述

古典城市治理思想是现代城市治理理论的源泉，它包括古希腊城邦治理思想、柏拉图的"理想国"与城市规划思想、亚里士多德的"政治共同体"与城市功能思想，以及古罗马的城市管理模式等。这些理论为后世城市治理提供了重要的理论基础和启示。

1. 古希腊城邦治理思想

古希腊城邦治理，主要围绕良善治理、和谐治理、法治治理和民主治

① 彼得·克拉克. 牛津世界城市史研究 [M]. 陈恒，等译. 上海：上海三联书店，2019：1-5.

② 姚尚建. 中国早期城市：形成与规制 [J]. 中共福建省委党校学报，2016，439（11）：71-76.

③ 许耀桐. 国家治理：古希腊城邦的启示 [J]. 治理研究，2018，34（4）：31-39.

④ 刘海峰. 论帝国前期罗马城的建设及其特点 [D]. 西安：陕西师范大学，2013.

理这四个核心原则展开。哲学家们强调，实现有效治理须坚持至善理念，追求良好的治理形态①。这种治理侧重于和谐而非冲突，旨在通过建立良好的政体来促进社会稳定。法律在此过程中至关重要，既要维持秩序，又要确保公平和正义②。在古希腊城邦治理的实践中，他们认识到民主在社会进步中的价值，因此，非常重视法律的制定和遵守③，强调法治与民主紧密结合④。公民则可通过法庭和集会直接参与治理，提升城市治理的透明度和公民参与感⑤。

城邦自治始于公元前5世纪，后成为城邦间互动的基准。尽管自治常遭强国滥用，却也促成城邦间的权力平衡，遏制了霸权扩张。城邦独立不仅体现在经济上，更在于法治和民主制度的确立，维护了独立和自治⑥。公共空间如神庙、剧院等，既是物质象征，也是政治活动场所。这些空间强化了政治开放和民主，体现了民主超越自由的价值⑦。公民在公共生活中寻求个人自由和表达，反映古希腊对公民身份和公共领域重要性的认识⑧。

2. 柏拉图的"理想国"与城市规划思想

柏拉图在其著作《理想国》中，提出了一个包含哲学探讨、公共教育，以及公正的社会层级和健康的生活方式的正义城邦模型⑨。这些元素共同塑造了一个理性、正义和富饶的理想社会，启示现代城市规划不仅要考量物理布局，还须兼顾社会结构和居民福祉⑩。另外，他还阐述了理想

---

① 许耀桐. 国家治理：古希腊城邦的启示 [J]. 治理研究，2018，34（4）：31-39.

② 沈瑞英. 法治理念：希腊城邦政治文化的精粹 [J]. 上海大学学报（社会科学版），2003（5）：42-47.

③ 吴丹，戈兆君. 古希腊城邦政治文明建设思想探赜 [J]. 学理论，2021（11）：39-41.

④ 沈瑞英. 法治理念：希腊城邦政治文化的精粹 [J]. 上海大学学报（社会科学版），2003（5）：42-47.

⑤ 刘学伟. 古代希腊城邦民主政制成因试析 [J]. 四川大学学报（哲学社会科学版），1981（4）：102-108.

⑥ 杨共乐. 古代希腊城邦特征探析 [J]. 北京师范大学学报（社会科学版），2008，210（6）：66-71.

⑦ 黄洋. 希腊城邦的公共空间与政治文化 [J]. 历史研究，2001（5）：100-107，190.

⑧ 刘鑫淼. 城邦：展现个性自由的公共领域：基于古希腊文化语境的一种政治观 [J]. 湛江师范学院学报，2011，32（2）：80-84.

⑨ 姚介厚. 柏拉图的城邦文明论和"理想国"设计 [J]. 云南大学学报（社会科学版），2010，9（1）：3-12，94.

⑩ 崔燕. "建构的"哲人王之路：柏拉图《理想国》第六卷核心问题探析 [J]. 社科纵横，2012，27（2）：109-111.

城市治理应该由统治者、守护者和劳动者三个不同阶层的主体相互协同达成，共同维持社会秩序的稳定与和谐。他的规划理念强调环境保护与可持续发展，提倡城市与自然的和谐共存，为城市治理提供了绿色和可持续发展方向的启示。

3. 亚里士多德的"政治共同体"与城市功能思想

亚里士多德的"政治共同体"与城市功能思想作为古希腊政治哲学的重要内容，至今仍有着深远影响。他关注城邦内部的政治架构和公民间的关系，主张良好的城邦应有明确的政治角色划分，如政治家、立法者、公民等，大家各自履行职责，维护城邦利益①。亚里士多德认为城市是执行这些政治职能的基本单元，其规模和形态直接影响城邦运作②。他曾说过："人们来到城市，是为了生活；人们居住在城市，是为了生活得更美好③。"他的城市功能思想着重于城市空间布局和功能分配的合理性，提议将城市划分为居住区、工业区、农业区，旨在优化城市功能④。此思想兼顾经济效率和居住环境舒适性，强调提升市民福祉，展现人文主义的城市规划思想。受亚里士多德的城市治理思想的启发，现代城市治理强调功能分区和空间规划的科学性。现今，一些国家和地区依据需求和资源条件，规划不同功能区域，如商业中心、住宅区、工业区等，以促进经济社会均衡发展⑤。实施分区治理和公共服务均等化政策，能显著提高市民生活质量和幸福感，与亚里士多德的思想理念相符。

4. 古罗马城市管理模式

古罗马作为西方文明的摇篮，其城市管理成效在于构筑了涵盖城市建设、居民权利保护、城市管理等多个领域，以及相对完备的城市基本法律架构。这些法令明确了城市职能及居民的权利与责任，并规范了城市间的争端解决及城市扩张政策⑥。例如，在奥古斯都时代，就通过编纂《罗马

---

① 李龙海. 亚里士多德政治思想研究 [D]. 长春：吉林大学，2011.

② NORTON E. LONG. The city as a political community [J]. Journal of Community Psychology, 1986, 14（1）：72-80.

③ 邱衍庆，罗勇，郑泽爽. 尊重城市发展规律 倡导"城市思维" [J]. 城市发展研究, 2017, 24（12）：1-7.

④ NORTON E. The city as a political community [J]. Journal of Community Psychology, 1986, 14（1）：72-80.

⑤ 杨俊宴，章飙，史宜. 城市中心体系发展的理论框架探索 [J]. 城市规划学刊, 2012, 199（1）：33-39.

⑥ 向东. 古罗马城镇化建设保障立法探究 [J]. 社会科学论坛, 2014, 273（9）：163-176.

法》等立法活动，增强了城市管理的法治化，为城市的稳定与繁荣提供了法律支持①。城市治安问题是对古罗马管理者的持续挑战。为维护秩序，古罗马采取了多种措施：如通过建造城墙和拱门来加强对城市边界的管控；指定官员和军队维护公共安全；执行严格的城市规划确保城市扩张的秩序②。这些措施有效维护了城市安宁，展现了古罗马管理者的社会责任感和法治精神。古罗马市政府高度重视公共设施建设和服务供给，他们认为这是提升居民生活品质和维护社会稳定的途径。市政府不仅负责建设基础设施，如道路、桥梁、下水道等，还提供教育、医疗、消防等公共服务③，并通过法律确保资源合理分配和服务平等化④，这些举措不仅提升了居民生活质量，而且促进了社会和谐。

古代城市治理思想为后世城市治理提供了重要的思想基础和启示源泉。这些思想主要关注了城市治理的民主参与、环境保护、城市功能与公民德行的关系，以及法治与人本化等方面。通过对古代城市治理思想的深入分析，我们可以更好地理解城市治理理论的发展脉络，并为当代城市治理提供理论支持和实践指导。

二、工业化时代的城市治理

（一）工业化时代的城市发展简史

18世纪60年代的英国工业革命，是人类城市发展历史的一个转折点。这场革命极大地提升了生产力，推动了人口向城市迁移，加速了城市化进程⑤。随之而来的是城市规模的急速扩张和城市功能的根本性转变，城市从单纯的政治、经济、军事中心转变为政治、经济、文化、教育、娱乐等多重活动的汇聚地⑥。同时，工业化和城市化的双重融合，使城市治理面

---

① 杨俊明. 奥古斯都时期古罗马的城市管理与经济状况 [J]. 湖南师范大学社会科学学报，2004（4）：119-122.

② 鲍红信. 共和晚期至帝国早期罗马城市的社会管理：以罗马城为中心的考察 [J]. 都市文化研究，2021（1）：42-60.

③ GAUTHIEZ B. The legacy of Roman and Greek urban planning in the cities of today [J]. Urban Morphology, 2019（2）：35-40.

④ 王双. 城市公共管理理论演进、实践发展及其启示 [J]. 现代城市研究，2011，26（10）：91-96.

⑤ 秦旭. 工业革命背景下世界范围内的城市化进程探析 [J]. 住宅与房地产，2020，588（27）：206-207.

⑥ 乐正. 近代经济变迁与城市发展 [J]. 开放时代，1992（4）：31-35.

临前所有的挑战。环境污染和资源短缺问题日益凸显，促使城市治理开始重视对法律法规制度的建设，通过制定和执行法律法规来规范管理及居民行为①。同时，治理主体呈现多元化，企业、市民和非政府组织加入治理行列，共同推动治理模式的革新②。19世纪末至20世纪初，全球掀起了一场旨在解决环境污染、公共卫生和社会福利等问题的城市改革浪潮③④。在这场运动的推动下，城市规划和基础设施建设受到极大重视，治理理念也随之转变，城市治理从政府主导过渡到合作治理，特别强调政府、企业、社会组织以及市民等多元社会治理主体的合作与参与⑤，城市向更加科学、规范的治理方向迈进。

（二）工业化时代的城市治理理论综述

工业革命对自然生态、人类社会、思想意识等的冲击是颠覆性的，由此产生的城市问题也是多元的。为应对各种不断涌现的复杂城市问题，各学者基于不同的时代背景，立足不同的学科视角，对城市发展的形态、功能、设计思路，以及社会经济的可持续发展进行了多维度剖析，丰富了城市治理的理论体系。

工业化进程不仅极大地促进了人类社会的进步，同时也带来了一系列挑战和问题。这些问题主要包括环境污染、住房短缺与居住条件恶劣、交通拥堵、公共空间占用、贫富差距扩大、社会阶层分化、城市土地、水资源的过度开发以及不合理分配、城市三生空间的矛盾突出以及城市历史建筑和文化遗产的破坏等。为了应对这些挑战，学术界提出多种城市治理理论（见表4-1）。如聚集于城市的空间结构和形态发展，旨在调整城市形态可以减少城市蔓延和改善城市交通，从而提升城市的整体功能和社会福祉的城市形态理论⑥；强调通过创造美观、实用、人性化的城市空间，促

---

① 定光莉. 美国城市治理的历史与现实、问题与评价 [J]. 湖北社会科学，2019（6）：42-48.

② 李锦文，叶睿. 后城市化时代城市治理面临的挑战 [J]. 经济与社会发展，2014，12（6）：81-85.

③ 定光莉. 美国城市治理的历史与现实、问题与评价 [J]. 湖北社会科学，2019，390（6）：42-49.

④ 刘建超. 后工业化时期的城市治理创新：以武汉为例 [J]. 华中师范大学学报，2019（3）：78-82.

⑤ 张康之. 在后工业化进程中构想合作治理 [J]. 哈尔滨工业大学学报（社会科学版），2013，15（1）：51-60，4.

⑥ 张红樱，张诗雨. 国外城市治理变革与经验 [M]. 北京：中国言实出版社，2012：78-82.

进社会交往和社区凝聚力，提高城市生活质量的城市设计理论①；通过分析不同功能区域如何相互作用，优化土地使用和功能布局，提高城市运行效率，化解减少环境污染和交通拥堵等环境与社会问题城市功能理论②。侧重分析城市社会结构的变迁、社区的兴起与发展和社会问题，提出减少社会不平等，促进社会包容性和社区参与性策略的城市社会理论。关注经济转型和产业升级，以及工业化时代的经济发展面临的挑战等问题，并应用经济学原理分析城市发展，提出促进经济增长和就业的策略的城市经济理论③。

表 4-1　工业化时代西方城市治理理论图谱

理论名称	理论方向	核心观点	适用场景
城市形态理论	田园城市	建设兼具城市功能与乡村环境的新型城市	新城建设和旧城改造
	区域规划	对更大地理区域的规划，实现区域发展的整体协调	大尺度空间规划
	辐射状城市	以高速公路和高层建筑为特征的城市规划	新城市建设
	城市形态学	城市形态是历史发展、社会变迁和自然环境影响的结果	城市历史保护和规划
	卫星城市	在大城市周边建设自给自足的居住区	城市规划和区域发展
城市设计理论	城市美化运动	城市设计的审美和美学方面提升	城市设计和公共空间改善
	环境分区	通过分区控制土地使用，实现环境保护和合理开发	土地利用规划
	城市公共空间	高质量的公共空间是活跃城市生活和社区参与的基础	公共领域设计
	现代主义建筑	简洁线条、功能主义和新材料的使用	多种建筑类型
	邻里单元	创建功能齐全、自给自足的社区	社区规划
	国际风格	建筑的普遍性和时代性	国际建筑项目

① 顾朝林. 论城市管治研究 [J]. 城市规划, 2000 (9)：7-10.
② 陈伟东, 吴恒同. 论城市社区治理的专业化道路 [J]. 华中师范大学学报 (人文社会科学版), 2015, 54 (5)：21-28.
③ 弗朗索瓦丝·利勃海尔-加迪奥尔, 焦兵. 城市可持续性与治理：二十一世纪的重大课题 [J]. 国际社会科学杂志 (中文版), 2009, 26 (4)：11-23, 3.

表4-1(续)

理论名称	理论方向	核心观点	适用场景
城市设计理论	城市空间分析	城市空间结构影响居民的认知和行为	城市规划设计
	城市可步行性	可步行的城市环境促进居民健康和社会互动	交通规划和城市设计
	城市设计	创造美观、实用、人性化的城市空间	城市公共领域
城市功能理论	城市历史保护	保护历史建筑和区域对维护城市文化身份至关重要	文化遗产保护和城市规划
	城市生态学	城市发展应遵循生态原则	生态城市规划
	城市住房政策	住房政策应保障所有居民的住房权利	住房供应和社会福利
	城市交通规划	交通系统规划对城市形态和发展至关重要	交通系统设计和管理
	城市更新	改善居住和经济条件，恢复社区活力	城市复兴和社区重建
	城市蔓延	城市无序扩张导致郊区化和土地利用分散	城市增长管理
	城市防灾减灾	防灾规划和灾害管理减少灾害风险和影响	灾害管理和城市规划
	城市环境设计	环境设计应考虑生态平衡和人类福祉	环境规划和设计
	城市能源规划	能源规划应注重效率和可再生能源的使用	能源管理和政策
	城市增长边界	划定界限能有效保护环境和农业用地	城市扩张控制
城市社会理论	城市人口学	人口结构和动态对城市社会经济有深远影响	人口政策和规划
	城市社会学	城市是社会关系、文化和社会问题的研究场域	社会研究和城市规划
	城市社区发展	社区发展促进居民参与和社区自治	社区规划和项目
	公共选择理论	市场机制和个体选择在资源分配中的作用	经济政策和规划
	城市权利	居民应有参与城市发展决策的权利	城市规划政策
	城市社会运动	社会运动能推动城市变革和政策制定	社会政治分析
	城市社会排斥	社会排斥导致城市中的贫困和社会问题	社会政策和社会规划

表4-1(续)

理论名称	理论方向	核心观点	适用场景
城市社会理论	城市空间正义	空间规划应促进社会公平和包容性	社会包容性城市规划
	城市文化主义	文化因素在城市发展和竞争力中扮演关键角色	文化规划和城市营销
	城市政体论	分析城市政治结构与政策过程	城市政治研究
	城市可持续发展	实现环境、经济和社会的长期平衡	综合规划
	城市增长机器	城市发展由地方精英和利益集团推动	城市发展研究
	城市联盟论	城市中不同利益集团的互动与合作	城市治理
	城市网络理论	城市在全球网络中的角色和相互联系	全球化研究
	城市社会资本	社会关系和信任是促进社区发展和社会福利的重要资本	社区发展和社会规划
	城市治理	城市治理涉及多方利益相关者的合作与协调	政府改革和政策制定
城市经济理论	城市化理论	解释城市化过程及其对社会经济的影响	社会发展研究
	城市经济区	分析城市经济活动的基础和结构	经济地理学
	城市经济学	经济活动和市场力量塑造城市空间和结构	经济政策和城市发展
	城市地理学	地理环境和空间分布对城市发展有重要影响	地理教育和规划
	城市政策分析	系统地分析和评估城市政策对提高政策效果至关重要	政策制定和实施
	城市系统理论	城市是一个由多个相互作用的部分组成的复杂系统	城市规划和管理
	城市政治经济学	城市发展受经济力量和政治决策的影响	城市政策分析
	城市战略规划	战略规划为城市发展提供方向和框架	城市规划和发展决策
	城市竞争力	城市竞争力取决于其经济表现和吸引资源的能力	城市营销和经济发展策略
	城市品牌化	城市品牌提升城市形象,吸引投资和旅游	城市营销和推广

资料来源:作者根据相关文献整理而得。

这些理论一方面反映了不同时代城市发展面临的问题，另一方面也呈现了城市治理理论的发展和演变历史。这些理论的提出皆立足于当时的情景，面向城市发展未来，通过旨在优化城市空间结构和形态，改善居民的生活品质，提升城市社会凝聚力，优化土地和功能布局，促进城市效率和经济效益的提升，实现社会公平与包容性，促进经济增长和就业，积极应对经济挑战，推动城市的可持续发展。

三、后工业化时代的城市治理

（一）后工业化时代的城市治理概述

在全球化和科技革命的双轮驱动下，从20世纪中叶开始，人类社会逐步进入后工业化时代。在后工业化时代，城市重心由工业生产中心转向服务业、信息业和文化产业中心，这又给城市治理带来新的问题和挑战。伴随着城市化进程加速推进，城市规模不断扩大，城市边界变得越来越模糊，城市向聚集化、集群化方向发展。特别是城市之间的政治、经济、文化、生态等联系日益紧密，城市治理范围扩展到自然生态、人类社会、设施设备、虚拟网络空间，甚至意识空间，城市治理过程则扩展到城市的全生命周期，城市治理手段也日益丰富多样，如信息化、数字化、智能化等多种手段的综合应用。城市治理不再是单一的、孤立的行为，而是需要与其他城市、国家乃至全球进行合作。由此，城市治理模式逐渐向多元化、网络化方向发展，政府、市民社会和市场各方力量共同参与城市治理，形成了多层次、多方参与的治理格局。同时，信息技术的应用为城市治理提供了新的手段和工具，智慧城市建设、大数据分析等成为推动城市治理创新的重要动力。

（二）后工业化时代的城市治理理论综述

针对后工业化时代城市发展中呈现出诸如城市无序蔓延、城市空间碎片化、社会排斥、环境退化、资源不可持续利用、城市效率低下、服务公共设施与服务供给不均、城市衰败和失业问题、权力结构和社会不平等、城市生态破坏、生物多样性保护不力等问题，为满足城市不同利益主体的需求，西方的学者立足不同的视角，先后提出城市生态学、城市更新理论、城市权利理论、城市再生理论、城市政治经济学、可持续发展理论、城市主义、城市网络理论、城市善治理论、大都市区治理理论、多层次城市治理理论、城市群治理理论、智慧城市理论等（见表4-2）。在这些理论的指导下，后工业化时代的城市治理研究步入了新一轮高潮。

表4-2　后工业化时代几个重要城市理论比较

理论名称	聚集问题	主要理论观点	适用场景
城市生态学	城市生态系统的平衡和生物多样性保护	①城市是一个生态系统，具有自己的能量流动和物质循环；②城市发展应考虑生态承载力和可持续性；③提倡城市绿化和生态恢复	城市规划、环境保护、生态恢复项目
城市更新理论	城市老化、社区衰败、基础设施不足	①通过大规模重建和基础设施投资促进城市复兴；②重视城市规划和设计在城市更新中的作用；③提倡政府、私人部门和社区的合作	城市衰败地区重建、住房项目、基础设施发展
城市权利理论	城市空间的不公平分配和社会排斥	①城市居民应拥有参与城市发展的权利；②城市空间应服务于所有居民，而不仅是精英；③城市化应促进社会整体福祉，而非仅促进经济增长	城市规划政策、社会运动
城市再生理论	工业衰退导致的城市衰败和失业问题	①通过政策和投资促进衰败地区的经济复兴；②重视文化遗产和历史建筑的保护与再利用；③提倡社区参与和多方利益协调	城市衰败地区重建、工业遗址改造
城市政治经济学	城市发展中的资本积累、权力结构和社会不平等	①城市发展是资本主义经济过程的一部分；②强调政治经济力量对城市形态的影响；③提倡批判性地审视城市政策和规划	城市政策分析、规划实践、经济地理学
城市可持续发展理论	城市环境退化、资源不可持续利用	①城市经济发展应满足当代需求，不损害后代满足需求的能力；②强调城市发展应注重环境、社会和经济三者的平衡；③提倡生态效率和循环经济	环境政策、城市规划、资源管理
新城市主义	城市蔓延、社区衰败、缺乏社区感	①强调步行友好、混合用途的社区设计；②重视公共空间和街道的美学与功能；③倡导社区参与和地方自治	城市规划和社区重建项目
城市网络理论	城市在全球网络中的角色和相互作用	①城市在全球经济和文化网络中扮演关键节点；②城市竞争力取决于其在网络中的连接度和影响力；③网络化促进了城市间的功能互补和专业化	全球化研究、城市竞争力分析

表4-2(续)

理论名称	聚集问题	主要理论观点	适用场景
城市善治理论	如何实现城市治理的透明度、责任性、参与性和有效性	①城市治理应确保决策过程和结果的公开,增强公众对政府行为的了解和信任;②城市治理需要明确责任,确保政府和官员对其行为和决策结果负责;③鼓励和促进公民参与城市治理,提高政策的民主性和适应性;④城市治理应提高资源利用效率,减少浪费,提升公共服务质量	城市规划和决策过程
大都市区治理理论	如何协调大都市区内部不同城市和地区的治理,实现区域整体发展	①强调大都市区内部不同城市和地区之间的协调和合作,避免资源浪费和恶性竞争;②推动大都市区的交通、经济和社会政策的一体化,实现区域整体发展;③通过整合不同层级和领域的政策,提高大都市区治理的一致性和连贯性	大都市区规划和协调
多层次城市治理理论	如何在不同层级和规模的城市之间实现有效协调和治理	①强调在国家、区域和地方等不同层级之间建立协调机制,实现政策和行动的一致性;②支持地方政府在城市治理中的自主权和创新性,提高治理的灵活性和适应性;③鼓励不同城市和地区之间的跨界合作,解决跨区域问题,如环境保护和基础设施建设	城市治理政策制定和实施
城市群治理理论	如何在城市群内部实现资源共享、优势互补和协调发展	①资源共享推动城市群内部的基础设施、公共服务和信息资源的共享,提高资源利用效率;②根据城市群内部不同城市的特点和优势,实现功能互补和产业链协同;③通过政策引导和机制设计,促进城市群内部的经济社会发展协调一致	城市群发展规划
智慧城市理论	城市效率低下、资源浪费、服务不均等	①利用信息技术提高城市治理和服务的智能化水平;②通过数据分析优化资源配置和决策过程;③提升城市居民参与度和透明度	城市治理、交通系统、公共服务

资料来源:作者根据相关文献整理而得。

城市治理的相关理论是不断适应时代变化、不断创新发展着的,它既是社会历史发展的产物,也是人类智慧与文明的结晶。通过对城市治理的梳理和分析,笔者期望探究城市治理的本质和规律,为现在及未来的城市治理提供有益启示。随着人类社会的不断进步,以及人工智能、区块链、大数据等前沿科技的创新深化,城市治理将继续向着人本化、智慧化、精细化、系统化的方向发展。对城市治理的探索是永无止境的，相关治理主体应综合利用信息科学、经济学、社会学、政治学等多元学科的理论与工具，适应新的形势和需求，不断创新和发展。只有这样，才能建设出更加幸福、美好、宜居、可持续的城市。

第二节 城市哲学视角下的城市治理

一、后人文主义与城市治理

西方人文主义是一种哲学思潮，最早可以追溯到意大利文艺复兴时期如彼特拉克、埃拉斯谟等人所倡导的"回归古典文化""重视人的价值和理性"的观点，之后演变成"将人置于万物之上"的观念。现代主义者在此"观念"的驱动下，对地球资源进行大肆掠夺，造成严重的"现代性后果"。而现在谈的人文主义，是指产生于20世纪中后期，与后现代主义、后结构主义等学术话语体系逻辑相一致的哲学思潮，它是一种超越传统人文主义的观念，被称为后人文主义（也称后人类主义）。后人文主义的主要代表人物有马克思·莫尔，雷·库尔思韦尔，凯文·凯利，他们通过批判人文主义关于普遍人性、理性主义的假设入手，提出打破"人是世界的中心"的观念，而强调从生态学角度，从人类与非人类实体（包括人类以外的生物，也包括机器、网络、思想等混合实体）共生的角度，动态平衡地看待一切[1]。

在工业化时代，城市的规划与建设受传统人文主义的毒害，将人置于城市发展唯一核心地位。没有处理好城市发展中的人与自然的关系，没处理好历史人文遗产与城市扩建、新建之间的关系，没处理好城市建筑、设施和设备建设与人的生产、生活、休憩之间的关系，没处理好多元文化的交融、互融的关系，没处理好不同阶层市民之间的互利、互荣与共生关系等，使传统城市病愈演愈烈。

后工业化时代，在后人文主义的影响下，人们开始反思现代化带来的

---

[1] 本部分参考了加拿大康考迪亚大学艺术学院教授伊琳·曼宁、瑞典乌普萨拉大学科学史与思想史系学者路易斯·德·米兰达、美国亚利桑那州立大学领导力与创新学副教授丹娜·亨里克森等学者的论述。

后果。在城市规划中，人们便不断融入人文主义原则，更加注重保护城市历史、文化和遗迹，以创造具有地方特色和人文关怀的城市环境①。制定尊重和包容多元文化的政策，通过建设人文城市，促进经济、社会和文化的可持续发展②。在城市治理中关注人的价值与需求，合理应用如人工智能、大数据等数字技术，同时在关注技术对社会、文化、环境的影响的前提下，通过制度和技术双重手段实现源头治理和长期治理。以联系与发展的视角看待城市治理问题，努力构建一个更加公正和包容的城市社会环境③。坚持以人为本的城市治理原则，不断推进如住房、交通拥堵等各种社会问题的有效化解④。倡导可持续的城市发展和生活方式，强调人与自然环境的相互依存关系，提倡人与自然和谐共生的发展路径。

二、后现代主义与城市治理

后现代主义兴起于 20 世纪中叶至 70 年代的欧美的反思潮流，其代表人物有理查德·罗蒂、雅克·德里达、让·弗朗索瓦·利奥塔等。他们的思想主要源于对现代化所引发的各种问题的质疑与反思，特别是针对文化、政治、经济和社会的弊端的质疑与反思⑤。其核心理念包含了解构主义、相对主义和多元文化论，挑战现代主义的理性主义和普遍性设想，推崇多样性和地方色彩⑥⑦。后现代主义对城市治理造成了深远的影响，主要表现在城市规划、公共行政和城市管理的转型上。在城市规划方面，后现代主义提出了反对权威和单一性的观点，倡导包容性和复杂性。例如，它主张城市规划应从官僚化走向民众化，从速度优先转向质量优先，从预设

---

① 刘士林，何睿敏. 人文城市的理论逻辑与现实发展 [J]. 江西社会科学，2021，41 (10)：236-245，256.

② 赵继强. 城市文化治理的方法论寻索 [J]. 人民论坛，2020，676 (21)：105-107.

③ 刘建军，邓理. 基于人文教育的人文治理：理论建构及实践进路 [J]. 华东师范大学学报（哲学社会科学版），2020，52 (2)：60-73，194.

④ 张晓芳. 从人本视角探究城市化进程中市民人文素养的培育 [J]. 中国集体经济，2015，470 (30)：125-127.

⑤ 包国光，王子彦. 后现代主义的实质与启示 [J]. 东北大学学报（社会科学版），2000，(1)：26-28.

⑥ 颜昌武. 公共行政学中的后现代主义：一个理论述评 [J]. 南京社会科学，2018，371 (9)：62-69.

⑦ 黄建. 论公共管理学中的后现代主义分析方法 [J]. 技术经济与管理研究，2014，221 (12)：88-91.

蓝图转向动态进程①。这种转变不但重塑了规划方法，也为解决城市难题开拓了新视野。在公共行政方面，后现代主义引领了对现行模式的反思与重构。它提倡一种建立在真实、真诚对话和共同价值观基础上的公共治理②，强调公民参与的必要性，从而推动了公共服务的民主化和个性化③。此外，它还批评了现代主义公共行政的过度管控趋势，主张建立更为开放和包容的行政文化④。在具体的城市治理中，后现代主义强调公民等多元主体积极参与城市治理，推动城市治理过程的包容性决策；采纳灵活多变的城市设计和管理策略，以适应快速变动的社会和经济情境；通过多元化和地方化的治理实践，提升城市的韧性与可持续性⑤。

三、生态主义与城市治理

自工业革命以来，城市虽迅速发展，但随之带来的是环境污染、资源枯竭等难题，这主要是由于过分追求经济增长而忽略了生态保护和生态平衡⑥。生态主义提倡人与自然和谐共生，主张城市发展应以维护生态环境为基石，通过生态规划和生态经济等方式实现城市与环境的可持续发展⑦，其代表人物包括蕾切尔·卡逊、阿尔多·利奥波德等。它的核心理念包括生态平衡、可持续发展、社会公正和参与式治理。生态平衡强调维持城市生态系统的稳定性，确保城市活动不破坏生态系统结构与功能⑧；可持续发展强调城市发展应遵循生态原则，通过优化资源管理和环境管理，实现

① 许婵，文天祚，黄柏玮，等. 后现代主义视角下的城市规划及其对中国的启示 [J]. 现代城市研究，2016 (4)：2-9.

② 丁龙. 公共行政合法性的解构与重建：后现代主义的指向 [J]. 电子科技大学学报（社科版），2011，13 (6)：8-12.

③ 邓剑伟. "后现代"公共行政话语下的公民参与问题研究 [J]. 华东经济管理，2012，26 (6)：21-25.

④ 张康之，张乾友. "后现代主义"语境中的公共行政概念 [J]. 北京行政学院学报，2013，83 (1)：39-46.

⑤ 于兰军，徐建刚. 后现代主义城市规划思想综述 [J]. 山东师范大学学报（自然科学版），2006，(2)：79-80.

⑥ 蒋艳灵，刘春腊，周长青，等. 中国生态城市理论研究现状与实践问题思考 [J]. 地理研究，2015，34 (12)：2222-2237.

⑦ WHITEHEAD M. Analysing the sustainable city：Nature，urbanisation and the regulation of socio-environmental relations in the UK [J]. Urban Studies，2003，40 (7)：240-254.

⑧ YINGXUAN Z，WENHUA Z，MIN W，et al. Conceptualizing discourses on ecological city and its planning [J]. Chinese Journal of Population，Resources and Environment，2009，7 (4)：69-81.

经济与生态的双赢①；社会公正关注城市中不同群体的资源分配，倡导公平对待每个市民，保障他们的基本权益；参与式治理鼓励政府与社会组织共同参与城市规划和治理，增强公众的参与感和责任感②。生态主义对城市治理有着深远的影响：生态城市建设促使我们重新审视城市规划与设计，采用绿色材料、太阳能等技术减少建筑能耗，提高能源利用率③。同时，生态主义通过设立生态功能区，实现城市的合理布局和生态功能的最大化④。它还推动了以循环经济为中心的生态经济体系，鼓励企业和居民参与废弃物回收和再利用，形成节能减排的生产和生活方式⑤。生态主义还主张建立多层次、多方面的环境治理体系，包括政府监管、企业责任、社会参与和国际合作等多方力量，共同应对城市环境挑战⑥。此外，它强调以人为中心的发展理念，通过教育提升市民的生态意识和环保观念，增强社区凝聚力，推动生态文化的进步⑦。如屠凤娜通过研究杭州市的生态城市建设的目标、框架和策略，可以看到生态主义在城市规划与管理中的实际应用，如垃圾分类、绿色出行激励政策等⑧。

四、可持续发展与城市治理

（一）可持续发展理念提出背景

可持续发展理念的诞生，源于全球面临的环境和社会挑战，尤其是20世纪中叶以来，经济的快速发展导致资源大量消耗和环境严重破坏，促使人类社会反思传统发展模式的不可持续性。这一理念的形成，是对经济增长、环境保护与社会公平之间矛盾的直接回应。自工业革命以来，城市化进程中的环境污染、资源枯竭和社会不公等问题越演越烈，针对国际社会关注到的这些问题，1972年斯德哥尔摩人类环境会议上首次提出"可持续

---

① 王飞儿. 生态城市理论及其可持续发展研究［D］. 杭州：浙江大学，2004.

② 于立，曹曦东. 城市环境治理理论研究及对中国城市发展适用性的思考［J］. 城市发展研究，2019，26（4）：110-116，124.

③ 屠凤娜. 生态城市的战略要素分析及建设构想［J］. 理论界，2012，462（3）：181-182.

④ 蒋艳灵，刘春腊，周长青，等. 中国生态城市理论研究现状与实践问题思考［J］. 地理研究，2015，34（12）：2222-2237.

⑤ 王飞儿. 生态城市理论及其可持续发展研究［D］. 杭州：浙江大学，2004.

⑥ 于立，曹曦东. 城市环境治理理论研究及对中国城市发展适用性的思考［J］. 城市发展研究，2019（4）：110-116，124.

⑦ 孙玲. 生态城市研究［D］. 长春：吉林大学，2004.

⑧ 屠凤娜. 生态城市的战略要素分析及建设构想［J］. 理论界，2012（3）：181-182.

发展"的概念，并在 1987 年的布伦特兰报告中对其进一步阐释，将其定义为"满足当代人需求的同时，不损害后代人满足需求的能力"①的发展。

（二）可持续发展理念的核心内容

可持续发展理念的核心在于经济、社会、环境三方面的协调发展，强调代际公平与资源保护②。其核心原则有四个：一是公平性原则，即确保代际公平和资源分配的公平，保障不同群体间的权益；二是持续性原则，即维护环境保护和资源利用的可持续性，避免资源耗竭和环境退化；三是协同性原则，即倡导政府、市场和社会各主体共同参与城市治理，形成合力；四是协调性原则，即实现人与自然、城乡、区域以及政治、经济、社会、文化的全面协调。

该理念要求城市治理不再单一追求经济增长，而是要平衡社会公平和环境保护，确保资源的合理分配和利用。具体体现如下：第一，经济维度，即追求经济增长的同时，注重经济结构的优化与转型升级，鼓励创新驱动，发展绿色经济、循环经济，减少对自然资源的过度依赖，实现经济系统的长期稳健发展；第二，社会维度，即强调社会公平与包容性增长，关注贫困人口、弱势群体及边远地区的福祉改善，确保发展成果惠及全体人民，促进社会和谐稳定；第三，环境维度，即保护自然生态系统，维护生物多样性，减少污染排放，实现资源的高效利用与循环利用，保障地球生态安全，为后代留下良好的生存环境。

（三）可持续发展理念对城市治理产生的影响

可持续发展理念的出现，对城市治理产生了深远的影响，具体体现在以下四个方面：一是推进城市治理目标的转变，即城市治理不再单纯追求经济增长，而是更加注重经济、社会、环境的协调发展；二是推进城市治理方式的创新，即推动政府、市场和社会三方协同参与，形成多元共治的治理模式；三是推进城市治理内容的拓展，即城市治理内容从传统的城市规划、建设和管理，拓展到环境保护、资源节约、社会公平等多个领域；四是推进城市治理手段的更新，即注重利用现代信息技术，如大数据、云计算、物联网等现代数字技术，加强对城市生态环境的智能化、精细化治

---

① 王光辉，刘怡君，王红兵. 过去 30 年世界可持续发展目标的演替 [J]. 中国科学院院刊，2015，30（5）：586-592.

② 余正琨. 论全面协调可持续发展思想的理论渊源及科学内涵 [J]. 求实，2010，（11）：25-28.

理，提升城市治理的整体水平。

可持续发展这一理念推动了城市治理模式，从单一的经济增长向社会—经济—环境等综合考量转变。城市治理开始重视生活质量和社会公平，强调预防和减少环境风险，保护生态系统，促进社会包容性和经济效率。这种转变促进了政策制定的长期主义视角和跨部门合作，提高了城市治理的综合性和系统性。同时，它也促进了治理主体的多元化，政府、市场、社会组织、公众等多元主体共同参与城市治理，形成政府引导、市场主导、社会协同、公众参与的治理格局。此外，治理手段的创新，如运用大数据、云计算、物联网等现代信息技术手段，提高了城市治理的智能化、精细化水平，实现了城市治理的精准施策和高效运行。最后，治理目标的长期性，即将可持续发展作为城市治理的长期目标，注重城市发展的长远利益和整体效益，避免短视行为和急功近利的现象。

第三节　公共管理理论视域下的城市治理

城市治理是国家治理的重要组成部分，其发展一方面受制于当时社会经济文化等现实因素，另一方面也受制于相关支撑理论的演进变迁。公共管理理论作为城市治理基础指导理论，其每一次迭代，都给城市治理造成深远影响。从公共管理理论演进视角看城市治理，不失为理解城市治理的新视角。

一、公共管理理论梳理

从思想渊源上看，公共管理起源于对"人类良好治理及美好生活"的追求[①]。从西方行政思想的演进维度看，今天的公共管理思想起源于柏拉图、亚里士多德、西塞罗等古希腊与古罗马时代的行政思想，马基雅维利的君主论、霍布斯的国家理论、洛克的政府起源与政府解体学说、孟德斯鸠的政府权力制衡说、卢梭的人民主权理论、亚当·斯密的守夜人政府理论、密尔的代议制政府理论等文艺复兴以来欧洲的行政思想，以及汉密尔顿的大政府理论、杰斐逊的小政府理论、麦迪逊的平衡政府理论等美国公共行政的三大传统思想[②]。从中国古代的行政思想演进维度看，今天的公共管理思想被中国

---

① 李水金. 西方公共行政思想史 [M]. 北京：中国社会科学出版社，2021：1.
② 李水金. 西方公共行政思想史 [M]. 北京：中国社会科学出版社，2021：1-6.

古代的先贤打上"中国的烙印",如孔子的仁、德礼政刑、君子、大同、小康与三世,孟子与荀子的民为贵、定于一、一治一乱、礼、治法与治人、天人之分,墨子的兼爱交利、尚同、天志明鬼、尚贤、节用、非攻,老子与庄子的反者道之动、无为而无不为、齐物外生、在宥,管子的尊君与顺民、以法治国、经俗,以及中国历代的帝王、大臣的一些"治国理政"思想①。这些先哲的思想,为世界城市治理奠定了底色。

严格意义上讲,现代公共管理理论(也称为传统公共管理理论)起源于 19 世纪末人们关于如何提高政府效率、提升政府行政合力的探索。美国学者威尔逊提出的政治行政二分法尤为关键,它标志着行政学作为一门独立学科的诞生,并在古德诺、怀特等学者的深入研究下,奠定了今天西方政党与政府关系的基础。进入 20 世纪以来,德国学者韦伯提出的科层制理论,以其职权统一、集权、层级分明等特点,引导西方国家塑造了现代文官制度的组织架构。然而,这些基于工具理性的公共管理理念,在科技革新、民主意识抬头、市场机制变革的冲击下,逐渐显现出与时代脱节的迹象。这些理论为城市治理搭建了首个规范的管理体系,但其过分侧重政府的层级管理和专业化分工,导致城市治理中官僚主义盛行,加之缺乏弹性,与飞速发展的城市化进程显得格格不入。

20 世纪 60 年代,西方民权运动兴起,公民对参与公共事务的需求日益增强。然而,传统的公共行政模式,其痼疾在于漠视社会公平基石与公民参与价值,致使公共服务供给僵化,难以契合多元社会群体的差异化需求,因此,社会呼唤治理范式向更加包容、民主的方向转型。针对这一问题,弗雷德里克森等人提出了新公共行政理论②,阿恩斯坦则提出了公民参与理论(各学派的理论重心见表 4-3)。这两个理论都强调政府政策和服务产出应以社会公平和正义为首要目标,在重视公民需求与参与的同时提倡公共行政的价值理性。为了提高民主决策质量,政府应实施一系列行政改革,如设立公民咨询委员会、听证会、公民论坛,以及推行社区规划等,搭建公民参与公共治理的平台和渠道。这些措施形成了以公平为核心价值的行政模式,推动了公共决策的民主化和高效化,同时通过重塑行政人员的道德责任和社会责任感,增强了政府的服务意识和公民参与机制。

---

① 萧公权. 中国政治思想史 [M]. 北京:商务印书馆,2011:1-4.
② 弗雷德里克森. 新公共行政 [M]. 丁煌,方兴,译. 北京:中国人民大学出版社,2011:1.

这些理论在城市公共政策制定、城市规划、环境保护等领域产生了积极影响。

表4-3 城市治理视角下的几种公共管理理论比较

理论类型	主要贡献者	时代背景	社会问题	主要学术观点	方法路径	理论构建模式	对城市治理的启示
传统公共行政理论	伍德罗·威尔逊·弗兰克·古德诺	19世纪末20世纪初，工业革命后，西方国家经济迅速发展，社会结构发生巨大变化	政府规模扩大，政府管理效率低下、职责不清，无法有效应对日益复杂的社会事务	政治是政策的制定，行政是政策的执行，两者应分开；行政应追求效率，避免政治干扰；强调层级制和专业化分工；注重正式的组织规则和程序	建立明确的组织结构和工作流程，明确各部门和岗位的职责，加强对行政人员的培训和管理	强调官僚体制的理性和规范，构建高度规范化、标准化的行政管理模式	为城市政府进行组织架构设计、职责划分和工作流程规范提供了理论基础
官僚制理论	马克斯·韦伯	19世纪末20世纪初，工业化和大规模组织兴起	组织管理规范化和效率问题	权力等级制和专业化分工，规章制度重要性；非人格化管理	建立严格的组织层级和规则体系，确保组织的稳定运行和高效管理	构建理性官僚制模型，强调组织理性和规范性	推进城市组织管理架构设计
新公共行政理论	弗雷德里克森等	20世纪60年代，民权运动兴起，社会公平问题凸显	传统行政忽视社会公平和公民参与，公共服务无法满足不同群体的需求	强调社会公平和正义；关注公民需求和参与；提倡公共行政的价值理性	推动行政改革，增加公民参与渠道，如建立公民咨询委员会、开展社区规划等	以公平为核心价值的行政模式，强调行政人员的道德责任和社会责任感	公共服务提供和政策制定中的公平性和公民参与
多中心治理理论	奥斯特罗姆夫妇	20世纪60年代，对单中心治理模式的反思，公共资源管理面临困境	公共资源管理困境，如公共牧场过度放牧等	多个权力中心共同参与治理，自主治理和相互协调，强调制度多样性	建立多样化的治理机制和规则，如制定社区公约等	形成多中心的治理格局，实现公共资源有效管理和可持续利用	推进跨区域、跨城市水资源管理、公共设施共享
公民参与理论	阿恩斯坦	20世纪60年代，随着民主意识增强，公民参与公共事务的需求增长	公民参与度不足，渠道不畅	公民参与的层次对民主和决策质量的影响	建立公民参与平台和渠道，如听证会、公民论坛、网络参与等	形成公民参与模型和框架	城市公共政策制定、城市规划、环境保护
协同治理理论	安塞尔、加什	20世纪70年代，社会问题复杂，需多元主体协同合作	跨部门合作难题，如目标不一致	多元主体协同合作；建立协同机制；协同效果评估和改进	构建协同治理平台和机制，明确职责，加强协调和沟通，整合资源	形成协同治理理论体系	推进城市的跨部门合作、区域协同发展

表4-3(续)

理论类型	主要贡献者	时代背景	社会问题	主要学术观点	方法路径	理论构建模式	对城市治理的启示
新公共管理	奥斯本、盖布勒等	20世纪70年代末至90年代,西方国家政府面临财政危机和信任危机	政府效率低下,公共服务质量差	引入私营部门的管理方法和竞争机制;强调顾客导向,提高公共服务质量;重视结果和绩效,实行灵活的人事管理制度	政府再造、合同外包、私有化、绩效管理等	建立"企业家政府"模式,强调政府应像企业一样灵活高效地运作	在城市公共服务提供、基础设施建设等方面引入竞争和激励机制
社会资本理论	布迪厄、科尔曼、帕特南等	20世纪80年代,社会关系和网络在发展中的重要性日益被认识	社会凝聚力下降,合作不足	社会网络、规范和信任构成社会资本,社会资本对个人和社会发展具有重要影响	加强社会网络建设,开展社区活动,培育社会规范和信任	构建社会资本分析框架	社区建设、社会组织发展、社会治理创新
服务型政府理论	登哈特夫妇	20世纪80年代,政府职能转变,需从管理型向服务型转变	政府服务质量和满意度不高	以公民为中心提供服务;强调公共利益和责任;建立合作治理关系	转变政府职能,优化服务流程,提高服务效率和质量,建立服务评估机制	构建服务型政府模式和体系	城市政府服务创新、公共服务改革
无缝隙政府	拉塞尔·M·林登	20世纪90年代,信息技术发展迅速,公众对服务质量要求提高	政府部门间协调不足,服务碎片化	强调政府部门间的无缝隙衔接和整合;以顾客为中心,提供一站式服务;利用信息技术打破部门壁垒,实现资源共享	运用信息技术推进流程再造、资源整合、信息共享等	构建一体化、无缝隙的服务模式,消除部门之间的缝隙	在城市管理中推进政务服务一体化平台建设,实现如行政审批、社会保障等业务的跨部门协作,提高服务效率和质量
整体性治理	佩里·希克斯等	20世纪90年代后,新公共管理带来的碎片化问题严重,政府部门之间缺乏协调合作	部门分割,政策协调困难,无法有效解决复杂的社会问题	注重整体战略和目标;以公民需求为治理导向,强调协调与整合;利用信息技术实现跨部门合作和资源共享;追求无缝隙且非分离的整体性服务	建立整体性的治理机制和平台,如设立协调机构、建立信息共享系统等	形成整体性的治理框架,强调政府的整体性运作和协同治理能力	在城市管理中实现跨部门、跨区域协同,推进综合性政策制定,如环境污染治理,提高治理效能

表4-3(续)

理论类型	主要贡献者	时代背景	社会问题	主要学术观点	方法路径	理论构建模式	对城市治理的启示
治理理论	罗西瑙等	20世纪90年代,全球化和多元化趋势加速	传统治理模式难以应对复杂的社会问题,需要多元主体共同参与治理	强调多元主体参与;主张协商与合作;注重网络治理结构	建立多元合作的治理网络,明确各主体的角色和责任,制定共同的规则和目标	构建多中心的治理模式,打破政府单一中心的治理格局	在城市管理中,建立起政府、企业及市场的协同机制,推进跨区域合作治理、社区自治
数字治理理论	帕特里克·邓力维等	20世纪初,信息技术快速发展,互联网、大数据广泛应用	提升政府治理数字化水平	利用数字技术改善治理流程;促进数字互动;数据驱动决策	推进政府数字化转型,加强数字基础设施建设,培养数字治理人才,建立法规和政策	建立数字治理框架和模式	智慧城市建设、电子政务发展
网络治理理论	普罗文等	信息技术发展和全球化	传统治理模式难以应对网络关系	网络治理结构和特征、参与者角色和关系、治理机制和规则	构建网络治理平台、明确网络规则和机制、促进互动和合作	形成网络治理理论模型	城市虚拟园区建设,产业集群发展、跨区域合作

资料来源:作者根据相关文献整理而得。

奥斯特罗姆夫妇在20世纪60年代提出了多中心治理理论,这是对传统单中心治理模式的反思,特别是在面对公共资源管理困境,如公共牧场过度放牧等问题时,更适合采用多中心治理理论。他们力主构建多中心治理体系,倡导多元权力主体共襄盛举,强调自主治理与相互协作的深度融合,同时尊重并促进制度安排的多样性,以此激发治理活力,实现公共利益最大化①。为此,当时政府建立了多样化的治理机制和规则,例如制定社区公约,最终形成了多中心的治理格局。这种格局不仅实现了公共资源的有效管理和可持续利用,如社区自主治理在水资源合理分配等方面的实践,而且还推动了跨区域、跨城市的水资源管理和公共设施共享。

20世纪70年代,随着社会问题的日益复杂化,安塞尔和加什提出了协同治理理论,旨在解决跨部门合作中的难题,如目标不一致等问题。该理论倡导多元主体协同合作,建立协同机制,并对协同效果进行评估和改进。通过构建协同治理平台和机制,明确了职责,增强了协调和沟通,整合了资源,形成了协同治理的理论体系。这一理论体系在跨部门环境治

---

① 埃莉诺·奥斯特罗姆. 公共事物的治理之道:集体行动制度的演进 [M]. 余逊达,陈旭东,译. 上海:上海译文出版社,2012:37-40.

理、公共安全防控等方面得到了体现和应用①。

20 世纪 70 年代末至 80 年代初，西方国家政府普遍遭遇财政赤字高企，公共财政捉襟见肘等财政危机；而民众对政府效能与决策的质疑不断累积，信任鸿沟日益扩大，导致信任危机频发。针对政府效率低下和公共服务质量问题，以美国为代表的西方国家掀起了一场声势浩大的新公共管理运动。这场运动要求引入市场竞争机制来改良政府，政府应该像企业一样，以结果为导向，通过重新定位政府职能，以瘦身放权来提高政府的效率，即服务，而不是掌舵②。在该理论的指导下，英美等国，通过引入市场竞争机制，开启了新一轮的政府机构改革和服务外包，直接波及城市公共服务提供、基础设施建设等领域。

在 20 世纪 80 年代，社会资本理论由布迪厄、科尔曼、帕特南等人提出，当时社会关系和网络的重要性日益凸显。面对社会凝聚力式微与合作机制匮乏的困境，由密集的社会网络、内化的社会规范及普遍存在的信任所构成的社会资本，不仅是个人行动的逻辑起点，更是推动社会整体发展不可或缺的深层动力，其影响力深远且持久。因此，该理论主张加强社会网络建设、开展社区活动、培育社会规范和信任，并由此构建了社会资本分析框架，这在社区发展和社会治理等方面发挥了重要作用③。同时，登哈特夫妇提出了服务型政府理论，反映了政府职能从管理型向服务型的转变。针对政府服务质量和满意度不高的情况，该理论提倡以公民为中心提供服务，强调公共利益和责任，建立了合作治理关系，转变了政府职能，优化了服务流程，提高了服务效率和质量，并建立了服务评估机制，构建了服务型政府模式和体系④。

20 世纪 90 年代，拉塞尔·M·林登针对信息技术发展背景下公众对服务质量日益增长的需求，以及政府部门间协调不足和服务碎片化的问题，提出了缝隙政府理论。该理论倡导跨部门无缝衔接与整合，以顾客为中心提供一站式服务，并运用信息技术打破部门壁垒，实现资源共享，构建一

---

① 王浦劬，臧雷振. 治理理论与实践 [M]. 北京：中央编译出版社，2017：58-62.

② 戴维·奥斯本，特德·盖布勒. 改革政府：企业家精神如何改革着公共部门 [M]. 周敦仁，译. 上海：上海译文出版社，2021：1-21.

③ 林南. 社会资本：关于社会结构与行动的理论 [M]. 北京：上海人民出版社，2005：42-44.

④ 登哈特. 新公共服务：服务，而不是掌舵 [M]. 北京：中国人民大学出版社，2010：103-114.

体化、无缝隙的服务模式，此理论已在多个国家的电子政务和公共服务中得到实践①。同时，佩里·希克斯等人针对新公共管理中部门间协调合作不足等问题，提出了整体性治理理论。该理论强调以公民需求为导向，注重整体战略与目标，利用信息技术促进跨部门协调与资源整合，追求无缝隙、非分割的整体性服务，建立了相应的治理机制和平台，并在如英国"协同政府"项目等多国政府改革中得到应用。面对全球化和多元化趋势带来的复杂社会问题，罗西瑙等人提出的治理理论强调多元主体参与，主张协商与合作，注重网络治理结构，建立了多元合作治理网络，并明确了各主体的角色与责任，制定共同规则与目标，构建多中心治理模式，该理论在国际事务、社区治理等领域得到广泛应用②。

在 21 世纪初，随着信息技术的快速发展和互联网、大数据的广泛应用，帕特里克·邓力维等人提出了数字治理理论。该理论旨在提升政府治理的数字化水平，利用数字技术优化治理流程，促进数字互动，实现数据驱动的决策制定，这推动了政府的数字化转型。同时，该理论还强调，应加强数字基础设施建设，培养数字治理人才，制定相关法规和政策，建立数字治理框架和模式③。在这一理论的指导下，相关国家在智慧城市、电子政务建设等方面取得了显著成效。

公共管理理论的发展历程深刻影响了城市治理的演变。现代城市治理融合了东西方行政思想的精髓，从古希腊时期的柏拉图、亚里士多德到现代的威尔逊、韦伯，以及从中国古代的孔子、管子等先贤的思想到现代中国城市治理经验，都为当前及未来城市治理奠定了基础。

随着社会的发展，公共管理理论不断适应新的社会挑战，从科层制到新公共行政、多中心治理、协同治理，再到网络治理、数字治理，理论与实践都在不断演进。这些理论不仅提升了政府的效率和合法性，也促进了政府职能的转变，即从层级管理型政府向服务型政府转型，强调公平、正义、公民参与和多元合作。在城市治理领域，这些理论的应用推动了公共服务的民主化、高效化和数字化，优化了城市规划、环境保护、基础设施建设等关键领域，提升了政府对公民需求的响应能力，促进了社会资源的

---

① 拉塞尔·M·林登. 无缝隙政府：公共部门再造指南 [M]. 北京：中国人民大学出版社，2002：223-234.

② 罗西瑙. 没有政府的治理 [M]. 南昌：江西人民出版社，2001：35-37.

③ 竺乾威. 公共行政理论 [M]. 上海：复旦大学出版社，2008：477-491.

有效管理和可持续利用，为城市治理提供了多元化、协同化和数字化的解决方案，极大地丰富了城市治理的理论与实践。

二、公共管理理论在城市治理中的启示

（一）引入市场机制与竞争

公共管理理论视阈下的城市治理强调引入市场机制与竞争机制，并通过市场机制和竞争机制，提高城市治理的效能和效率。例如，在城市治理中，政府应智慧地融入市场机制与竞争元素于基础设施建设、环境保护及公共安全等关键环节，通过激发市场活力与促进良性竞争，提升公共服务品质与效率，实现公共资源优化配置与民众福祉最大化。

（二）强调绩效评估与管理

在公共管理理论视角下，城市治理被赋予了新的生命力，其核心在于强调绩效评估与管理的关键作用。这一理念倡导以科学、系统的评估机制为基石，精准衡量治理成效，进而驱动治理策略的优化调整，旨在实现城市治理效能与效率的双重跃升，为构建更加繁荣、和谐、可持续的城市环境奠定坚实基础。例如，在城市基础设施建设、环境保护和公共安全等领域，政府可以进行绩效评估，制定科学合理的绩效目标，提高公共服务的质量和效率。

（三）城市公共服务的市场化供给

在公共管理理论的洞察下，城市治理领域迎来了公共服务供给模式的革新。该理论强调，应打破传统由政府单一供给的局限，积极引入市场机制和竞争机制，让市场在资源配置中发挥决定性作用。通过市场化运作，不仅能够激发服务提供者的创新活力与效率意识，还能促进服务内容的多元化与个性化发展，从而显著提升公共服务的整体质量与民众满意度。同时，竞争机制的引入还能有效遏制垄断，保障公共服务的公平性与可及性，为构建更加开放、包容、高效的城市治理体系奠定基础。

（四）城市政府职能的转变

在现代城市治理中，政府角色应实现从"划船者"向"掌舵者"的深刻转变，不再仅仅局限于直接执行事务，而是聚焦于战略引领与规则制定。这一转变意味着政府需摒弃传统官僚体制中单向度的指挥关系，转而构建与企业、社会等多元主体间基于信任与共赢的亲密合作伙伴关系。通过资源共享、信息互通与责任共担，共同驾驭城市发展的航船，在协同中

激发创新活力，促进治理效能的全面提升，推动城市向更加智慧、绿色、宜居的方向迈进。

第四节　传统治理向数字治理的历史跨越

治理是政治学、公共管理学和经济学等多学科交叉融合的一个重要理论，它的产生源于人们探究如何高效地管理公共事务，达成社会秩序的稳定、社会关系的和谐，以及公共利益的实现。治理伴随着人类社会历史的演进而生根发芽、茁壮、繁荣。早在千年前，治理一词便已经出现，它在古希腊语境中为"领航""掌舵"之意，在古汉语语境中为"治国""统治"之意。在传统公共管理语境下，"治理"与"管理"同义。而今天学术界谈的"治理"，其实是对农业社会、工业社会中的"统治""治理"的反思而形成的概念，是相对于"统治""管理"而言。正如 Van Kersbergen K. 和 Van Warden F. 的论述，正是"治理"的丰富内涵、结构和过程多样性特点，以及其广泛的应用场景（见表4-4），使"治理"成为近代政治学、社会学、管理学、经济学等学科学术史中，使用最广泛的一个词，各学者言必谈治理。

表4-4　治理的九种定义及应用场景

治理类型	定义	应用场景
良好治理 （good governance）	首次在经济发展领域使用，强调健全或良好的治理，包括减少浪费、投资于基本医疗、教育、社会保护等，以及提高政府和公司事务的透明度和问责性	联合国开发计划署（UNDP）在全球范围内推动良好治理的实践，例如在发展中国家通过提供技术援助和资源，帮助建立透明、有效的政府机构，以及推动基本医疗、教育和社会保护的投资
无政府治理 （governing without government）	源自国际关系理论，指在没有统一政府的情况下进行治理的可能性，如国际治理或全球治理	互联网名称与数字地址分配机构（ICANN）负责管理全球互联网的域名系统，它是一个非政府组织，展示了在没有统一政府控制下，如何进行有效的全球治理

表4-4（续）

治理类型	定义	应用场景
自我组织治理 （self-organization）	指社会和社区在市场和国家之外的自我组织能力，例如通过社区的自我管理来防止公共资源的枯竭	孟加拉国的格莱珉银行（Grameen Bank）通过小额信贷帮助贫困人口自我组织，实现经济上的自助，这种模式让借款人形成小组，共同负责贷款的偿还
经济治理 （economic governance）	涉及市场及其机构，强调市场不是自发的社会秩序，而是由机构创造和维持的，这些机构包括政府、合同、商业企业等	国际货币基金组织（IMF）和世界银行通过提供贷款和技术援助，帮助国家建立和维护稳健的经济政策和制度，如税收体系、金融监管框架等
公司治理 （corporate governance）	关注企业内部的管理和控制体系，旨在提高企业的透明度和问责性，保护股东及其他利益相关者的利益	苹果公司通过实施透明度和股东权益保护措施，例如定期发布财务报告、举行股东大会，以及实施基于绩效的薪酬制度
新公共管理 （new public management）	将商业管理概念引入公共部门，强调效率、绩效测量、顾客导向和重组激励机制	新西兰政府在20世纪80年代和90年代实施了新公共管理改革，引入了绩效测量和效率提升措施，重新设计了政府部门的运作方式
网络治理 （network governance）	涉及公共和私人组织网络，这些网络被视为多中心的治理形式，与传统的市场和国家层级结构相对	世界卫生组织（WHO）在应对全球性公共卫生事件，如新型冠状病毒感染疫情流行时，与各国政府、国际组织、私营部门和研究机构建立了广泛的合作网络
多层治理 （multilevel governance）	不同政府层级（如欧洲、国家、地区）之间以及公私行为者之间的治理，强调在这些层级和领域中的互动和协调	欧洲联盟（EU）展示了多层治理结构，其中决策和监管权力在欧洲层面、国家层面和地方层面之间分配和协调，例如在环境政策和区域发展计划方面

表4-4(续)

治理类型	定义	应用场景
从等级到网络的私营部门治理（private - from hierarchies to networks）	描述了私营部门中从集中的等级结构向更为松散的网络结构的转变，这些网络需要有效的治理机制来管理	硅谷的许多高科技公司，如谷歌（Google）和特斯拉（Tesla），采用了更为灵活和去中心化的网络结构，鼓励跨部门合作和创新，而不是传统的层级结构

资料来源：笔者根据 Van Kersbergen K. 和 Van Warden F. 的论述整理而得。

正是"治理"结构和过程多样性的特点，使得"治理丛林"呈现枝繁叶茂的态势，治理理论多得不胜枚举。立足数字化+城市+公共管理的视角，与本书相关的治理理论主要有：整体性治理、网络治理、数字治理、数据治理、智慧治理、智能治理、算法治理、技术治理、协同治理、多中心治理、协商治理、敏捷治理、精细化治理、平台治理等。综合分析，上述治理理论缘起主要有两个路径：一个路径是源于对传统公共治理的反思，如整体性治理、网络治理、协同治理、多中心治理、协商治理、敏捷治理、精细化治理；另一个路径是技术（特别是信息化技术）驱动下形成的治理模式，如数字治理、数据治理、智慧治理、智能治理、算法治理、技术治理、平台治理。

如果从治理的核心要素以及治理作用的核心范畴上看，还可以将治理理论分为四种类型：一是技术驱动型治理，即数字治理、数据治理、智能治理、算法治理、技术治理；二是参与型治理，即协同治理、协商治理、网络治理；三是结构型治理，即多中心治理、平台治理；四是过程型治理，即整体性治理、智慧治理、敏捷治理、精细化治理。

由于各个理论聚焦的社会问题不一样，逻辑起点不一样，因此其理论目标、理论方法也存在显著差异。各个理论的优点、局限决定了其可能的适用场景，以及理论生命力。总体上看，整体性治理、网络治理、协同治理等理论更注重多元主体参与和合作，强调民主和透明。数字治理、智慧治理、智能治理、技术治理等理论则更强调技术创新在治理中的重要作用。平台治理则是针对新兴的互联网平台提出的治理模式，需要平衡平台企业权利和用户权益（见表4-5）。

表4-5 多元治理理论比较

理论名称	缘起逻辑	聚焦问题	理论目标	理论方法	理论优势	理论局限	适用场景	适用效果
整体性治理	政府内部协作	政府碎片化	提升政府治理效能	跨部门协作，资源整合	优化政府流程，提高效率	需要打破部门壁垒，协调难度大	环境保护，公共安全	效率提升，服务改善
网络治理	多元主体互动	公共事务管理	实现公共利益	多元主体参与，网络结构构建	促进资源有效配置，提高治理效能	网络构建和维护成本高	政府与企业合作，社区治理	资源整合，合作共赢
数字治理	数字技术发展	数字化治理挑战	提升治理现代化水平	数据驱动决策，技术创新	提高决策科学性，优化公共服务	技术依赖性强，数据安全风险	政务服务，城市治理	决策优化，服务便捷
数据治理	大数据时代	数据管理挑战	提高数据质量，保障数据安全	元数据管理，数据质量管理，数据安全管理	提升数据价值，降低数据风险	数据标准难以统一，治理成本高	企业，政府，社会组织	数据利用效率提升
智慧治理	智慧城市建设	城市治理现代化	实现社会治理智能化、精准化、高效化	技术赋能，多元共治，精准治理	提升治理效率，满足个性化需求	技术投入大，技术人才短缺	智慧交通，智慧环保	服务质量提升
智能治理	人工智能技术发展	治理智能化挑战	实现治理智能化、精准化、高效化	智能决策，自动化治理，个性化服务	提升决策能力，提高治理效率	技术伦理风险，数据安全挑战	城市治理，公共服务	治理模式创新
算法治理	算法广泛应用	算法风险	确保算法安全、可靠、公平、透明	算法透明度、算法公平性、算法责任	促进算法健康发展，保障社会公平	算法监管难度大，责任归属不明确	金融，医疗，教育	算法应用规范

表4-5（续）

理论名称	缘起逻辑	聚焦问题	理论目标	理论方法	理论优势	理论局限	适用场景	适用效果
技术治理	信息技术发展	传统治理模式不足	实现治理现代化、智能化、高效化	技术创新驱动、数据驱动决策、服务导向	提升治理效能，提高服务水平	技术应用风险，伦理规范挑战	智慧城市、政务服务	服务效率提升
协同治理	复杂问题治理	单一主体治理失效	实现治理效果最优化，解决复杂问题	治理主体多元性、治理目标一致性、协同联动	优化资源配置，提高治理效率	协调难度大，利益平衡难	跨区域问题、跨流域问题	协作共赢
多中心治理	政府治理失效	政府治理成本高、效率低	降低政府治理成本，提高治理效率	治理主体多元化、自发秩序、竞争与合作	激发治理活力，促进资源优化配置	多中心协调难度大	公共服务提供、资源管理	成本降低，效率提升
协商治理	传统决策模式	公众参与度低、决策透明度差	提高公众参与度、增强决策透明度和公正性	民主协商、公众参与、透明度	促进社会和谐，解决利益冲突	协商效率较低，决策周期较长	环境保护、城市规划	利益平衡，社会稳定
敏捷治理	快速变化环境	传统治理模式适应性差	提高治理灵活性，适应快速变化环境	快速迭代、跨部门协作、以用户为中心	应对环境变化，满足公众需求	治理模式不稳定，决策风险大	应对突发事件、政策创新	灵活高效，响应迅速
精细化治理	城市治理现代化	传统治理模式粗放、低效	提高治理精细化和精准度	治理目标具体化、治理手段多样化、治理过程透明化	解决复杂问题，提升治理水平	数据收集和分析难度大	城市规划、环境保护	服务质量提升
平台治理	互联网平台发展	平台治理问题	促进平台健康发展，保障用户权益	平台规则制定、平台监管、用户参与	促进平台健康发展，保障用户权益	平台权力扩大，监管难度大	电商平台、社交平台	交易效率提升

资料来源：作者根据相关文献自行整理而得

在互联网、大数据、区块链、云计算、人工智能等数智化技术迅猛发展的浪潮下，传统城市治理模式正面临挑战。其以权威、等级和集中控制为核心的理念，在应对社会稳定、经济增长和国家安全等目标时，显现出局限性。为适应人类社会进步，未来城市治理将经历颠覆性变革，智慧治理将成为关键议题。

智慧治理并非简单的技术升级，而是将智能技术与城市治理深度融合，革新管理理念和方法。大数据分析、云计算、人工智能等技术，能够深入挖掘海量数据，辅助决策者做出更科学、快速、精准的决策，提升治理效率和决策质量。智慧治理已超越技术范畴，成为推动治理体系现代化的关键力量。

智慧治理将政府部门、企业和公众紧密联系，形成跨界合作网络，共同应对复杂的社会问题和挑战。未来城市治理将更加注重智慧化和人本化，构建智慧化的城市治理体系，实现城市治理的精细化、智能化和高效化，提高城市治理水平和质量。同时，未来城市治理还将关注市民的需求和利益，推动城市的公平、包容和可持续发展。

第五章 "人、产、城、文"视角下的城市治理

　　如果从时间发展的先后顺序看，城镇化是因，城市治理是果，两者之间形成一对相互依存的动态关系。站在"人、产、城、文"视角下来谈城市治理，应该先谈谈城镇化。

　　城镇化是一个广泛的概念，不同学者立足不同学科，给出定义的侧重点迥异，至今未达成共识。城镇化是指一定区域内城镇建设的扩张、农村人口迁移、经济结构转型等经济社会现象，主要涵盖土地城镇化、人口城镇化、产业城镇化、文化城镇化等过程。总之，城镇化是"人"的城镇化与"物"的城镇化并行发展的过程。但根本上，是人的城镇化，也就是人类为追求更高品质生活而进行的城镇化。相比于传统的城镇化，新型城镇化更强调"以人为本"，更强调关注城镇化过程中，人的生产、生活、交往等各方面的内容（这个在理念、内容上，与城市治理基本一致）。换句话说，城镇化研究的"城镇化进程中人口迁移和集聚的基本规律，是产业、土地、人口匹配问题，基本公共服务和社会保障的均等化，以及城镇化为新市民提供更加充分的教育、医疗、住房方面的保障等问题"①，这与城市治理研究的范畴相重合。

---

① 王晶晶. 市民化让农民工权益更有保障［N］. 中国经济时报，2024-01-16（001）.

第一节 "人口与社会"互动视角下的城市治理

一、中国人口迁移与城市治理

人口迁移是城镇化的一种表现形式，同时也是城市治理的起点。新中国成立以来，中国人口迁移的过程与城市治理的开展是高度契合的，都是在国家恢复国民经济发展、优先发展重工业、户籍制度改革、上山下乡、"三线建设"等重大战略调整下的产物。

（一）历史背景和趋势

中国现代意义的城市治理始于 20 世纪 50 年代，当时中国开始实施农村集体化和工业化政策，大量农民涌入城市从事工业生产。随着改革开放的推进，中国的城镇化进程加快，城市人口规模不断扩大，城市治理显得越来越重要。据研究，中国的城镇化率从 1950 年的 11%[①]，1978 年的17.9%，增长到 2023 年的 60.6%；城市人口从 1950 年的 6 169 万[②]，1978年的 1.8 亿，增长到 8.6 亿。未来，中国的城镇化进程仍将继续，城市人口规模将进一步扩大。

中华人民共和国成立前夕，在河北省平山县西柏坡举行的中国共产党第七届中央委员会第二次全体会议上，毛泽东同志曾指出"必须用极大的努力去学会管理城市和建设城市"，"只有将城市中的生产恢复起来和发展起来，将消费的城市变成生产的城市了，人民的政权才能巩固起来"[③]。本次会议，为中华人民共和国成立后的城市治理奠定了一个主基调。

为弥合战争对城市的创伤，政府开始恢复生产，恢复人民的生活，积极建设新的城市社会秩序，推进城市建设工作。1951 年，中共中央在《中共中央政治局扩大会议决议要点》中明确了城市建设，"应贯彻为生产服务、为工人服务"的方针，指出城市建设的目的。为解决城市建设的经费短缺问题，1951 年 3 月，中央人民政府政务院发布了《关于进一步整理城市地方财政的决定》，规定"城市地方财政收入的范围，允许使用其用于

---

① 许学强. 中国城市化理论与实践 [M]. 北京：科学出版社，2012：4.
② 许学强. 中国城市化理论与实践 [M]. 北京：科学出版社，2012：15.
③ 毛泽东. 在中国共产党第七届中央委员会第二次全体会议上的报告. 毛泽东选集 [M]. 第 1 版. 北京：人民出版社，1964：1317-1318.

市政公用设施的修建"。为恢复城市生产、生活秩序，特别是解决城市工业生产劳动力短缺问题，1951年7月，公安部颁布《城市户口管理暂行条例》，明确了"为维护社会治安，保障人民之安全及居住、迁徙自由"。同时，一些地区（如北京）在交通便利的地方开设"农民服务所"（原称"农民旅馆"），鼓励农民进城务工，售卖农产品。1953年5月，中苏双方签署了《关于苏联政府援助中国政府发展中国国民经济的协定》，苏联技术援助的91个新建、扩建工业项目相继启动，随之我国的"重工业化"之路开启。为解决重工业发展带来的劳动力短缺问题，1954年颁布的《中华人民共和国宪法》第九十条，明确规定："中华人民共和国公民有居住和迁徙的自由。"于是出现中华人民共和国成立后的第一拨人口的城市治理。这段时间农村人口向城市迁移是比较自由的，政府的主要态度是不干预，农村人口向城市迁移的方式，主要是军人转业，农民进城务工、做生意等。

随着社会主义改造和农业合作化运动的深入，一些地方激进的做法直接影响到农民的积极性，致使农业产品减少严重，加上这一时期自然灾害的交织，1956年，一些地方出现大量农民进城谋生的现象。为维护城市社会秩序，1956年12月，国务院为此发出《国务院关于防止农村人口盲目外流的指示》，1957年12月，中共中央、国务院又联合发出《中共中央、国务院关于制止农村人口盲目外流的指示》，国务院发出《国务院关于各单位从农村中招用临时工的暂行规定》等政策，加强对农民进城务工、迁移的各种限制。1958年1月9日，全国人民代表大会常务委员会审核批准了《中华人民共和国户口登记条例》（以下简称《条例》）。《条例》规定了"公民由农村迁往城市，必须持有城市劳动部门的录用证明，学校的录取证明，或者城市户口登记机关的准予迁入的证明"。至此，锁定中国农民自由流动大半个世纪的"户籍制度"正式确立。随着票证、就业和社会福利等制度附加到城乡二元户籍制度上，农民向城镇迁移的制度基本确定。

20世纪60年代初，政府开始禁止城乡人口迁移，同时宣扬"乡村生活运动"。直到改革开放前，中国城市呈现人口增长规模不大，城市化进程缓慢、水平偏低的态势。这段时期，农民欲将住所从乡村转到城镇，首先得通过户籍登记将身份从农业变成非农业，通常的途径是通过学习考试进入高等院校而加入国有或城市集体单位，或者通过参军而改变户口，少数乡村居民则以临时工、合同工或农民工被城市国有或集体经济部门雇用①。

党的十一届三中全会后，国家将工作重心转移到经济建设上，开启了举世瞩目的改革开放。在农村，全面推行"家庭联产承包责任制"，这使农村生产力得到全面释放，传统的农村经济、乡镇集体经济得到了繁荣发展。农村经济的发展，给城市发展奠定了丰富的物质基础。同时，大量下放农村的知识青年陆续返城，城市就业压力骤然增加。为解决知识青年就业问题，全国各地开启了新一轮的创业热潮，如新开办工厂、成立知识青年生产合作社等，推进了城市经济的发展。伴随着改革开放的深入推进，我国的经济体制改革逐渐深化，城镇化发展也进入了快车道，农村人口向城市迁移速度急剧加快、数量也呈井喷式增长。

（二）迁移的驱动力

人口迁移是城市治理的重要推动力之一。在中国，人口迁移主要受经济、社会和政策等多种因素的影响。经济因素是人口迁移的主要驱动力，包括就业机会、收入水平和经济发展水平等。社会因素包括教育、医疗、社会保障等公共服务的供给情况。政策因素包括户籍制度改革、城市化政策等。这些因素相互作用，共同推动着人口的迁移和城市治理的发展。

学界对人口迁移的研究始于英国人口学家拉文斯坦，他于 1885 年提出了著名的人口迁移的七条规律，即人们为了改善自身的经济状况进行迁移，并从人口迁移的结构特征、空间特征、迁移机制等方面，总结为性别律、年龄律、距离律、递进律、双向律、城乡律、经济律②。

关于人口迁移的学理解释极为丰富，有人口学、地理学、文化学、社会学、历史学等，其中经济学的解释最具说服力。农村人口向城市迁移的经济学理论解释最早可以追溯到 1954 年，诺贝尔经济学奖获得者威廉·阿瑟·刘易斯发表的《经济增长理论》著作。刘易斯在该著作中提出了二元结构理论，该理论模式指出发展中国家同时存在农业和工业两个部门：农业部门代表落后的生产力；工业部门代表先进的生产力。经济发展就是农业部门萎缩而工业部门扩大的过程。农村部门的劳动边际生产率几乎为零，且工资水平非常低；而工业劳动的边际生产率明显高于农业劳动，其工资水平高于农业，在等量劳动获得等量工资收入的驱使下，便会促使农业劳动力源源不断地从农村流向城市。这一过程会一直延续到农村剩余劳

---

① 许学强. 中国城市化理论与实践 [M]. 北京：科学出版社，2012：16-24.

② RAVENSTEIN E G. The laws of migration [C]. Royal Statistical Society, 1885.

动力被城市完全吸收，农村工资和城市工资趋向一致，城乡差别逐步消失，国民经济实现现代化为止①。

乔根森在刘易斯二元经济结构的基础上，进一步分析指出，农村人口向城市转移的根本原因是消费结构的变化，即消费需求拉动的结果。也就是说，人们对农产品的需求是有限的，而对工业产品的需求是无限的。当农产品供应已能满足需求时，农业发展的动力就消退了，农业人口便开始向工业部门转移②。

另外，美国发展经济学家托达罗提出将发展中国家农村人口迁移到城市，并与城市失业问题相结合，由此得出城乡人口流动模型。该模型认为，影响人口迁移决策的不是实际工资收入，而是"期望收入"③。人口学家巴格内提出的推拉理论认为，人口流动的目的是改善生活条件，流入地的那些有利于改善生活条件的因素就成为拉力，而流出地的不利的生活条件就是推力④。国内学者周吉节⑤认为，在大规模人口迁移的背后，经济利益始终是人口自主迁移的最根本因素，迁移者倾向于选择收入水平高、就业机会多、制造业发达的地区。张耀军⑥的研究指出，地区经济发展水平、产业结构、就业机会、地区收入与差距等是影响人口迁移流动目的地选择的重要因素。丁金宏⑦等人从地理学的角度，研究发现人口迁移流场既受经济发展（就业机会中心）的作用，也受地理环境的制约，且与人口分布自相关。杜鹏⑧、杨璐璐⑨的研究发现，城市是优质教育的聚集地，一些农民

---

① 唐文进，李峰峰. 城市化的二元结构分析框架与我国农村城市化的模式创新 [J]. 经济评论，2004（3）：62-65.

② 戴炳源，万安培. 乔根森的二元经济理论 [J]. 经济体制改革，1998（S2）：23-26.

③ 李瑞. 托达罗人口流动模型与中国农村剩余劳动力的转移 [J]. 商业经济，2009（7）：3-4，50.

④ 程伟，陈遇春. 多重理论视角下农民工的返乡创业行为研究 [J]. 中州学刊，2011，（1）：71-74.

⑤ 周吉节. 2000—2005 年我国省际人口迁移的分布状况和经济动因研究 [D]，上海：复旦大学，2009.

⑥ 张耀军，岑俏. 中国人口空间流动格局与省际流动影响因素研究 [J]. 人口研究，2014，38（5）：54-71.

⑦ 丁金宏，刘振宇，程丹明，等. 中国人口迁移的区域差异与流场特征 [J]. 地理学报，2005，（1）：106-114.

⑧ 杜鹏. 我国教育发展对收入差距影响的实证分析 [J]. 南开经济研究，2005，（4）：47-52.

⑨ 杨璐璐. 乡村振兴视野的新型职业农民培育：浙省个案 [J]. 改革，2018，（2）：132-145.

迁移到城市，是为了给孩子寻求更好的教育环境。王珏[①]研究发现，农民迁移到城市的意愿，还受城乡二元结构、户籍制度、土地征用、医疗卫生等政策直接影响。另外，王露[②]研究认为，直接影响人口迁移流动和地区人口增长的因素还包括地区间就业机会、收入差异、医疗卫生和教育等公共产品的供给差异。

（三）政策影响

在我国的城镇化过程中，政府的政策（特别是户籍制度）是农村人口向城镇迁移的决定性因素。中国的户籍制度产生于计划经济时代，是特殊历史背景下国家战略的一部分[③]。该制度的产生，是为了支持国家重工业优先发展战略而配套的统购统销粮食制度[④]。也就是说，当时国家为落实重工业优先发展战略，有意识地把农民限制在土地上进行农产品生产，然后以统购统销、工农产品价格剪刀差等政策限制农产品价格，抬高工业产品价格，为重工业发展积累资本。随后，政府对农村和城市实行不同的生育政策，从而导致城乡人口比率的失衡，阻碍了城镇化的进程[⑤]。

改革开放后，为适应城市经济发展对大量劳动力的需求，国家在维持基本户籍制度不变的同时，逐步放开对农民进城的限制。1984年，国务院颁发《国务院关于农民进入集镇落户问题的通知》，其中规定："凡申请到集镇务工、经商、办服务业的农民和家属，在集镇有固定住所，有经营能力，或在乡镇企事业单位长期务工的，公安部门应准予落常住户口，及时办理入户手续，发给《自理口粮户口簿》。"1985年7月，公安部颁布了《公安部关于城镇暂住人口管理的暂行规定》，提出"对暂住时间拟超过三个月的十六周岁以上的人，须申领《暂住证》"。1992年8月，公安部发布《公安部关于实行当地有效城镇居民户口制度的通知》，决定在小城镇、经济特区、经济开发区、高新技术产业开发区实行当地有效城镇户口

① 王珏，陈雯，袁丰. 基于社会网络分析的长三角地区人口迁移及演化 [J]. 地理研究，2014，33（2）：385-400.

② 王露，封志明，杨艳昭，等. 2000—2010年中国不同地区人口密度变化及其影响因素 [J]. 地理学报，2014，69（12）：1790-1798.

③ 释启鹏. 制度变迁中的时间与结构：新中国户籍制度的演化 [J]. 经济社会体制比较，2019，（1）：181-191.

④ 程明. 乡村振兴战略的理论渊源和历史嬗变探析：以城乡关系演变为视角 [J]. 中共四川省委党校学报，2019，（1）：67-71.

⑤ 辜胜阻. 户籍制度改革与人口城镇化 [J]. 经济经纬，1998（1）：49-53.

（"蓝印户口"）制度。1992年年底，国务院正式成立了户籍制度改革文件起草小组；1993年6月，户籍制度改革文件起草小组推出《国务院关于户籍制度改革的决定》，主张废除对农业户口与非农业户口的划分，建立以常住户口、暂住户口、寄住户口三种户口形式为基础，以居住地登记、迁徙和暂住规定等为内容，以居民身份证、公民出生证为证件管理主体的新型户籍管理制度，可惜该方案未能颁布实行；1997年7月，国务院批转公安部《小城镇户籍管理制度改革试点方案》，规定试点镇具备条件的农村人口准予办理城镇户口；1998年10月中共十五届三中全会通过了《中共中央关于农业和农村工作若干重大问题的决定》，进一步推动小城镇户籍制度的改革。2000年6月13日，中共中央、国务院下发了《关于促进小城镇健康发展的若干意见》，规定"从2000年起，凡在县级市市区、县人民政府驻地镇及县以下小城镇有合法固定住所、稳定职业或生活来源的农民，均可根据本人意愿转为城镇户口，并在子女入学、参军、就业等方面享受与城镇居民同等待遇，不得实行歧视性政策"；2001年3月，《国务院批转公安部关于推进小城镇户籍管理制度改革意见的通知》中，进一步强调"各地区、各有关部门均不得借户籍管理制度改革之机收取城镇增容费或其他类似费用"，这标志着中国的户籍制度改革由小城镇开始，逐步放开准入条件。

虽然国家对农村进城的限制在逐步取消，但附在城乡二元户籍制度上的养老、住房、就业、医疗、教育、土地、金融等利益没有太大的变化。2004年6月，国务院提出逐步取消农业税，并启动农村、农民的各种补贴。2005年12月29日，第十届全国人民代表大会常委会第十九次会议决定，废止《中华人民共和国农业税条例》，宣布全面取消农业税。随着国家对农民的粮食、生态、医疗、养老、住房、教育等补贴的增多，农村土地、林地、草地、江河、湖泊等自然资源确权登记工作的深入，农业户籍上附带的利益也随之增加，农民从过去的"离土不离乡"，变成"离乡不离土"，户籍制度再次成为城镇化的新阻碍。改革城乡二元户籍制度，成为现在以及将来很长一段时间破解城镇化进程的一项重要战略任务。

户籍制度是政府吸引或控制人口流动意愿和行为的政策工具[①]。在过去的一段时间里，当农民与城市居民争利时，政策往往会利用户籍制度上

---

① 王利伟. 从七普数据看我国区域格局变化特征及趋势 [J]. 中国软科学，2023，（12）：113-122.

的人口、就业、户籍、土地政策差异化政策等，刻意制造人口流动"制度鸿沟"，加大人口迁徙成本，阻碍转为市民①。当城市经济发展迫切需要农民入城，转为市民时，政府会有积极地调整户籍制度中不利于人口流动的障碍性因素，合理利用产业梯度的产业政策②，特别是对统筹土地、财政、教育、医疗、就业领域的配套改革，更应保障新落户人口的基本公共服务③，加快农村人口向城市的迁移。

在城市治理背景下，政府要推进户籍持续改革，推进城乡基本公共服务一体化、均等化。在消解城乡二元制度的同时，政府还要根据市场经济机制推动农村剩余劳动力的流转④，合理利用人流红利。在这个过程中，切忌盲目地控制或吸引农村人口向城镇的迁移，应在明确城市功能定位的同时，结合经济发展合理配置相关的产业政策、就业政策等来引导人口"有进有出"地流动⑤，而不是简单地留下来⑥。

（四）社会与文化因素

在城镇化过程中，农村人口向城镇迁移，势必以现代城市生活方式破坏传统生产方式的完整性和持续性，使迁出人员难以完整地、有效地继续、承担迁移前家庭或亲族群体应该承担的功能⑦，并在新的环境中进行生产、生活、交流等。因此，影响农村人口迁移城市的行为决策，除了经济和政策因素外，还有许多其他因素。如胡少东⑧等人，基于百度迁徙大数据实证分析得出，除了地理距离、经济发展水平差异、人口规模等经济社会因素对广东省内人口流动产生影响外，方言文化差异也会影响省内人

---

① 张娟. 城乡融合背景下新型城镇化推进策略探析 [J]. 成都工业学院学报，2023：26（5）：65-69.

② 陈春莲. 京津冀协同发展战略对北京外来人口调控的引领作用研究 [J]. 北京政法职业学院学报，2016，（1）：88-94.

③ 陈建军，刘月，邹苗苗. 产业协同集聚下的城市生产效率增进：基于融合创新与发展动力转换背景 [J] 浙江大学学报（人文社会科学版），2016（3）：150-163.

④ 姜红利. 城乡融合发展中的新型城镇化路径 [J]. 法治现代化研究，2023，7（6）：133-141.

⑤ 赵卫华. 中国城市人口增长规律及其启示 [J]. 中共中央党校学报，2016，20（3）：80-85.

⑥ 李天健. 城市病评价指标体系构建与应用：以北京市为例 [J]. 城市规划，2014，38（8）：41-47.

⑦ 黎熙元，童晓频. 中国城市社区建设的可持续性与社会资本的重构：以广州市逢源街安老服务为例 [J]. 中山大学学报（社会科学版），2005，（3）：61-66，125.

⑧ 胡少东，林晓博. 方言文化与广东省内人口流动：基于百度迁徙大数据的研究 [J]. 南方人口，2023，38（6）：41-50.

口流动。张善余①等则基于对第五次全国人口普查数据的分析，认为除了务工经商、工作调动、分配录用、学习培训等经济因素外，拆迁搬家、婚姻迁入、随迁家属、投亲靠友等社会因素也是影响少数民族人口流动迁移的主要动因。洪小良②发现农村人口的情感、社会心理以及价值观念在很大程度上影响了人口迁移的决策。黄宗晔③研究发现，劳动者倾向于向方言相近、文化背景相似的地区迁移。

综上所述，中国人口迁移与城镇化是一个复杂而长期的过程，受到经济、政策、文化、风俗习惯、自然环境、宗教、语言等多种因素④的影响。在"人口与社会"理论体系下，我们可以通过研究历史背景和趋势、迁移的驱动力、政策影响以及社会与文化因素等方面，深入理解中国人口迁移与城镇化的发展。这将有助于我们更好地把握城市治理中的机遇和挑战，推动城市治理向科学化、智慧化方向发展。

二、中国典型城市居民的生活质量

城市治理是一个内容十分丰富的概念，其包含的内容如城市人口、城市规模、城市基础设施、城市功能、城市质量、城市文化等⑤。城市治理水平如何，应该由城市居民评价，特别是根据城市居民的生活质量来评价、来确定。城市居民的生活质量如何，是其对城市发生的一种感受，是一个主观性指标，它涉及城市的物质、社会、文化基础设施和环境资源要素等⑥。在"人口与社会"理论视角下，我们把其总结为城市基础设施、公共服务、居住环境、社会保障等指标。

（一）城市基础设施

城市基础设施是城市居民生产、生活质量的保证，是城镇吸引力的关键因素。城市对农村居民的吸引力、诱惑力主要体现其在基础设施的享受

---

① 张善余，曾明星. 少数民族人口分布变动与人口迁移形势：2000 年第五次人口普查数据分析 [J]. 民族研究，2005（1）：17-25，107-108.

② 洪小良. 城市农民工的家庭迁移行为及影响因素研究：以北京市为例 [J]. 中国人口科学，2007（6）：42-45，96.

③ 黄宗晔，杨静. 方言对省际人口迁移的影响 [J]. 人口研究，2020，44（4）：89-101.

④ 曹力群. 我国经济体制改革过程中的人口迁移问题 [J]. 人口学刊，1985，（2）：8-12.

⑤ 傅鸿源，钟小伟，洪志伟. 城市化水平与经济增长的中外对比研究 [J]. 重庆建筑大学学报（社科版），2000，（1）：19-24.

⑥ 唐子来，王兰. 城市转型规划与机制：国际经验思考 [J]. 国际城市规划，2013，28（6）：1-5.

上，城市基础设施的现代化，是城镇文明创造与维系的重要手段①。传统的城市管理，基础设施建设往往滞后于人的生产生活需求②，并且更多关注的是城市发展的量的问题，如人均 GDP、城市的数量、城市的规模等方面，而城市治理更多的是重视城镇"质"的提升，比如与经济发展协调性、城市基础设施完善程度、居民生活品质、生态环境保护、产业结构合理性、环境适宜性及公共服务质量等③④。

传统的城市管理往往是交通运输、机场、港口、桥梁、通讯、水利，以及城市供排水、供气、供电、网络等基础设施的简单、不成体系地堆砌。而现代城市治理，客观上要求引入"文化城镇"理念，根据人对生活品质的不同偏好和更高需求⑤，科学规划城市空间，注重城镇生活质量、确保建筑节能环保、公共交通系统等基础设施配套完善、安全、可靠，切实保障广大城市居民生产、生活品质的提升和福利的提高⑥。

（二）公共服务

传统城市管理的动力来源是工业化和地方经济增长，而驱动农村居民向城市迁移或集聚的根本动力是生产活动和就业等岗位⑦。随着城乡就业约束的减小，城市工资收入差距的缩小，城市对农村居民的吸引力，更多地取决于城市发展的品质。也就是说，农村居民迁移到城市的动力是获得更高、更好的生活品质。在衡量城市居民生活品质及水平时，除了看基础设施、就业环境等物质性的公共产品外，还要结合教育、医疗、文化、社会保障、公共安全等公共服务来判断⑧⑨。

① 蒙丹. 贵州省城镇化发展现状及对策研究 [D]. 重庆：西南大学，2007.

② 翁可隐，丁元. 合理、有序推进我省城镇化的基本思路和对策 [J]. 浙江社会科学，1999，(1)：67-72.

③ 杨雪锋，陈曦. 服务业集聚会提高城镇化质量吗？来自浙江的例证 [J]. 苏州大学学报（哲学社会科学版），2016，37 (2)：114-123.

④ 盛广耀. 中国城市化发展的地区差异及趋势分析 [J]. 学习与实践，2011，(4)：5-12.

⑤ 张所地，闫昱洁，李斌. 城市基础设施、人才集聚与创新 [J]. 软科学，2021，35 (2)：7-13.

⑥ 吴涛. 新型城镇化建设为建筑业带来大机遇 [J]. 建筑，2013，(17)：29-32.

⑦ 孙铁山，刘玉晨. 中国城市增长的类型及影响因素：基于人口和经济增长同步性的讨论 [J]. 现代城市研究，2020 (3)：92-97.

⑧ GYOURKO J, TRACY J. The structureof local public finance and the qualityof life [J]. Journal of Political Economy，1991，99 (4)：774-806.

⑨ 王政武. 中国新型城镇化建设应通过产城融合来保障人的生存和发展 [J]. 改革与战略，2013，29 (12)：7-12，85.

如果说医疗健康关注的是过去和现在，那教育更多关注的是现在及未来。一个有广阔未来前景的城市，一定非常注重对医疗卫生和教育的投资，并以此提高城市质量①。在教育方面，相关部门要结合城市人口结构、产业特点以及城市建设目标等，均衡配置义务教育、职业教育、高等教育等资源。优质的卫生资源和医疗服务是城市高质量发展的重要支撑②。数字化时代的城市治理，城市的高质量发展，应立足于对疾病控制及居民健康生活水平提升等需求满足的基础上，在增加基础医疗服务保障功能的同时，加强推进医疗服务系统优化、丰富医疗服务手段、强化医疗服务管理及提升公共服务质量等，多元化推进健康城市建设。评价一个城市医疗健康水平，涉及健康环境、健康社会、健康服务、健康人群、健康文化等指标（见表5-1）。

表 5-1　健康城市评价指标体系架构

一级指标	二级指标	三级指标
健康环境	1. 空气质量	（1）环境空气质量优良天数占比
		（2）重度及以上污染天数
	2. 水体质量	（3）生活饮用水水质达标率
		（4）集中式饮用水水源地安全保障达标率
	3. 垃圾废物处理	（5）生活垃圾无害化处理率
	4. 其他相关环境	（6）公共厕所设置密度
		（7）无害化卫生厕所普及率（农村）
		（8）人均公园绿地面积
		（9）病媒生物密度控制水平
		（10）国家卫生县城（乡镇）占比

---

①　林炳耀. 知识经济与城市要素新特点 [J]. 城市规划汇刊，1999，（2）：10-11，39-81.
②　陈俐锦，吴士勇，张耀光. 省会城市卫生资源与医疗服务的首位集中度评价 [J]. 中国卫生信息管理杂志，2023，20（2）：302-308.

表5-1（续）

一级指标	二级指标	三级指标
健康社会	5. 社会保障	（11）基本医保住院费用实际报销比
	6. 健身活动	（12）城市人均体育场地面积
		（13）每千人拥有社会体育指导员人数比例
	7. 职业安全	（14）职业健康检查覆盖率
	8. 食品安全	（15）食品抽样检验3批次/千人
	9. 文化教育	（16）学生体质监测优良率
	10. 养老	（17）每千名老年人口拥有养老床位数
	11. 健康细胞工程	（18）健康社区覆盖率
		（19）健康学校覆盖率
		（20）健康企业覆盖率
健康服务	12. 精神卫生管理	（21）严重精神障碍患者规范管理率
	13. 妇幼卫生服务	（22）儿童健康管理率
		（23）孕产妇系统管理率
	14. 卫生资源	（24）每万人口全科医生数
		（25）每万人口拥有公共卫生人员数
		（26）每千人口医疗卫生机构床位数
		（27）提供中医药服务的基层医疗卫生机构占比
		（28）卫生健康支出占财政支出的比重

表5-1(续)

一级指标	二级指标	三级指标
健康人群	15. 健康水平	(29) 人均预期寿命
		(30) 婴儿死亡率
		(31) 5岁以下儿童死亡率
		(32) 孕产妇死亡率
		(33) 城乡居民达到《国民体质测定标准》合格以上的人数比例
	16. 传染病	(34) 甲乙类传染病发病率
	17. 慢性病	(35) 重大慢性病过早死亡率
		(36) 18~50岁人群高血压患病率
		(37) 全癌种标化发病率变化幅度
健康文化	18. 健康素养	(38) 居民健康素养水平
	19. 健康行为	(39) 15岁以上人群吸烟率
		(40) 经常参加体育锻炼人口比例
	20. 健康氛围	(41) 媒体健康科普水平
		(42) 注册志愿者比例

资料来源：摘自《全国健康城市评价指标体系（2018版）》。

城市文化服务供给是一项系统工程，涉及电视台、广播电台、博物馆、图书馆、美术馆、体育馆、展览馆、俱乐部、青（少）年宫、学校、公共休闲娱乐场所等场馆和设施设备等硬件，以及文化建设规划、资源、人才、政策、体制、管理、投入、意识形态等软件。随着人民群众日益增长的精神文化需求，城市文化服务扩展到公共文化建设、公益文化建设和产业文化建设等多个层次。在未来城市的智慧治理中，地方政府应结合本地城市发展定位和理念，结合城市居民文化需求，合理供给城市公共文化产品和服务，丰富居民对文化需求的内容、内涵，提升市民的精神文化生活品质[①]。

（三）居住环境

人居环境是指"人类的聚居生活的地方，是与人类生存活动密切相关

---

① 陈少峰. 提升城市文化软实力的对策思考 [J]. 福建论坛（人文社会科学版），2011，（10）：17-20.

的地表空间，它是人类在大自然中赖以生存的基地，是人类利用自然、改造自然的主要场所"①，是城市可持续发展不可或缺的条件和基础。传统的城市管理过于强调产业发展，导致"土地的管理"快于"人口的管理"，由此产生了一系列的自然环境与社会环境问题。如环境污染、资源枯竭、城市卫生状况恶化、人口膨胀、交通拥堵、住房紧张、就业困难等，这些问题引发人们反思，并开始关切人居环境②。城市治理必须要重视城市环境能力的建设，以环境生态和人文生态"双轮驱动"的城市治理思路，从制度上强化市民居住环境和生活空间、生产条件的完善，提升城市的现代化功能，构建一个包容式、可持续发展城市生态③。

安全是城市发展的底线。城市是一个人口、设施、建筑等高度集聚的复杂系统，人为或自然的一点点不和谐，都可能令城市陷入生死存亡之境。传统城市治理对城市公共安全认识不够，对公共安全管理能力建设不足，对城市安全风险防范力度重视不够，城市安全管理跟不上城市发展速度，给城市发展带来安全隐患。2020 年 11 月 1 日，习近平总书记在《求是》杂志上发表题为《国家中长期经济社会发展战略若干重大问题》的文章，该文章明确指出，"城市发展不能只考虑规模经济效益，必须把生态和安全放在更加突出的位置"。加强城市安全管理，提高城市居民的安全感，也是城市治理的应有之义。正如加拿大城市哲学家雅各·布斯所说的，一个成功的城市地区的基本原则是人们在街上身处陌生人之间时必须能感到人身安全，并不会潜意识感觉受到陌生人的威胁④。

（四）社会保障

社会保障是城市发展的保温毯、防护网，是影响流动人口迁移城市的另一个突出因素⑤。社会保障包含社会保险、社会福利和社会救助三个层次。城市治理，着重强调城市对社会保障服务上的投入，强调政府在医疗、养老、教育、住房、低保等公共服务和福利保障的均等化。毕竟，保

---

① 吴良镛. 人居环境科学导论 [M]. 北京: 中国建筑工业出版社, 2001: 38-40.
② 李王鸣, 叶信岳, 祁巍锋. 中外人居环境理论与实践发展述评 [J]. 浙江大学学报（理学版）, 2000, (2): 205-211.
③ 牛文元. 中国新型城市化报告 2014 [M]. 北京: 年科学出版社, 2016: 60.
④ 雅各·布斯. 美国大城市的死与生（纪念版）[M]. 2 版. 金衡山, 译. 南京: 译林出版社, 2006: 26.
⑤ 任远, 乔楠. 城市流动人口社会融合的过程、测量及影响因素 [J]. 人口研究, 2010, 34 (2): 11-20.

持城市经济高速稳定增长的最终目的，是提高城镇居民的社会福利水平。社会保障的供给是城市治理的应有之义，均等化的社会保障制度事关迁入城市居民的身份认同，对城市的态度与感受等，事关原住城市居民的获得感、幸福感、安全感，直接关系到城市治理的成功。只有不断提高人民的社会福利水平，一个国家、一个城市才有可能实现经济的可持续发展。

综上所述，城市基础设施、公共服务、居住环境、社会保障是影响中国典型城市居民生活质量的重要因素。政府加大对这些方面的投入，不仅提高了城市居民的生活质量，也促进了城市的可持续发展和社会的进步。这些努力将进一步推动未来城市治理的高质量发展，提升城市居民的生活幸福感和满意度。

三、中国典型城市社区与邻里发展

社区作为城市居民生活的基本单位，承载着居民的居住、工作、教育、医疗等多种需求，社区的建设、治理、居民参与以及社会资本与邻里关系的发展，对于提高城市居民的生活质量和促进社会的和谐稳定具有重要意义。

（一）社区建设

早在 1999 年，著名社会学家夏学銮就曾指出，社区建设不仅关系到我国城市化发展的方向，而且关系到基层社会的稳定和发展①。社区建设是一个关于城市更新的概念，侧重于城市空间和物理环境的建设和打造②。社会建设一般是通过城市规划、建设和管理等手段，为居民提供良好的居住和生活环境，提高社区的功能和服务水平，涉及社区基础设施建设、公共服务设施建设、社区绿化和环境改善、社区住房建设等。传统的社区建设，依附于政府主导的社区资产体系和制度体系，这种既存的结构性特征约束了社区治理的效能③。未来城市治理背景下的社区建设，客观上要求政府、企业、社会和城市居民的协同参与，特别是立足于原住民、新移

---

① 夏学銮. 论社区建设十大关系 [J]. 教育发展研究，1999（4）：73-76.

② 郭金龙，汪校正. 未来社区建设与治理中的十大关系 [J]. 住宅与房地产，2021，（25）：41-45.

③ 王磊. 资产-空间-权力：社区治理中空间生产的"结构化"逻辑：基于成都市 Q 社区的分析 [J]. 社会科学研究，2024，（1）：96-106.

民、旅居者这三种人群的角度，为城市发展打造一个和谐理想的田园社区①。

（二）社区治理

"人口与社会"理论体系下的社区治理，侧重于通过重塑"资产—空间—权力"结构②，对城市人文软环境进行建设与塑造。在治理主体上，强调政府、市场、社会及城市居民等多元主体协同；在治理方式上，强调行政、市场和社会伦理等多重机制的协调使用；在治理内容上，要正确处理治理与服务、现时与未来、自治与公治、习俗与文明、利益与公益、个求与共求、方便与规范、本土与外来、人情与法治、信任与信用等方面的关系③。充分利用韧性治理、智慧管理、空间治理等方式，突破技术、制度、空间、伦理、监管等各方面的挑战，从而构建一个人与自然环境和谐，人与人和睦共生④，面向未来、兼容并包、治理高效的生活共同体⑤。

（三）居民参与

人是城市化的本质⑥。人是城市化的对象，人的发展是城市化的目标。传统的城市治理，居民参与不足，居民的公共事务关心不够，原因还是居民参与功能、路径与机制建设不够。社区治理的实质在于治理主体间不断互动的过程，其中居民作为参与主体的一方，处于最基本单元，其他社会组织等主体都是由不同身份的居民构成，因此居民参与就显得更为重要⑦。政府应通过加强居民法律意识、自治意识、参与意识与公民意识培育，建立健全居民议事会、居民代表大会等议事机制，扩展居民参与志愿活动、社区事务的讨论和决策渠道，发挥当地居民在城市的开发、建设和经营地

① 张诚，徐心怡. 新田园主义理论在新型城镇化建设中的探索与实践［J］. 小城镇建设，2017，（3）：56-61.

② 王磊. 资产-空间-权力：社区治理中空间生产的"结构化"逻辑：基于成都市 Q 社区的分析［J］. 社会科学研究，2024，（1）：96-106.

③ 郭金龙，汪校正. 未来社区建设与治理中的十大关系［J］. 住宅与房地产，2021，（25）：41-45.

④ 沈费伟，杜芳. 未来社区的高质量治理：实践逻辑、现实困境与优化策略［J］. 中共宁波市委党校学报，2023，45（6）：62-74.

⑤ 陈晓莉，翁迎港. 包容性治理：城镇化社区治理策略选择［J］. 中共宁波市委党校学报，2022，44（5）：76-86.

⑥ 郝思斯. 把人的城镇化放在最重要位置：对话中国社会科学院农村发展研究所所长魏后凯. 中央纪委国家监委网站［EB/OL］.（2024-01-24）［2022-06-21］. https://www.ccdi.gov.cn/yaowenn/202206/t20220621_200461_m.html.

⑦ 尹浩. 碎片整合：社区整体性治理之道［M］. 北京：社会科学文献出版社，2019：20.

位，是促进城市治理、社区和谐的关键。

（四）社会资本与邻里关系构建

中国是关系型社会和人情社会。社区是现代国家治理中最基本的单位，也是我们理解国家治理的元内核。社区治理，本质上就是要构建和谐的社区邻里关系。解析社区治理，必须从理解社会资本这个概念入手。社会资本就是"广泛存在于社会网络关系之中并能够被行为者投资和利用以便实现自身目标的社会资源"，这种资源"以组织、社会关系网络为后盾，以信任关系为基础"①。中国特色的城市治理，必须与现代化进程中的国家治理相结合。从微观视角上，我们要构建基于信任、合作和互助关系的社区居民邻里关系。为此，相关部门应该协同社区组织和社区企业，增加便于邻里交流的基础设施供给，加强社区共同价值观和社区认同培育，建立完善邻里互助的机制，适时组织开展一些增进居民交流和互动的邻里活动、社区文化节等活动，增进居民之间的交流和互动，推进邻里关系的改善以及社会资本的积累②。

综上所述，相关部门可通过促进社区建设、社区治理、居民参与和社会资本与邻里关系等方式，提高城市居民的生活质量，促进社会的和谐稳定，实现城市的可持续发展。这需要政府、社区居民和社会各界的共同努力，形成多方合作的良好局面，推动中国典型城市社区与邻里发展迈上新的台阶。

四、中国典型劳动力与就业

新型城镇化的内涵，是城镇发展与人口自由向城镇集中和劳动力资源的城乡优化配置，劳动者自主择业、充分就业同步③。在人口与社会理论体系下，城市治理的劳动力市场的运行、就业政策的制定与实施、职业培训的开展以及职业保障等，对于促进劳动力的就业和提高居民的生活质量具有重要意义。

---

① 燕继荣. 社会资本和国家治理 [M]. 北京：北京大学出版社，2015：92.

② 黄海平. 社会经济：现代城市社区治理的新探索 [J]. 重庆工商大学学报（社会科学版），2024，41（2）：148-156.

③ 王素斋. 新型城镇化科学发展的内涵、目标与路径 [J]. 理论月刊，2013，（4）：165-168.

（一）劳动力市场

劳动力市场和户籍制度是影响城镇化发展两个重要制度因素[①]。建立全国统一的劳动力市场，是全国人民实现共同富裕的内在要求[②]，是推进城市治理走得更深远的稳定器、助推器[③]。长期以来，城乡二元分割的户籍制度，地区、行业、职业、部门间隔阂、封闭、无序的劳动力市场，一直成为阻碍中国社会经济转型升级、城市可持续发展的重要制度障碍。在人口与社会理论体系下，打破束缚与制约城乡、地区、行业、职业、部门等劳动力自由流动的各种思想、观念、制度樊篱，构建城乡一体化、地区一体化，全国统一的劳动力市场，是新型城市治理的必然要求。坚持以人民为中心的建设理念，充分利用大数据、人工智能等先进技术，从现实和虚拟两个方面统筹规划建设好劳动力市场数字化基础设施[④]，为劳动力市场供求匹配提供技术支撑和创新动能，让劳动溢价与城镇化同步[⑤]。

（二）就业政策

城镇化的过程就是城市劳动力的再分配过程，也是农村劳动就业的再选择过程。城镇建设带来的产业升级与发展，给城市原住居民和广大农村富余劳动力带来了更加多元化和高质量化的就业机会，提高了劳动者的收入[⑥]。产业发展引起的劳动力市场多元需求与城乡劳动的多元供给之间，往往因市场信息的不完整、不对称而失衡。为此，政府必须借助政策工具进行调解。人口与社会理论体系下的就业政策，应"以城乡居民就业为本"协调解决好城市居民再就业、农业转移人口市民化、劳动力的培训与技能提升等问题，并不断优化就业环境与营商环境、支持灵活就业与创业，拓宽多元化的就业创业渠道，消除城乡、区域、行业、职业间不公平

① 夏柱智，贺雪峰. 半工半耕与中国渐进城镇化模式 [J]. 中国社会科学，2017，（12）：117-137，207-208.

② 朱雅玲. 全国统一劳动力要素市场与中国式现代化：内在逻辑、互动机理与实践路径 [J]. 河南社会科学，2023，31（12）：46-55.

③ 白南生，李靖. 城市化与中国农村劳动力流动问题研究 [J]. 中国人口科学，2008，（4）：2-10，95.

④ 裴馨，高远东. 数字基础设施建设如何影响劳动力工资：基于搜寻与匹配模型的分析 [J]. 山西财经大学学报，2024，46（2）：16-28.

⑤ 李静，闫日奇，潘丽群. 人工智能、劳动力任务类型与城市规模工资溢价 [J]. 财经研究，2023，49（12）：62-76.

⑥ 崔琳昊，冯烽. 新型城镇化建设对释放居民消费潜力的影响研究 [J]. 西安交通大学学报（社会科学版），2024，44（2）：156-167.

的就业创业壁垒，缓解劳动错配，提高全社会的就业质量和就业水平①。

（三）职业培训

传统的城市管理过于重视产业的发展，而忽视人的职业发展，从而造成城市居民和农村转移的农民工"求职难""就业难"，而相关产业部门"招工难"的问题。在现在的城市治理中，政府应加强产业发展与职业发展的协同，即有效衔接职业培训与产业，将行业发展的前瞻性和职业发展的终身性相结合，将职业导向与就业指导相结合，将职业知识与就业技能相结合，将职业教育创新培训相结合，采取集中与分散、专职与兼职、职前与职后、线上+线下等多种培训模式和渠道，持续为劳动者提供终身学习的机会和现实就业的机会。

（四）职业保障

农村居民的城镇化，不仅是居住空间、地域的城镇化，更是职业、身份的非农化。传统的城镇化，因城乡二元户籍制度、先差别后统筹的社会保障制度设计，造成"乡—城"转变、"农—工"转型失衡，甚至"被城镇化"②。城镇化超前于非农化发展的后果是，大量涌入城镇的农村劳动力只能进入非正规的低端就业领域，并缺乏与城镇居民同等的劳动保障。这种现象被视为一种"病态城镇化"③，并有人认为这是一些发展中国家落入"拉美陷阱"的一个重要致因④。给予城乡劳动者同等的就业机会、同样的失业保障与再就业服务，是人口与社会理论体系下的城市治理应有之义，更是奔向新时代实现共同富裕的有效途径。

通过劳动力市场的运行、就业政策的制定与实施、职业培训的开展以及平等的职业保障的提供，政府可以促进劳动力的就业和提高居民的生活质量，实现城市的可持续发展。当然，这需要政府、企业和社会各界的共同努力，形成多方合作的良好局面，推动城市劳动力优配与就业迈上新的台阶。

---

① 甘天琦，姚天航，胡斯凯. 城乡融合发展的动力与机制：基于新型城镇化试点的证据 [J]. 统计与决策，2024，40（1）：75-80.

② 罗淳，朱要龙. 中国城镇化进程中人口形态的三重转变及其协同发展 [J]. 人口与经济，2023（2）：111-123.

③ 简新华. 新型城镇化与旧型城市化之比较 [J]. 管理学刊，2014（6）：56-60.

④ 陈湘源. 试析"拉美陷阱"的成因及启示 [J]. 当代世界，2017，（3）：36-38.

第二节　"产业与城市"融合视角下的城市治理

一、城市经济模式

（一）传统工业化

传统工业化是城市经济发展的起点和基础。这种工业化一般是以煤炭、石油等碳基化石燃料为主要动力，其工业与非农产业集聚以"高资源消耗、高环境破坏、高碳排放"为主要表征[①]。基于传统工业化逻辑的城市治理模式走的是"先污染、后治理"的路径，不可避免地给人与自然关系、人类社会可持续发展事业带来不可调和的矛盾和不可持续的后果。随着人类步入数字化时代，工业化、城镇化、农业现代化、信息化、数字化同频共振，客观上要求我们坚持以人为本，坚持创新、协调、绿色、开放、共享的新发展理念，以信息化推进传统工业的升级，进而推进人本城市、品牌城市、集约城市、城乡一体化、集群城市和绿色城市的发展，全面提升城市发展的质量和水平，走科学发展、集约高效、功能完善、环境友好、社会和谐、个性鲜明、城乡一体化、大中小城市和小城镇协调发展的新型城市治理路子[②]。

（二）服务化与数字化

服务化与数字化是城市治理的重要内容，是现代城市经济模式转变的重要方向。服务经济带动的产业服务化是城市发展的重要保障，也是促进产业调整、解决人口就业的主要渠道[③]。随着城市经济的发展和人们生活水平的提高，服务业在城市经济中的比重逐渐增大。当前的城市治理，客观上要求将城镇化与经济服务化相协调，从而推进传统城镇化进程中的"半城市化""大城市病"等问题的解决。人工智能、大数据、物联网、互联网、区块链等数字技术在城市治理中的应用，可以提高城市发展效益、

---

① 张胜武，韩日，李小胜，等. 新型城镇化促进水生态文明建设：影响机制及空间效应 [J]. 地理科学进展，2024，43（1）：1-16.

② 杨晓东. 我国新型城镇化发展道路探讨：以陕西省榆林市新型城镇化发展为例 [J]. 中国市场，2010，（42）：21-37.

③ 张晓杰. 新型城镇化与基本公共服务均等化的政策协同效应研究 [J]. 经济与管理，2013，27（11）：5-12.

产业生产效率、社会承载能力、城市治理效率和服务水平、人民生活满意度等。推进城市产业的服务化、智能化、智慧化与数字化转型，实现城市经济的转型升级和提升城市的竞争力。

（三）创新驱动

靠要素驱动的传统城市，在给人类社会带来巨大发展的同时，也让人类社会陷入了灾难。为弥补传统城市发展带来的负面影响，我们必须转轨走创新驱动的新型城市治理之路。也就是说，新型城市治理应该与创新型城市构建同步。然而，创新是一个复杂的问题，创新驱动需要为加强科技研发和创新体系的建设提供良好的创新环境和政策支持，从而吸引创新人才和创新资源的汇聚。城市政府通过实施创新驱动政策，培育新的产业和业态，提高城市经济的竞争力和创新能力。创新驱动可以通过推动科技成果转化和产业升级，提高城市的创新能力和核心竞争力。

（四）可持续发展

可持续发展是新型城镇化的内涵①，是城市治理的重要目标。传统城镇化是要素驱动下的传统工业化的产物，这是一种无工作的、无声的、无情的、无根的、无未来的发展模式②。而新型城镇化则是后工业化时代的产物，城市治理要以创新驱动为发展动力，强调人与自然和谐共生、人与人和谐共享，以及城市化与乡镇化协调发展③。这种模式要求城市经济的发展必须与环境保护和资源利用相协调，实现经济、社会和环境的可持续发展。可持续发展需要加强生态环境保护，推动绿色产业和低碳经济的发展，提高资源利用效率和环境质量。可持续发展可以通过推动绿色技术和绿色产业的发展，实现城市经济的绿色转型和可持续发展。

在城市治理中，城市经济模式的转变需要政府、企业和社会各界的共同努力。政府应加强政策引导和规划管理，提供良好的发展环境和公共服务。企业应加强创新能力和技术研发，提高产品质量和市场竞争力。社会各界应加强合作与协同，共同推动城市经济的发展和可持续发展。

总之，城市经济模式的转变是城市治理的重要内容。通过传统工业化

---

① 单卓然，黄亚平. 试论中国新型城镇化建设：战略调整、行动策略、绩效评估 [J]. 规划师，2013，29（4）：10-14.

② 沈建国，于立，董立. 城市化的世界全球人类住区报告：1996 [M]. 北京：中国建筑工业出版社，1999：2-4.

③ 顾明敏. 城乡接合部的文化表征：土味美学及土味文化再思考 [J]. 新闻爱好者，2020，（5）：58-62.

的转型升级、服务化与数字化的发展、创新驱动和可持续发展的推进，可以实现城市经济的转型升级和提升城市的竞争力，为城市治理注入新的动力和活力。

二、产业布局与优化

（一）产业园区的建设与发展

产业集聚化发展是工业化的普遍特征。核心企业和优势产业通过发挥其资源要素整合力，聚合一批相关企业和产业在一定空间上的集聚，激发企业、产业间的规模效应、学习效应、集聚效应，形成较稳定的产业集群和产业链，推动产业的持续升级和创新发展。产业园区就是在产业集聚化背景下，由政府主导建立的工业化与城镇化互动发展的空间载体[①]。传统的城市治理，虽也强调产业园区配套设施的完善，但因其走的是一条"产、城、人、文"（产业发展、城市建设、人的本质需求、文化传承）相分离之路，产业园区建设、发展和城市建设不统筹，造成"三生"（生产、生活、生态等）空间配置混乱、城市通勤时间长、交通拥堵、环境污染等城市疾病，使园区产业和城市发展不可持续。

未来城市的治理走的是一条"产城融合"之路，也就是说，未来城市建立的是一个"三生"空间嵌套，将一二三产业连接，使"产、城、人、文"协同，基础设施一体化的城市。将产业园区建设规划纳入城市治理建设规划之中，通过促进产业向园区集中、园区向城镇集中，推进城市治理建设与产业园区开发建设相衔接，实现产城融合、产城互动[②]。园区建设，要将产业生产需求与人的生活需求相结合，在园区一体化地布局办公、娱乐、教育、休闲、医疗等公共设施、服务，将产业园区打造成集生活圈、生产圈、交际圈、商业圈等多圈为一体的综合体。加强生态观、循环经济理念在产业园区建设中的指导作用，在园区相关配套设施建设中注重可再生物质资源的再利用、再循环利用，推进园区产业链、生活链与生态链等多链整合，打造生活、生态与产业共生的生态工业园区。产业园区建设要因地制宜、合理规划，特别是要充分利用当地工业、农业、商业资源，发掘园区文化资源，将文化要素融入园区建设，实现园区产业与当地文化资

---

① 郭丽娟. 新型工业化与新型城镇化协调发展评价 [J]. 统计与决策，2013，（11）：64-67.

② 肖宏伟. 生态文明视角下的新型城镇化建设 [J]. 宏观经济管理，2014，（5）：29-31.

源协调发展①。

（二）产业链的构建与升级

人是城市治理的核心，项目和产业链是城市治理的载体②和动力。高质量的产业链是一个富有弹性、包容性、持续性，融合化、集群化、生态化的产业生态③系统，这个系统是具有比较优势的资源禀赋发挥④，长效的市场机制运用⑤、有为的政府治理⑥等三重"驱动效应"的持续释放。城市治理背景下的产业链构建，要将本地优势资源的开发利用（包括自然生态、人力、文化、产业、创新等资源），城市"三生"空间结构的优化布局，主导产业的转型升级，未来产业的培育，人才链、创新链、资金链的有效整合，以人为本的城市治理理念相结合，构建产业与城市互生共生的共同体。

（三）产业政策的制定与实施

城市发展规划和产业政策均会影响本地区的经济集聚和发展路径⑦。传统的城市治理往往倾向于将城市发展规划和产业政策割裂，因而造成生产超前与消费滞后、工业发达与服务落后、机械扩张与内涵不足、园区蔓延与城市逊色、经济高速增长与社会文化停滞等产城分割问题⑧。在现代城市治理中，产业政策制定与实施必须要在尊重市场规律的情况下与城市的发展规划相协同。政府可以立足城市发展水平与定位、产业梯度发展特点，有针对性地制定与实施差异化的产城综合政策⑨，从而增强城市需求

---

① 马峥，郑碧莹，李德佳，等. 国家现代农业产业园产业集聚发展特点与展望［J］. 农业展望，2022, 18（1）: 109-113.

② 严圣阳，周志刚. 武汉长江新城投资促进机制创新［J］. 现代商贸工业，2023, 44（23）: 14-16.

③ 张心怡. 提升产业科技创新能力［N］. 中国电子报，2023-12-22（002）.

④ 林毅夫，蔡昉，李周. 中国的奇迹：发展战略与经济改革［M］. 上海：上海人民出版社，1999: 1-3.

⑤ 吴金明，邵昶. 产业链形成机制研究："4+4+4"模型［J］. 中国工业经济，2006,（4）: 36-43.

⑥ 任保平，何厚聪. 数字经济赋能高质量发展：理论逻辑、路径选择与政策取向［J］. 财经科学，2022,（4）: 61-75.

⑦ 豆建民，张可. 空间依赖性、经济集聚与城市环境污染［J］. 经济管理，2015, 37（10）: 12-21.

⑧ 王英杰，朱成堡. 产城融合：以人为核心的新型城镇化之路［OB/OL］.（2016-06-16）［2024-04-16］. http://www.ciudsrc.com/zhuanti/201606anli/.

⑨ 汪永春. 人口老龄化、人力资本与产业结构升级［D］. 合肥：安徽建筑大学，2023.

与企业产品服务的供给，提升城市的营商环境、创新要素供给与企业内部生产经营需求的协同性，推进产城命运共同体。

（四）地域差异与协同

地域差异是城市治理必须要面对的一个现实问题，各地政府需要通过地域合作、区域协调、整体性治理来实现其优势互补和共同发展。当前，中国城市呈现出一种由单个城市竞争转向区域城市群协作发展的新趋势①，当然这也是国家推动城市高质量发展的战略②。城市的地域差异，可能源于要素禀赋、交通区位、经济发展、历史人文、文化创新等。"产业与城市"理论体系下的城市治理，要求各地政府在注重城市差异化发展的同时，更注重区域城市的协同：第一，立足不同城市的产业特点和优势，找准城市产业协同共生点，优化区域产业布局，协同推进区域产业生态链、生态圈，搭建区域产业共生体；第二，注重区域产业合作的机制和平台建设，借助云计算等先进技术，搭建区域产业云平台，促进区域产业主体在物资供应、生产经营、市场信息共享、渠道开拓等方面交流与合作；第三，注重区域项目要素的合作，通过项目合作来推进区域人才、土地、资金、信息等资源共享和优势互补；第四，注重地域合作的政策和政策协调，推进区域政府议事机制建立，加强地区间的基础设施一体化建设、产业政策制定、社会治理等方面的协调，打造新型城市命运共同体。

总之，产业布局与优化是城市治理中的一项重要内容。各地政府可通过产业园区的建设与发展、产业链的构建与升级、产业政策的制定与实施以及地域差异与合作，实现城市经济的转型升级和提升城市的竞争力。产业布局与优化需要政府、企业和社会各界的共同努力，通过合作与协同，推动产业布局与优化的实施，为城市治理注入新的动力和活力。

三、城乡融合发展

（一）乡村振兴

中国式现代化是城乡统筹、城乡共荣，城乡居民共享发展成果，城乡

---

① 刘文俭. 城市发展战略新常态：由竞争走向合作 [J]. 理论视野，2016，（2）：27-31.

② 周寒，何艳玲. 嵌套结构中的治理偏差：中国城市风险的危机转化 [J]. 南京社会科学，2021，（2）：83-92.

共同富裕的现代化①。传统"一盘棋"的城市发展模式，导致城起与乡落，城兴与乡衰，回不去的乡愁与入不进的城市等发展困境。基于此背景，党的十九大提出实施乡村振兴战略。乡村振兴不是单一地发展乡村而放弃城镇，也不是搞逆城市化，而是协同城乡关系，更好地推进城乡发展的同频共振②。乡村振兴要以城乡融合发展为核心目标，旨在实现农村与城镇同步现代化，农业与工业、服务业同步现代化，农民与市民同步产业化、专业化，农民与市场持续增收共享发展成果。乡村振兴是要以新型城市治理和乡村振兴双轮驱动，深化区域内农业与工业产业的协同，构建区域内城乡互动和工农互补的经济发展圈，推进区域内"城镇"与"乡村"经济、社会、文化、要素的有机互动、协同、循环、融合发展③。

（二）乡村产业

乡村产业发展是落实乡村振兴战略与实现共同富裕的必由之路④。"产业与城市"理论体系下的乡村振兴，是要以城乡融合的形式发展乡村产业。也就是说，要充分利用城乡融合发展机制，将乡村资源禀赋和人文特色发挥好，农村特色优势产业培育与城镇产业布局与发展相结合，实现农村产业与城镇产业的互补协同共生。立足城乡产业一体化发展对各类生产要素的集聚和融合功能，引导土地、资本、技术、人才、政策、管理等生产要素向乡村流动，补齐乡村产业发展的要素短板⑤。以农村经济的多元化和产业结构的优化升级，推进农民收入的持续增长、农村面貌的逐步革新、乡村治理再上新台阶，推动城乡同步实现现代化。

（三）乡村治理

乡村治理是乡村振兴的助推器，是国家治理的重要组成部分。传统的城市治理，将城市发展与乡村发展割裂开来，不仅忽视了乡村社会发展，

---

① 张明斗，周川. 乡村振兴与城乡融合发展的协调度及其空间相关性［J］. 农林经济管理学报，2024，23（1）：1-11.

② 张慧鹏. 当乡建情怀遭遇经济规律：对当代新乡村建设运动的反思［J］. 中国农业大学学报（社会科学版），2024，41（1）：121-136.

③ 翟坤周，毛磊. 中国式现代化城乡融合发展的县域自主性治理：基于浙江省共同富裕示范区典型案例的考察［J］. 理论与改革，2024（1）：110-125.

④ 杨建，徐康，陈彬. 乡村振兴促进共同富裕的理论机制与实证检验［J］. 统计与决策，2024，40（1）：69-74.

⑤ 肖义. 城乡融合视角下乡村产业振兴发展困境与出路［J］. 农业经济，2023，（12）：117-118.

更忽视了乡村治理，从而导致乡村治理中基层群众的自治能力不足[①]、公共产品和服务的供给不足[②]、治理体系和治理能力亟待强化[③]、乡村治理结构集权化、公共决策的科学性、有效性、针对性不足[④]等问题。在"产业与城市"理论体系下，我们应聚焦城市治理和乡村振兴两大战略的共生关系，从城乡公共政策、社会政策的制定与实施，城乡产业的融合发展，城乡基础设施的一体化建设，城乡公共产品和服务的供给等方面统筹协同[⑤]，同步推进美丽城市与美丽乡村的建设，进而探索中国城乡融合的基层共治新模式[⑥]。

（四）乡村基础设施

乡村基础设施建设的滞后是制约乡村产业发展、乡村振兴的重要原因，因此，乡村基础设施建设是乡村振兴的首要之义[⑦]。在"产业与城市"理论体系下，要协调好乡村振兴战略和新型城市治理战略，重点在于推进乡村交通、水利、邮电、网络、能源、环保、供水供电、文化教育、卫生事业等基础设施的提档升级，最终实现城乡基础设施建设的一体化，推进城乡空间重组重构与功能的优化，从而实现城乡空间融合发展[⑧]。

四、城市金融与投资

金融是国民经济的血脉，是城市发展的重要支撑。城市金融在推动城市经济发展和优化城市投资环境上扮演着极其重要的角色。中国传统的城

① 杨洪林，顿山. 农民再组织化与乡村振兴：以贵州省Z县"新时代乡村青年农民学校"建设的村治实践为例 [J]. 云南民族大学学报（哲学社会科学版），2021，38（3）：107-114.

② 王春光. 乡村振兴背景下农村"民主"与"有效"治理的匹配问题 [J]. 社会学评论，2020，8（6）：34-45.

③ 黄黎明，王欢欢. 我国高等农业教育与劳动教育相结合的历史回顾与现实思考 [J]. 劳动哲学研究，2021，（2）：196-205.

④ 上官莉娜，魏楚珂，杜玉萍. 数字素养促进农民参与乡村治理吗？基于主观社会经济地位和政治效能感的中介作用分析 [J]. 湖南农业大学学报（社会科学版），2024，25（1）：54-63.

⑤ 张玉玲，张永凤，闫谨，等. 海南城乡融合时空变化特征及驱动力分析 [J]. 海南师范大学学报（自然科学版），2021，34（4）：435-444.

⑥ 何仁伟. 基于乡村振兴和新型城镇化的中国城乡融合发展研究 [J]. 中国西部，2020，（3）：23-30.

⑦ 袁梦，吴哲楷，谢光权，等. 多元主体视角下传统村落人居环境满意度研究：以福建省屏南县龙潭村为例 [J]. 地域研究与开发，2023，42（6）：115-120.

⑧ 苏春红，李真. 数字经济促进城乡融合发展了吗？基于中国285个地级市的实证研究 [J]. 经济社会体制比较，2023，（3）：27-39.

镇化建设是在政府的主导下推进的。政府领导受"竞标赛"式政绩诱导，以土地和财政为担保，成立平台公司，为城镇建设融资。市场化的城市金融发展滞后于城市发展，城镇化建设的金融支撑缺乏有效的监管，使城市建设产业空心化、城市设施闲置化严重。数字化时代的城市投融资问题不同于传统的城市治理中的城市投融资，数字化时代的金融需求不同于纯粹的农村金融和城市金融，这就要求地方政府加强金融政策创新、金融监管强化，以及金融供给机制的产品服务创新等①。

（一）金融中心建设

金融中心建设是城市金融与投资的核心内容，旨在打造具有国际影响力和竞争力的金融中心，促进金融业的发展和城市经济的繁荣。"产业与城市"理论体系下的金融中心的建设，首先，要结合城市的功能及发展定位，通过吸引国内外金融机构进驻，优化金融机构在城市中的空间布局，为城市建设和产业发展提供全方位的金融服务。其次，要优化金融发展的政策支持，建立和完善金融市场体系，提升金融市场的运行效率和服务水平，推动金融市场的开放和创新。再次，要注重金融人才的培养和引进，建设高素质的金融人才队伍，提供优质的金融人才支持。最后，要注重金融科技的应用和创新，比如大力发展区块链金融、数字金融，努力推进金融科技与金融业的深度融合，提升金融业的数字化、智能化、协同化水平。

（二）金融政策

金融政策对城市发展具有引领作用②。良好的金融政策为城镇金融发展提供了良好投融资环境，能促进金融业和城市社会经济同频发展。

在现代城市治理中，要改变传统的城市化倾向的金融政策，应以协同创新为指导理念，设计和实施城乡协调发展的金融政策，鼓励金融机构创新金融产品和服务，推动金融科技的发展和应用，形成城乡梯度分工的金融格局③。拓宽并规范地方债券等多元城市发展融资渠道，有力遏制房地产行业盲目开发，减少经济欠发达地区地方政府对土地财政的依赖。将金

①　吴国培，徐剑波，张奇斌，等.福建省新型城镇化的融资特征和动态预测［J］.福建金融，2015，（6）：4-11.

②　胡恒松，王皓，韩瑞姣.雄安新区城市高质量发展的金融支持路径［J］.区域经济评论，2021，（2）：33-41.

③　朱芬华.金融发展促进新型城镇化进程的实证研究［J］.安徽商贸职业技术学院学报（社会科学版），2020，19（3）：15-18.

融风险的防控和处置与金融风险监测和评估相结合，实现城市发展与金融政策的互助发展模式，推动人—产—城—金的协调发展①。界定绿色金融的范畴和健全绿色金融的政策法律体系，推进金融产品和服务创新与生态文明建设、碳达峰、碳中和等国家战略相结合，为绿色城市建设奠定基础②。

（三）投资环境

投资环境是一个国家或地区凭借其物质和非物质条件吸引投资者进入经营性投入和运营的能力，优越的城市投资环境可以吸引资金、技术、人力资源等要素向城市流入，会使城市通过产业的发展提高经济实力③。城市建设是一项资金缺口大、投资回报周期长、投资内容多的公共事业项目。传统的城市建设政府投资占主导地位，导致政府干预市场过多、行政审批效率不高、市场诚信度不够④、城建投资效率低、地方债务增长过大、城市发展可持续性不足等问题⑤⑥。在现代的城市治理中，转变传统的城市金融发展模式，通过优化投资环境，吸引与鼓励外国资本、民营资本等各类社会资本参与投资，化解城镇建设资金供需矛盾，是地方政府亟须解决的问题。现代城市治理中的城市投资环境改善，首先，应注重投资法治环境的建设和完善，加强法律法规的制定和执行，保护投资者的合法权益。其次，要注重市场环境的优化和改善，推动市场经济的发展，提供公平竞争的市场环境。再次，要注重政策环境的优化和改善，制定投资促进政策，提供优惠的投资条件和政策支持。最后，要注重服务环境的提升和改善，提供高效便捷的投资服务，解决投资者在投资过程中遇到的问题和困难。

（四）风险管理与合规

数十年粗放型的城市治理，导致土地利用、房地产建设、人的需求、

---

① 陈卓，李敏，张耀宇，等. 新型城镇化建设对城市建设用地稀缺度的影响研究［J］. 城市问题，2023，（10）：94-103.

② 沈迪晖，田增瑞. 绿色金融对节能环保型创业投资影响探究［J］. 时代金融，2018（5）：33-34.

③ 刘荣欣. 中国城镇投资环境［M］. 北京：中国经济出版社，2011：13

④ 孙孟. 新形势下新型城镇化建设投融资探讨［J］. 宏观经济研究，2023，（9）：68-74，114.

⑤ 关于政府对城市的干预的后果，著名城市哲学家雅各布斯曾作过这样的论述："政府对城市给予了特殊的财政优惠，但最终的结果却是出现如此程度的单一、僵化和粗俗。"

⑥ 雅各布斯. 美国大城市的死与生（纪念版）［M］. 南京：译林出版社，2006：5.

产业发展等的不同步。随着人口结构转型、房地产价格泡沫化、地方债务的叠加，国家先后出台了针对商业银行的信贷、紧缩性房地产调控等政策，各种风险通过地方政府融资平台、房地产开发商、房地产投机者和购房者等多渠道传递，叠加了城市整体的金融风险①。加强城市金融的风险管控，探索建立政府、银行及融资担保机构等多方共同参与的城市建设金融风险分担和补偿机制、风险防范机制和金融监管模式②，分散和化解金融风险③，是当前城市健康可持续发展的重要保证。在城市金融风险管理与合规的问题上，管理者需要注重以下四个方面。第一，协同城市金融管理办、中国人民银行、商业银行、投融资担保机构等，建立完善多元主体协同参与的风险管理体制机制，强化金融风险监测和评估的主体责任。第二，明确事前、事中、事后全过程的监管目标，深化对投资者、融资者、担保方、银行等多元主体的风险防控，及时采取措施应对金融风险。第三，针对城市金融问题，制定与完善一套有针对性的合规性监管政策、制度和流程，明确合规性监管的目标、原则和要求，加强对相关金融机构和金融市场的合规管理和监督。第四，强化金融从业人员和投资者的风险意识和加大风险管理能力培训力度。

总之，城市金融与投资是城市治理的重要组成内容。通过金融中心建设、金融政策、投资环境和风险管理与发展，可以促进金融业的发展和城市经济的繁荣。城市金融与投资需要政府、金融机构和投资者的共同努力，通过合作与协同，推动城市金融与投资的实施，为城市经济的可持续发展提供有力支撑。

第三节 "城镇与城市"共生视角下的城市治理

一、城市规划与设计

城市规划与设计是城市治理的重点内容，它旨在合理布局城市空间，提升城市功能和品质，促进城市可持续发展。

---

① 雷巧. 新型城镇化建设的金融支持路径研究 [J]. 南方农机, 2019, 50 (7): 66.
② 王瑞. 金融支持新型城镇化建设政策建议 [J]. 合作经济与科技, 2016, (7): 64-65.
③ 雷巧. 新型城镇化建设的金融支持路径研究 [J]. 南方农机, 2019, 50 (7): 66.

（一）总体规划

总体规划是城市规划与设计的基础，旨在制定城市发展的长远目标和发展战略，规划城市的空间布局和功能分区。在城市治理中，要深度融合城市规划、交通运输工程、地理信息科学、信息科学与测绘科学等学科知识、技术①，根据各地的国土空间规划，综合考虑区位、人口、土地、交通、经济、社会、历史、文化、环境等多种因素，在确保城市可持续发展和人的良好的居住环境的情况下，制定总体规划。第一，结合地区历史文化、产业发展、人口规律、土地利用、自然资源、经济社会、公共设施、生态环境、综合交通、旅游资源等因素，预测城市未来的发展前景，明确城市的发展功能定位。第二，根据城市的重大生产力布局、主导产业（园区）布局、重大市政基础设施、公共设施布局、社会经济发展和人口资源环境条件、历史文化遗产等，合理划分城市的功能区域（居住区、商业区、工业区、文化区）等。第三，综合分析与评价土地资源、水资源、能源、生态环境承载力等支撑条件和制约因素，将重要资源、能源合理利用与保护、重大环境保护和防灾减灾等要求纳入城市规划。第四，根据城市经济社会发展目标及前景，结合基础设施现状及区域供配情况，合理规划给水、排水、电力、通信、燃气、供热、环境卫生、防灾以及管线等综合基础设施和公共服务设施建设。

（二）功能分区

综合考虑城市总体规划中确定的城市布局、片区特征、山川河流道路等自然和人工界限，结合城市行政区划，合理确定功能分区，为居民提供适宜的生产、生活、工作和娱乐环境。在城市治理中，城市功能分区应注重以下四个方面。第一，综合考虑人居环境、生态保护和公共服务等因素②，将山水脉络等自然景观融入居住区的规划和设计中，为居民打造出"望得见山、看得见水、记得住乡愁"的居住环境③。第二，要注重商业区的规划和设计，建设现代化的商业中心和商业街区，提供多样化的商业服务和购物体验。第三，将"以产促城，以城兴产，产城融合"的规划思路

---

① 邓敏，刘启亮．"大知识"时代地理信息科学专业本科人才培养探索与实践［J］．测绘通报，2023，（8）：178-181．

② 黄应霖．新型城镇化与城乡规划建设实践分析［J］．新型城镇化，2023，（8）：73-76．

③ 符壮．我国城市绿道体育休闲区域特色及其空间转向［J］．当代体育科技，2023，13（9）：53-56．

和工具①运用于工业区的规划和设计中，合理布局工业企业、生产设施以及生活空间，促使产城融合。第四，将传统的历史文化遗产与现代流行的时尚元素融入城市文化区的规划和设计之中，打造富有历史底蕴和现代气息的文化创意产业基地和文化艺术中心，为居民提供丰富多样的文化活动和艺术体验。

（三）城市形态

城市形态是城市规划与设计的重要内容，它是城市的物理空间结构、社会功能结构、行为空间结构等形态要素良性互动的系统②，是城市的空间形象塑造和城市的特色风貌展现。在城市治理中的城市形态塑造，要注意以下四个方面。第一，深挖地域环境、民族特色、文化内涵等城市特有"基因"，并将其融入城市的建筑风格和城市景观的设计，打造具有地方特色和文化内涵的建筑和景观。第二，综合城市的社会、经济、文化、环境等各种因素，将自然之美、社会公正、城乡一体③等生态宜居城市的核心标准植入城市的公共空间和绿地的规划和设计，从物质、精神等方面为居民提供一个适宜人类工作、生活和居住公共空间和环境，从而增强城市的宜居性和美观性。第三，将城市历史遗迹、民族传承、传统记忆、文化遗产等的开发、保护和传承与城市建设相结合，建成一个有思路、有内涵、有文化、有传承、有记忆的城市。第四，充分吸收生态文明、海绵城市、韧性城市的建设理念与成果，并将其融入城市街道、广场、建筑物、园林绿化、基础设施等建设中，形成生产、生活、生态三种形态的共生共荣，推进生态城市、绿色城市、低碳城市的建设。

（四）城市结构

城市结构是城市空间组织的内在逻辑与变化规律，是社会、历史、文化和资本等多种因素作用的结果④。合理的城市结构对促进社会经济可持续发展、降低资源消耗、提高城市环境质量，以及提高居民生活质量起着非常重要的作用。在城市治理中，城市结构优化，应从以下五个方面推进。第一，综合考虑生产力布局、生态空间、土地利用、交通、环境、社

---

① 高如泰，王云龙，付海妹，等. 产城融合背景下青岛西海岸新区的生态建设和环境管理研究 [J]. 环境保护，2017，45（Z1）：69-72.

② 林仲煜. 近郊新城可持续形态的构建 [D]. 重庆：重庆大学，2009.

③ 牛文元. 中国新型城市化报告（2012）[M]. 北京：科学出版社，2013：243.

④ 卢锐，陈桂秋. 基于城市形态学理论的小城市总体城市设计方法研究：以金华市浦江中心城区为例 [J]. 上海城市规划，2023，（1）：47-54.

会服务等因素，制定科学合理的土地利用规划，确保各个功能区域的合理分布。第二，通过发展新的商业中心、开发新的科技创新园区、文化艺术中心、重构传统街区等，引导发展多个城市（副）中心，避免单一中心资源的过度集中而产生城市混乱和拥堵。第三，统筹推进室内室外建筑资源与地上地下土地资源一体化①，优化原有城市结构脉络，鼓励混合用地开发，推进"三生"（生态、生产、生活等）融合、产城融合，减少通勤。第四，利用大数据、物联网、人工智能等数字化技术，提升城市公共基础设施、城市治理和服务的智能化、数字化改造升级，建设智慧城市。第五，打造15分钟步行的教育培训、医疗保健、文化娱乐、商务购物圈，使居民能够就近解决大多数日常需求。

二、交通与出行

交通系统是城市治理的重要内容，是促进城市产业发展，满足居民生产、生活需求的重要条件。交通系统的发展和优化是城市可持续发展的重要支撑。

（一）交通网络

交通网络是城市基础设施的重要组成部分，是促进城市内外的联系和交流的"纽带"，对推进城市可持续发展和居民的生活品质提高有深远意义②。在城市治理中的交通网络发展，应从以下四个方面着手。第一，在充分考虑城市未来发展需求的同时，立足城市总体规划，制定与其他城市基础设施和功能区协调一致的城市综合交通发展规划，重点对公路、水道、铁路、机场等交通网络进行合理布局，提高综合交通的通行能力和交通流畅性。第二，重点加强高速铁路、地铁、轻轨、桥梁、隧道、BRT 快速公交、城市航运等交通基础建设，为居民的跨区域流动提供快速、高效的交通服务。第三，加强交通信号灯的智能控制、实时交通监测系统、智能交通导航等智慧交通技术的应用和创新，提升交通网络的运行效率。第四，在出行的关键节点布局充电桩、共享自行车、电动车等设施，设置便捷的步行和骑行路径，大力倡导步行、骑行、使用电动交通工具等健康、

---

① 吴兵福，黄柯玮，陈武佳，等. 基于城市信息模型的智慧城市架构体系研究 [J]. 中国建设信息化，2023，（20）：14-19.

② 刘承良，殷美元，黄丽. 基于多中心性分析的中国交通网络互补性的空间格局 [J]. 经济地理，2018，38（10）：21-28.

绿色的出行方式。

（二）公共交通

公共交通是城市交通系统的重要组成部分，安全、低价、便捷、质优、环保的公共交通服务，有利于缓解城市交通拥堵和环境污染。在城市治理中，公共交通建设应综合考虑以下四个方面的内容。第一，统筹交通、产业、空间协同发展，重点聚焦人的出行和旅客运输需求，整合物流和供应链需求，推进城市公共交通的规划和建设，有条件的可发展地铁、轨道、航运、巴士、的士等公共交通系统，为居民的出行提供便捷的公共交通服务。第二，协同地铁、轨道、航运、巴士、的士等公共交通系统，统筹规划与合理布局综合交通网络设施，提高道路通行能力和交通流畅性。第三，注重非机动车和步行交通的规划和建设，提供安全和便捷的非机动车和步行交通环境，鼓励人们选择绿色出行方式。第四，注重智能交通系统的应用和创新，推动交通信息化和智能化，提升交通管理和服务水平。

（三）绿色出行

绿色出行是未来城市治理的应有之义[①]。绿色出行，旨在鼓励人们减少对汽车的依赖，选择环保、健康、低碳的出行方式，降低交通污染对城市环境的影响。在城市治理中，倡导绿色出行方式，可以从以下五个方面入手。第一，要注重非机动车和步行交通的发展，为广大居民提供安全和便捷的非机动车和步行交通环境，建设自行车道和人行道。第二，要注重鼓励和支持共享交通和出行方式，如共享单车、共享汽车和拼车等服务，最大程度降低车辆拥有量和使用量。第三，要注重推广和普及新能源车辆，如电动汽车和混合动力车辆，可减少尾气排放和空气污染。第四，要注重宣传和教育，提高公众对绿色出行的认知和意识，鼓励人们积极参与绿色出行。第五，以现代自动化、智能信息技术及物流配送平台为依托，整合、优化城市运输与长途物流配送要素资源，推进"绿色城配"建设，促进城市发展与环境保护的双赢[②]。

（四）交通管理与政策

交通管理与政策是保障交通安全和顺畅的重要手段。合理的交通管理

---

① 尹怡晓，钟朝晖，江玉林．绿色出行：中国城市交通发展之路 [J]．科技导报，2016，34（17）：25-32.

② 汪丽，汪传雷，周雨，等．合肥市新能源物流车绿色城配发展评价：基于 DPSIR 模型 [J]．现代商业，2024，（1）：27-30.

措施和政策，是提高交通管理和服务水平的保障。在城市治理中，城镇交通管理与政策完善可以从以下四个方面入手。第一，要注重交通规则和法律的执行和监管，加大交通执法力度，在提高交通违法行为的查处率的同时，加大处罚力度。第二，实施公共交通优先战略，要注重交通安全教育和宣传，提高公众对交通安全的认知和意识，培养居民良好的交通行为习惯。第三，要注重交通数据的收集和分析，利用大数据和智能技术，加强推进绿色、智能交通管理系统的建设，提供准确的交通信息和预测，优化交通管理和调度[①]。第四，要注重交通规划和政策的协调和整合，加强各部门之间的沟通和合作，形成统一的交通管理体系和政策框架。另外，城市治理涵盖规划设计、环境治理、交通管理、智慧城市等方方面面，涉及领域多、行业交叉强，需要有较高专业技术水平的人才作为保证。

三、环境与生态

城市治理与生态环境保护是一种耦合共生关系[②]。在城市治理中，要加强生态环境的保护，推进城市生态动态平衡，促进城市生态系统的恢复和城市的可持续发展。

（一）环境保护

环境保护是城市发展的重要任务，环境质量的提升是城市高质量发展的必由之路。城市治理中的环境保护可以从以下四个方面展开：第一，摸清城市大气污染的原因，从能源结构、交通运输、工业生产、施工扬尘等方面入手，健全实时监测与重点排查相结合的大气污染防治的体制机制，加大产业的结构调整与低碳技术的研发力度，推广绿色低碳的生产方式，提高空气质量[③]。第二，统筹规划与建设城镇水循环基础设施，制定与完善工业生产、居民生活污水的排放标准，健全城市水污染防治相关政策法律、市场及伦理机制，有序推进城市污水防治。第三，实施"无废城市"建设战略，建立健全政府、企业、社会组织和居民协同参与的城市废物防治体制机制，完善城市固体废物、垃圾处理设备设施配备，推进创新驱动减量化、再利用和再循环等理念在城市生产生活中落到实处，优化垃圾分类、再生资源回收制度，推进"城市矿产"的市场化开发，实现城市固体

---

① 陈少芳. 新型城镇化建设之交通发展浅析 [J]. 交通企业管理, 2015, 30 (5)：43-44.
② 黄军结. 贵州省新型城镇化与生态保护耦合研究 [D]. 贵阳：贵州财经大学, 2019.
③ 张立. 城市大气污染治理措施探析 [J]. 科技与创新, 2024, (1)：150-152.

废物的资源化和无害化处理。第四，将城市建设与湿地、森林、草地等生态系统的保护和修复相结合，提高生物多样性和生态系统的稳定性。

（二）绿色建筑

绿色建筑是城市可持续发展的重要手段，推广绿色建筑是现代城市治理的重要方向之一①。推进建筑材料的循环再利用，创建健康、节能、环保的建筑环境，是提升城市环境品质的重要途径。城市治理中的绿色建筑推广可以从以下四个方面入手。第一，政府通过颁布强制性的绿色建筑标准或论证体系，完善绿色建筑税收优惠、补贴或奖励措施，在城市公共商务娱乐区、居民生活住宅区、企业生产区等大力支持与推广绿色建筑。第二，构建由政府、行业协会、学界、企业、社会组织等多元主体参与的绿色建筑推广伙伴关系，协同各方在标准制定、行业监管、信息共享、资源整合等方面发力，推动绿色建筑的全面发展。第三，找准阻碍绿色建筑发展的产业、技术、金融、观念以及制度等各个方面的"肠梗堵"，整合利益相关方提供系统性解决方案。第四，通过提供培训课程、举办研讨会和工作坊等形式，积极推广与分享绿色建筑使用的成功案例和经验，协同新闻媒体，加大对绿色建筑的宣传力度，从而推进绿色城市的构建。

（三）生态修复

和谐稳定、功能健全的生态系统是城镇高质量发展的基础。为恢复和改善传统城市发展造成的生态系统破坏，近年来，国家大力推进城市生态修复和功能修补工作。在城市治理中，城市生态修复可以从以下五个方面展开。第一，将山水林田湖草沙一体化保护和系统治理纳入城市规划和设计之中，制定绿地用地限制、限度限密等政策，推进生态保护红线、环境质量底线、资源利用上线和生态环境准入清单等融入城市的资源开发、建筑设计、基础设施建设之中，确保生态保护区、生态服务区和休闲生活区、产业发展区等城市空间的合理利用。第二，在城市生态保护红线区和生态缓冲带，设置生态坡、生态墙等生态工程建设，保留生态安全距离。第三，在野生动植物集聚区因地制宜地建设城市绿色廊道，打造街心绿地、湿地和郊野公园。第四，合理地在道路交通两侧、住宅区、商业区、产业园区建设绿化带、绿道、公园和城市森林等生态景观，在满足城市居民生产生活休闲需求的同时，促进城市生态系统的保护与修复。第五，综

---

① 张俊星. 推行绿色建筑促进城镇化可持续发展 [J]. 新型城镇化, 2023, (12): 83-85.

合利用最新的大数据、物联网、互联网、环境遥感自动监测、环境生物监测等技术，建立健全环境监测和评估机制，加强对湿地、水体、山区等脆弱生态系统的实时监测和评估，及时发现生态问题，并实施保护与修复工作。

（四）环境教育与环保意识

环境教育与环保意识的培育是遏制环境污染、生态破坏的根本途径。城市治理中的环境教育与环保意识培育，可以从以下三个方面展开。第一，在学校教育中，注重生态环保项目，加强课程建设，将环保理念的相关知识融入各个学科的教学，使生态环保知识润物细无声地入学生脑、入学生心。第二，支持鼓励环保组织积极开展环保讲座、培训、研讨，以及项目开发等活动，鼓励新闻媒体制作环保纪录片、节目，广泛宣传环保知识、事迹、技巧等。第三，将循环经济、绿色生产等理念与技术植入企业生产的全生命周期，鼓励企业员工将环保技术落实到生产、生活中。第四，政府借助政策工具，设立环保奖励和处罚机制，引导企业、家庭、个人等积极参与环境保护等。

总之，环境与生态是城市治理的重要组成部分。通过环境保护、绿色建筑、生态修复和环境教育与意识的推动，可以保护和提高城市的环境质量，促进生态系统的恢复和可持续发展。

四、住房与地产

城市发展与房地产业发展是一种相辅相成的关系。城市发展催生了房地产的新市场和新机遇，房地产为城市的持续发展奠定了物质基础。现代城市治理中的住房与地产建设，旨在从住房政策、土地使用与规划、房地产市场和住房保障与福利等方面，探讨健康的房地产发展与高质量的城市发展之间的关系。

（一）住房政策

科学合理的公共住房政策能有效地提升城市发展潜力①。住房政策是保障人民居住权益的重要手段，城市治理中的住房政策该如何制定，可以从以下四个方面进行简要分析。第一，立足房地产就是"民生"的产业定位，统筹好新型城镇化战略、乡村振兴战略、房地产业发展、房地产市场

---

① 王德响，黄睿. 公共住房政策实施效果评估体系研究：以深圳为例［J］. 城市发展研究，2023，30（10）：19-23.

运行规律、土地管理与利用、产业发展，以及养老、医疗、教育、就业等社会政策来制定与实施，注重温饱型、改善型、享受型等多样化的住房产品，满足不同人群的住房需求。第二，站在国家产业安全、金融安全、经济安全的角度，制定合理的住房价格调控政策，保障房地产的健康发展。第三，注重住房租赁市场培育与建设，推动住房租赁的规范化和健康发展，提供租房选择的多样性。第四，针对低收入群体和特殊群体的住房需求，强化保障住房的建设与供给，确保他们的基本居住权益。

（二）土地使用与规划

城市治理首先是土地的治理。未来城市的治理，要求将土地资源科学合理利用与城市的有序发展相结合，在土地使用与规划上，可以从以下四个方面展开思考。第一，根据城市的中长期规划，城市发展的方向、用地结构和功能区划，引导城市向集约化、绿色化、智能化方向发展，确保土地供应利用与城市发展的需要相适应。第二，推动土地的混合利用与多功能开发，优化土地的集约利用结构，提高土地利用效率，减少土地浪费。第三，将城市规划、生态规划、产业发展规划相结合，促进产业与城市整合发展，推进三生空间互嵌共用，提升土地利用的社会、经济、生态效益。第四，建立土地使用的监管调控机制，确保土地使用的合法性和合理性，防止土地资源的滥用和乱占。

（三）房地产市场

房地产市场的健康发展是未来城市治理中必须解决好的重大问题[①]。未来城市治理中的房地产市场建设，可以从以下四个方面展开思考。第一，搭建中央与地方政府、金融机构、房地产行业协会、房地产企业、社会组织、房产专家等多元主体协同参与的房地产市场监管平台，整合土地供应、房地产开发、房地产交易、房地产金融、物业管理等各方的信息，全方位、全过程、多环节地对房地产市场进行监管。第二，加强房地产市场数据的收集、统计和分析，及时发现市场异常波动和风险隐患，制定有效政策和措施，维护市场秩序的稳定。第三，完善房地产经纪机构、开发商、房地产金融供给者等相关主体的监管机制，防止其为追逐个人利益、短期利益做出扰乱市场、不良竞争、内幕交易等行为。第四，全面推广"规建营"房地产市场发展理念，并将其植入房地产市场改革中，将房地

---

① 李克强. 在改革开放进程中深入实施扩大内需战略 [J]. 求是, 2012, (4): 3-10.

产开发、建设和经营与商业开发，健康、教育、医疗、养老、娱乐等公共服务供给相结合，创新房地产市场的业态和模式。

（四）住房保障与福利

住房保障与福利是保障人民居住权益的重要手段。"以人为本"为核心的城市治理，不仅要解决人们"住哪"的问题，还要解决人们"住好"的问题①。第一，根据城市发展的实际情况，将帮扶工作与住房保障工作相结合，根据低收入人群特点，有针对性地制定与完善保障性住房建设与管理、低收入家庭租/购房产的税收优惠/减免/补贴政策，解决好低收入群体的住房问题。第二，加大对低收入人群居住社区的公共服务、设施的供给力度，推进低收入居民的生活品质和幸福感提升。第三，政府应协同媒体、社会组织等加强对住房保障和福利政策的宣传和执行力度，确保政策的有效实施和效果的落地，为广大低收入人群提供更加公平、合理的住房保障服务，促进城市社会的和谐稳定和经济的可持续发展。

总之，住房与地产是城市治理的重要组成部分。通过住房政策、土地使用与规划、房地产市场和住房保障与福利的推动，可以为居民提供良好的住房条件和发展健康的房地产市场，满足人民对住房的需求，促进城市的可持续发展。

第四节　"文化与城市"协同视角下的城市治理

一、城市文化与身份

当我们提到巴黎，想到的是卢浮宫、圣母院、埃菲尔铁塔；提到维也纳，想到的是歌剧院；提到北京，想到的则是天安门、故宫、长城、颐和园……世界文化名城如中国的北京、英国的伦敦、法国的巴黎、意大利的罗马、埃及的开罗……这些城市的生命力、灵魂，城市的个性，城市的核心竞争力都源于其继承了绵延数百年，甚至数千年的独特而灿烂的文化②。何为文化？爱德华·泰勒在其著作《原始文化》中，将其定义为"包括知

---

① 王胜今，韩一丁. 东北地区城镇化的发展现状与路径探究 [J]. 东北师大学报（哲学社会科学版），2018（5）：92-99.

② 刘易斯·芒福德. 城市文化 [M]. 北京：中国建筑工业出版社，2009：1-2.

识、信仰、艺术、道德、法律、习俗和任何人作为一名社会成员而获得的能力和习惯在内的复杂整体"①。一个城市的历史，就是城市文明的延续史、文化的发展史。文化不是城市发展的累赘，而是城市繁荣和可持续发展的前提和基础。在关于城市与文化的关系中，马尔科姆·迈尔斯曾论述道，城市产生文化，文化再生产城市②。在未来城市的智慧治理中，注重城市文化遗产的保护，推进城市个性文化特征的挖掘，注重艺术、文化、创意产业的培育，是彰显城市个性、提升城市本质的核心和关键所在③。

（一）历史与文化遗产

文化是一个城市的精神、象征，历史遗迹与文化遗产是城市文化记忆的存储芯片，也是城市的血脉。保护城市历史遗迹与文化遗产，就是保护城市灵魂。全世界有很多国家、很多城市都有历史遗迹与文化遗产保护的传统，这也造就了今天丰富多彩、形态各异的城市历史文化。据了解，法国是最早开展城市文化遗产保护工作的欧洲国家之一。早在19世纪末，法国就发起了对城市街道、广场、城市肌理、建筑群、传统村落、农业景观、地标建筑等重要历史公共空间和构建的保护④。

在城市治理中，要以文化自卫、文化自信、文化自觉的心态，重视城市自然生态与历史人文各种文化形态的考古挖掘和记录，特别是要加强对城市肌理、城市重要街区（道）、革命文物、红色遗址、世界文化遗产、文物保护单位、考古遗址公园、历史建筑、文化景观、传统习俗等的挖掘和整理，并将其编制成册，进行立法保护。编制城市文化遗产开发、保护专项规划，将城市发展与城市历史文化遗产保护相结合，推动非物质文化遗产融入城市规划建设，鼓励城市建筑设计传承创新。重视对历史建筑、传统街区的修复和保护，增强城市的文化认同感和归属感，以独特的历史风貌，打造别具一格的城市文化品位。推动城市文化旅游融合发展，发展城市文化遗产旅游、文化博览、文化旅游演艺等。

（二）城市象征与标志

城市的象征与标志是城市的文化符号，代表着城市的特色和形象。塑

---

① 爱德华·泰勒. 原始文化 [M]. 南宁：广西师范大学出版社，2005：25.
② 马尔科姆·迈尔斯. 城市与文化 [M]. 北京：北京师范大学出版社，2019：3.
③ 魏后凯. 中国城市化转型与质量提升战略 [J]. 上海城市规划，2012，（4）：6-11.
④ 米歇尔·米绍. 法国城市规划40年 [M]. 北京：社会科学文献出版社，2007：1.

造文化形象、树立城市标志成为城市化进程中城市文明的形象工程①。在城市治理中，应协同政府文化管理部门、文化研究机构、文创企业、广大市民等，加强对不同时期的塔楼、城阁、碑刻、桥梁、街区、沟渠、公园、港口、学校、火车站、银行、图书馆等城市地标建筑，河流、山脉、森林等自然景观，以及古籍、文化符号、传统艺术元素、民间传说、文化节庆等城市象征和标志的整理、开发与利用。深入研究与挖掘这物质与非物质文化元素的内涵，结合现代的流行元素与时尚需求，设计、开发与推广既有历史文化厚重感，又有时代气息感的城市徽章、盾牌或其他装饰性、标志性的城市创意产品。

（三）文化多样性

城市是人们生活、工作和从事社会实践的"物质"场所②。城市的文化多样性是城市的宝贵财富，也是城市发展的重要动力。如北京、西安、伦敦、巴黎、柏林和维也纳等世界千年古城的复兴，不仅在于其传承千年的城市遗产，更在于其多民族、多地域、多行业的文化包容。因此，培育城市的持久生命力，塑造城市的多元文化，是城市治理的应有之义。创造力和文化多样性历来是城市发展的重要动因③。文化作为一项战略资产，在提升城市的包容性、创造力和可持续性方面显示出其独特魅力，尊重文化多样性、增强文化自信是新时期城市发展转型的重要方向之一④。从艺术中心、剧院、博物馆到影院和公共艺术等文化设施设计、建造，从农耕文明、城市工商业遗产的保护与瓦解到从各种文化活动的融合、交流，全世界的城市都试图改变自己的形象和经济，城市的内涵与文化品质都得到不同程度的增加。

（四）城市文化政策

300多年前，美国费城的市长威廉·宾曾说，"城市建设，不仅要有利于经济发展，也要有助于道德健康"。在他的设计下，费城变成一个绿色

① 季峰. 纪念碑、偶像、符号与公共艺术：各历史发展阶段中国城市雕塑反映的社会意识形态 [J]. 马克思主义美学研究，2009，12（1）：271-277.
② 金伯利·德法齐奥. 感性的城市 [M]. 北京：京师范大学出版社，2022：1.
③ 刘筱舒，周迪. 文化主导下英国城市更新的实践探索与启示 [J]. 经济地理，2022，42（6）：64-71.
④ 卢诚昊，朱碧瑶，韦秋燕，等. 江南水网地区空间设计方法：以青浦新城示范样板区为例 [J]. 城市规划学刊，2022，（S2）：155-160.

乡间城市①。为解决城市"道德"问题，就必须进行政策干预。为解决文化保护与传承的资金短缺问题，2014 年意大利出台"艺术补贴"②。为了解决"文化沙漠"问题，深圳开启 40 多年的城市文化创新改革，造就了今天世界科创之都——深圳的奇迹③。在城市治理中，推进城市文化建设，培育多样化的城市文化，提升人们的文化素养，可以从以下方面展开制度建设：一是将城市文化建设植入城市规划中，如在城市文化广场、主题公园、娱乐中心、图书馆、博物馆、重要标志性建筑设施的设计与建设上，可突出城市的自然和历史文化特点。二是完善城市文化保护政策措施，确保城市规划与建设中关注历史建筑、古迹、民俗文化等城市文化遗产的保护与传承。三是结合城市文化特点，培育和发展文化娱乐、影视、出版、旅游等文化产业，推进城市社会经济发展与文化繁荣的互动。四是将城市居民文化遗产保护意识培养，文化鉴赏、文化创新知识与能力培育纳入不同层次教育体系，提升市民的文化素养，重视城市艺术家、文化学者、文化产业人才引进与培育工作等。

总之，城市文化与身份是未来城市治理的重要组成内容。管理者通过注重城市的历史与文化遗产、打造城市的象征与标志、保护和发展城市的文化多样性，以及制定和实施城市文化政策，可以提升城市的文化认同感和归属感，丰富城市的文化内涵，促进城市的可持续发展。

二、生活方式与消费模式

（一）休闲与娱乐

正如赖特·米尔斯所说："我们这个时代的危机，已经不再局限于经济这个外部领域，现在成了与个人生活质量有关的问题……，人们关注的焦点不再是贫困，而是大众休闲④。"随着城镇物质文化的日益丰富，人们的精神文化、休闲娱乐需求也随之不断提升。城市规划的先锋派也致力于推广"生活、工作、空闲时的休闲及运动"等城市设计的四个主要功能，

---

① 傅绍万. 城市与文化 [M]. 北京：商务印书馆，2014：23.

② 邹统钎. 文化强国的科学内涵与路径探索 [J]. 人民论坛·学术前沿，2023，（22）：86-95.

③ 陈文，谷志军. 奇迹城市：深圳城市治理 40 年 [M]. 上海：上海交通大学出版社，2019：117-140.

④ C. 赖特·米尔斯. 社会学的想象力 [M]. 李康，译. 北京：北京师范大学出版社，2017：14-15.

同时也在试图将这些功能与地理景观相融合①。可见，休闲与娱乐在城市治理中的重要性。城市休闲与娱乐场所的建设是提升城市文化品质的重要举措。在未来城市的治理中，管理者应该根据居民的需求，合理规划与提供影剧院、录像厅、礼堂等演出、放映场所，酒吧、舞厅、卡拉OK厅等歌舞娱乐场所，具有娱乐功能的音乐茶座和餐饮场所，儿童乐园、游艺、娱乐场所，保龄球馆、台球馆、旱冰场、桑拿浴室等营业性健身、休闲场所，以及公园、文化广场、青少年宫、博物馆、图书馆、城市书房等，打造绿色、舒适、多功能的公共休闲娱乐空间。另外，管理者还应结合城市传统，在特殊的节假日，举办一些演唱会、音乐会、读书会，歌剧、戏曲、相声等艺术表演，露天电影、体育比赛等各类主题突出的品牌文化活动，绘制城市居民的休闲娱乐图景，吸引外来人员的参与和观赏，提升城市文化软实力②。通过丰富多样的休闲与娱乐活动，各城市可以提升居民的生活质量，增强城市的吸引力和竞争力③。

（二）消费行为

城镇化本身就是一种消费模式，也是新的社会欲望和需求的生产者④。不同的城镇化发展模式，会造就不同的居民消费水平、消费方式、消费内容和消费效果⑤，居民的消费行为反过来又是城市发展的重要驱动力⑥。在未来城市的智慧治理中，应该通过建立与完善一些制度机制，注重对城市居民良好的消费行为的培育和引导。例如，在绿色消费上，引导居民在选购生产、生活物品和服务时，尽可能地选择生态效益高、经济实惠、修旧利废，以及可以实现资源重复利用、环保、可持续发展的产品和服务，减少资源浪费和环境污染。在健康消费上，引导和培育居民尽可能选择健

---

① 托马斯·豪克，雷吉娜·凯勒，沃尔克·克莱因科特. 基础设施城镇化 [M]. 武汉：华中科技大学出版社，2016：5.

② 徐宁，田茜. 夜间经济的理论研究与运营推广路径 [J]. 企业经济，2021，40（6）：95-102.

③ 黄燕华. "空间也是金钱"：日常生活实践中的空间生产与消费：基于对酒吧经营与消费的调查 [J]. 学海，2023，（6）：22-32，1.

④ 牛子牛. 当代西方马克思主义的金融化批判：金融资本的时间化与货币增殖的极致化 [J]. 世界哲学，2023，（5）：35-43，160.

⑤ 李慧，杨先宇. 新发展格局下江苏居民消费区域协调发展研究 [J]. 上海城市管理，2023，32（5）：36-42.

⑥ 简新华，黄锟. 中国城镇化水平和速度的实证分析与前景预测 [J]. 经济研究，2010，45（3）：28-39.

康、安全、绿色的商品、服务和生活方式，关注个人健康和生活质量的提高，关注自然生态和城市的可持续发展。在文化消费上，引导和培育居民购买和参与更加高雅、富有内涵的文化产品和活动，以满足居民的精神需求和文化追求。在可持续消费上，通过推广环保产品、倡导低碳生活、提供可持续服务等方式，引导居民进行可持续消费。在创新消费上，通过支持新创企业、打造创新平台、推动数字经济发展等方式，尽可能为居民提供新颖、个性化的产品和服务，满足消费者多样化的需求。

（三）城市时尚

城市时尚是城市文化的重要组成部分，也是城市形象的重要体现。在城市化发展的不同历史阶段，城市的时尚物品、生活方式，以及消费观念都是不同的[①]。国家非常重视城市时尚的发展，早在 2019 年，商务部联合 14 个部门印发了《关于培育建设国际消费中心城市的指导意见》（以下简称《意见》）。《意见》中明确指出，培育建设国际消费中心城市的重点任务在于聚集优质消费资源、建设新型消费商圈、推动消费融合创新、打造消费时尚风向标、加强消费环境建设以及完善消费促进机制。

在未来城市的智慧治理中，城市应该聚焦新消费、新趋势、新热点，通过支持时尚企业、打造时尚园区、举办时尚展览等方式，将时装、配饰、美容、设计等重要时尚领域与文化旅游、城市非遗、文艺展演相结合，充分利用人工智能、大数据等科学技术，优化时尚设计、时尚制造、时尚销售等全产业链链路，促进时尚产业的发展。城市建设还可借助地区文化资源，通过举办时装周、时尚展览、设计大赛等活动，吸引时尚界人士和消费者参与，展示城市时尚魅力和吸引力。各市可通过打造本土时尚品牌、引进国际时尚品牌等方式，提升城市的时尚形象和知名度。

（四）文化消费

文化消费是城市居民生活的重要方面，也是促进城市发展的新动能。由于经济发展与物质文化水平差异，传统的城市建设过于重视物质类的商品服务的消费，从而造成城市建设者对精神文化类公共基础设施的供给和文创产品生产不足。随着我国步入新时代，物质财富的积累已经达到一定程度，城市社会的主要矛盾已转变为人民日益增长的美好生活需要和不平衡不充分的发展之间的矛盾。多样化的文化供给成为未来城市治理必须要

---

① 王兴文，赵一霖. 物象铺陈，空间测绘与城市抒情：当代小说城市书写的认知模式考察 [J]. 青海民族大学学报（社会科学版），2023, 49（4）：147-152.

重点考虑的内容。政府应该结合城市规划合理布局图书馆、博物馆、文化馆（站）、美术馆、科技馆、纪念馆、体育场馆、艺术馆、文化宫、青少年宫、妇女儿童活动中心、老年人活动中心、文化街区等基础设施，协同社区、学校以及其他社会机构，依托这些基础设施积极开展音乐、舞蹈、戏剧等文艺汇演，时装、绘画、书法、摄影等展览，马拉松、球类、田径等各类体育竞技赛，以及趣味性的街头文化活动等，宣传各类绿色、健康、高雅的文化，提供各种丰富文化产品与服务，激发居民的文化消费。

总之，生活方式与消费模式是城市治理的重要内容。通过注重休闲与娱乐、培育良好的消费行为、引领城市时尚以及提供多样化的文化消费，可以提升城市居民的生活质量，丰富城市的文化内涵，促进城市的可持续发展和人民的幸福生活。

三、艺术与创意产业

艺术与创意产业是一个具有"人性化"特点的经济形式，是一个可以连接人与人感受、爱和心灵的产业，是一个将冰冷的物与人的炽热的心灵相连接的桥梁。正如意大利商会联合会主席 Andrea Prete 所说"文化和创意产业系统越来越成为一个能够大幅促进其他经济领域发展的集合体"①，因此，近来深受人们的广泛关注。在未来城市的治理中，应以文化产业和创意产业为引擎，全面提升城市软实力城市文化产业的繁荣，对提高居民生活品质、提高社会凝聚力和增强城市吸引力具有关键性作用②。

（一）文化产业

城市文化是城市经济发展的原动力，文化产业是一些城市经济发展的支柱性产业③。文化产业的发展一方面能促进城市经济的增长和就业的增加，另一方面可以丰富城市居民的文化生活，它是一个具有多元价值的产业。纵观世界城市史，许多城市的繁荣都源于对该城市的文化产业发展定位。如秘鲁的美食之城利马利，约旦的手工艺和民间艺术之城马达巴，刚

① 留意风向标. 2022 年意大利文化产业总产值达到 2 720 亿欧元（占经济总量的 16%）[EB/OL].（2023-07-29）[2024-04-29].https://mp.weixin.qq.com/s? __biz=MzA5MTA5MTIwOA===&mid=2247544279&idx=1&sn=10fa97f36668108c0988a6bd14cc37da.

② 庄德林，杨颖. 城市软实力建设热潮下的冷思考 [J]. 云南社会科学，2010，（2）：96-101.

③ 褚金红，褚天昊. 融媒体时代城市文化传播中工匠精神培育机制研究：以连云港市为例 [J]. 新闻研究导刊，2022，13（13）：72-74.

果民主共和国的音乐创意之城布拉柴维尔，法国的文学创意之城昂古莱姆发展漫画产业，日本的创意设计之都神户等，都因其独特的文化产业发展定位，使之闻名于全球。① 在未来城市的治理中，不同城市应根据文化产业的不同层次（见图5-1），通过提供良好的文化产业创业环境和政策支持，设立专门的文创产业园，强化文化创意企业及人才的引进与培育，积极开展一些文化创意展览，推进全民参与、全域联动的文创产业发展机制建设，因地制宜，打造具有自身特色和竞争力的文化产业品牌。

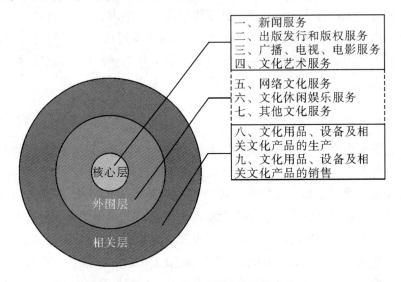

一、新闻服务
二、出版发行和版权服务
三、广播、电视、电影服务
四、文化艺术服务

五、网络文化服务
六、文化休闲娱乐服务
七、其他文化服务

八、文化用品、设备及相关文化产品的生产
九、文化用品、设备及相关文化产品的销售

核心层
外围层
相关层

图5-1 文化产业的三个层次②

（二）艺术节与展览

艺术节与展览是城市文化活动的重要形式，是城市精神、城市艺术创作和文化魅力的展示窗口。正如网友"魔都小v"所说，了解一座城市，文艺是最诗意的方式；爱上一个城市（国家），艺术是最浪漫的理由。如爱丁堡国际艺穗节、雅典和埃皮扎夫罗斯艺术节、TOP国际艺术节、圣保罗国际表演艺术节、维也纳艺术节、柏林艺术节、美国林肯中心艺术节、法国巴黎秋日艺术节、新加坡艺术节、中国香港艺术节等都是该城市著名的名片，也是该城市的象征。在未来城市的治理中，城市的艺术节与展览

---

① 屠启宇，苏宁，陶希东，等. 国际城市蓝皮书：国际城市发展报告 [M]. 北京：社会科学文献出版社，2022：226.

② 王晖. 新型城填化与文化发展 [M]. 广州：广东经济出版社，2014：16.

不容小视。管理者应该结合本城市的文化底蕴，合理开发一些如音乐节、电影节、艺术展览等活动，通过丰富多样的文化活动，促进文化交流与合作，提升城市的文化品质和吸引力。

（三）创意设计

英国是世界上最早提出"创意产业"，并重视创意产业发展的国家，创意产业在 2017 年的产值达 1 025 亿英镑。早在 1998 年，布莱尔政府就制定发布了《英国创意产业路径文件》，该文件对创意产业进行了定义和分类（见表 5-2）。创意产业，指"那些从个人的创造力、技能和天分中获取发动力的企业，以及那些通过对知识产权的开发可创造潜在财富和就业机会的活动。"①

表 5-2　英国创意产业分类

创意产业类别	英国标准产业分类编码	产业活动描述
广告	74. 40	广告
建筑	74. 20	建筑与工程活动及有关技术咨询
艺术品及古玩市场	52. 48 52. 50/1 52. 63	其他专门店内新品零售（部分） 含古书籍在内的古玩等店铺零售（部分） 其他非店铺零售
工艺品	52. 48/9	其他未分类的专门店铺零售（部分）
设计	74. 20/4	工程设计及设计活动（部分）
时装设计	—	—
电影与录像	22. 32 74. 81 92. 11 92. 12 92. 13	录影带复制 摄影活动（部分） 电影及录影带制作 电影及录影带发行 电影放映
互动休闲软件	—	—
音乐	22. 14 22. 31	录音出版 录音复制（部分）

① 王晖. 新型城镇化与文化发展［M］. 广州：广东经济出版社，2014：20-25.

表5-2(续)

创意产业类别	英国标准产业分类编码	产业活动描述
表演艺术	92.31 92.34 47 92.72	艺术、文学创作及口译 其他娱乐活动（部分） 其他休闲活动（部分）
出版	22.11 22.12 22.13 22.14 22.15	书籍出版 报纸出版 期刊出版 声音录制出版 其他出版（部分）
软件及电脑服务	22.33 72.2	电脑媒体复制（部分） 软件咨询与供应
电视与广播	92.2	电台及电视活动

创新设计是一个城市持久创新发展的动力和源泉。为表彰一些城市在促进当地创新文化发展上所做的努力及取得的成效，2004年，联合国教科文组织创立"联合国全球创意城市网络"。目前，全球有20多个城市获得"创意之都"称号，其中就有中国的深圳、上海、北京、重庆、武汉和香港等城市。这一获誉为相关城市吸引大批优秀的设计师和创意人才，提升了城市的形象和品牌，为促进该城市的创新设计教育和创意产业发展奠定了重要基础[①]。

（四）品牌与营销

城市品牌是城市的无形资产。城市品牌不是凭空产生的，而是城市的利益相关者（见图5-2）通过对城市历史角色、文化底蕴、人文风情、地理特征、产业优势、经济实力、发展前景等诸要素进行综合、概括、抽象、比较、筛选等，形成的一种城市综合价值的体现[②]。在未来城市的治理中，实施城市的品牌化战略和营销战略，已成为推进城镇实现高质量发展、增强城市核心竞争力的关键。也就是说，未来城市治理应以城市的高质量发展为目的，围绕城市主体，塑造城市品牌形象，挖掘城市品牌定位，实施城市"名片"工程，推进城市品牌的整合式传播，多方面和多角度地探索、拓展城市

---

① 厉无畏，王慧敏. 创意产业促进经济增长方式转变：机理·模式·路径 [J]. 中国工业经济，2006，（11）：5-13.

② 李成勋. 城市品牌定位初探 [J]. 市场经济研究，2003（4）：8-10.

发展的内容、内涵，从而不断提升城市的知名度和竞争力。

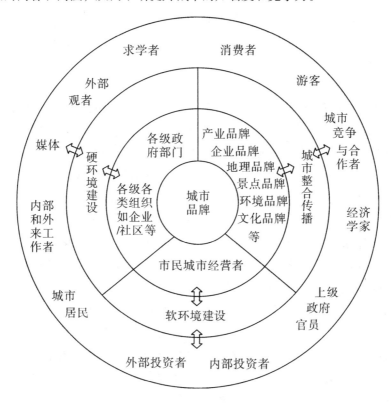

图 5-2　基于内部品牌和利益相关者的城市品牌关系框架

　　总之，艺术与创意产业是未来城市治理中的重要内容。通过培育和支持文化产业、举办艺术节与展览、推动创意设计文化、打造品牌与营销，可以促进城市文化的繁荣和经济的发展。城市应该注重文化与经济的融合，通过文化产业的发展，推动城市的可持续发展和人民的幸福生活。通过不断创新和提升，城市可以成为具有丰富文化内涵和创意活力的现代化城市。

四、教育与人才

　　城市发展不仅仅是城市人口数量的增加和城市规模的扩大，更重要的是城市人口素质的提升和城乡人口结构的优化。在城市人口素质的提升过程中，教育起到了关键性作用。未来城市的智慧治理过程，就是优化教育资源的合理配置，推进社会与教育不平等问题的化解过程；就是加强城市发展所需的各类人才引进与培养，为城市向更加智能化、绿色化、人性化发展提供人才保障的过程；就是深化学术研究与交流，推动城市的科技创新、文化创新和社会治理创新，为城市的可持续发展提供强有力的智力保障的过程。

（一）教育资源

传统的城市治理使优质教育资源在城乡间、区域间供给不平衡，高等教育、职业教育、基础教育等教育结构与城市社会经济发展需求上的失衡，这直接影响到人口素质提升、产业发展、社会和谐稳定、城乡一体化发展以及国民教育公平等问题。在未来城市的治理中，应该将优质的教育资源供给与分配问题置于重要位置。立足人口分布与结构发展特点，统筹推进教育管理制度法治，教育发展建设规划、教育资源与经费投入、教育教学设施供给等实现城乡一体化、区域一体化、学段一体化，确保每个区域、每个学校、每个师生都能享受到平等、优质的教育。借助互联网、云计算等信息技术，统筹建设教育信息化平台，推进数字化教育资源在区域、城乡、学校间的共享，为学生提供更加便捷、高效的学习方式。积极引导和鼓励企业、社会组织和个人向薄弱的学校、地区捐赠教育资源，兴办教育机构，补充多层次、多元化的教育资源需求。推动城乡、地区、学校之间教育资源的合作和交流，鼓励优秀师资向郊区、农村、薄弱学校流动，缩小城乡、地区、学校间的教育差距。

（二）人才吸引与培养

人才是城市发展的核心竞争力。在未来城市的治理中，根据城市社会经济文化各领域发展需求，协同政府、企业、高校及科研院所等人才需求单位，建立健全人才库体系，一方面，对被纳入人才库的人才提供更好的职业保障、发展机会和福利待遇；另一方面，结合重点产业、领域、学科及项目需求，有针对性地推出各种人才引进与培养计划，协同解决好存量人才与增量人才的问题。实施"以人才为中心"的战略，创新人才吸引、培养、使用、评价、流动和激励机制，形成用事业吸引人才、用项目培养人才、用能力评价人才、用岗位选择人才、用贡献激励人才、用待遇留住人才①，营造全社会爱才、惜才、尊才、护才、用才的浓厚氛围②。汇聚企业、高校和科研院所等创新资源，挖掘优质岗位的供给，大力实施引智工程，通过举办商业企划比赛、人才招徕行动等举措发起人才吸引、培育和企业孵化战略③，进而为城市发展提供源源不断的智力保障。

（三）学术研究与交流

未来城市治理的一个重要推动力是科技创新，而科技创新则需要有一个浓郁的学术研究氛围和自由而广泛的学术交流。随着城市治理的深入推进，城市不仅成为社会经济文化发展的重要载体，更成为各种创新要素的主要聚集地④。为推进城镇的高质量发展，创新型城市建设已成为一个必要的战略选项⑤。将创新型城市建设与城市产业优化结构升级，城市发展新业态的培育，城市创新潜力的挖掘，浓厚学术交流氛围的营造相结合，从而推进人才要素、技术要素、资金要素等向城市集聚。通过对城市化发展相关问题进行深入研究，以便为未来城市的建设提供理论指导和政策支持。通过搭建广泛的学术交流平台，推进学术界与政府、行业、企业协同，促进城市化建设的知识共享与经验借鉴。

（四）社会与教育不平等

传统的城市发展模式不仅未能消除或减少社会不公，相反可能给社会带来更为深刻的贫富分化和社会冲突⑥。在未来城市的治理中，应该秉持习近平总书记提出的"人民城市人民建、人民城市为人民"⑦的理念，将化解社会与教育的不平等作为中心任务来抓。城市发展，应该在立足法制、规划、资源、经费、设施等在城镇、区域、学段间统筹的情况下，加大对农村地区、城市郊区、残疾人、贫困家庭等弱势群体的教育机会和教

① 《当代贵州城市发展》编委会. 当代贵州城市发展［M］. 北京：当代中国出版社，2013：166.

② 陈时然. 营造敬才爱才良好氛围，丹灶致力打造人才集聚"新高地". 珠江时报［EB/OL］.（2022-09-27）［2024-03-27］. https://www.sohu.com/a/588508394_121123863.

③ 聂晶鑫，刘合林. 中国人才流动的地域模式及空间分布格局研究［J］. 地理科学，2018，38（12）：1979-1987.

④ 巫细波，杨再高. 智慧城市理念与未来城市发展［J］. 城市发展研究，2010，17（11）：56-60，40.

⑤ 赵亚南，方炜. 创新型城市试点政策对城市高质量发展的影响［J］. 统计与决策，2023，39（22）：178-182.

⑥ 陈映芳. 城市中国的逻辑［M］. 上海：上海生活·读书·新知三联书店，2012：31-35.

⑦ 习近平. 在浦东开发开放30周年庆祝大会上的讲话［N］. 人民日报，2019-11-13（02）.

育资源的支持力度，逐步化解城市治理中的社会与教育的不平等问题。加强在线教育、虚拟现实、人工智能等现代教育技术的应用，鼓励学校和教育机构针对不同学生的学习需求和兴趣，开发多样化的教学内容和方法，支持与鼓励教师因材施教、因人施教创新教育教学方法，培养不同学生的学习创造力和批判性思维。加强家校社（家庭、学校、社区）共育机制的建设，鼓励家长积极参与孩子的全教育过程，支持社区合理利用社会资源拓展学生的实践教育，推进家庭、学校与社会教育的无缝衔接，实现人的全面发展和社会的可持续发展。

总之，教育与人才是城市治理中的重要方面。城市应该注重提供优质的教育资源，吸引和培养高素质的人才，推动学术研究与交流，解决社会与教育不平等问题。通过教育与人才的发展，城市可以实现经济的创新和发展，提升城市的竞争力和影响力。

第六章　城市智慧治理中的数字技术及其应用

当今世界，物联网、5G、云计算、大数据、数字孪生、人工智能、区块链等数字技术犹如一股不可遏制的洪流，正深刻重塑城市治理的格局与内涵。其中，物联网技术则宛如城市的感知神经，通过遍布各处的传感器与设备，实现了物理世界与数字世界的无缝链接，为城市治理带来了全新的感知维度。5G技术，这条未来城市智慧治理的高速血脉，以其低延迟、高带宽、广连接的特点，彻底改变了城市信息传输的速度与质量。云计算，这座未来城市智慧治理的智慧大脑，凭借其弹性计算、资源共享的优势，支撑着城市治理的大规模运算与数据处理需求。大数据，这个未来城市智慧治理的源头活水角色，以其海量、异构、高速等特点，为城市治理提供了前所未有的洞察力。数字孪生，作为未来城市智慧治理的虚拟镜像，借助于高级仿真与建模技术，构建了与实体城市一一对应的数字映射，从而为城市规划、应急响应、能耗管理等提供了直观、精准的决策支持。人工智能，这座未来城市智慧治理的决策中枢，以其模仿人脑认知模式的能力，为城市治理提供了智能分析、预测建模的强大工具箱。区块链技术，这块未来城市智慧治理的信任基石，以其去中心化、加密安全的特性，为城市治理注入了可信、透明的新血液。以上七大数字技术不仅各自在城市智慧治理中发挥着不可或缺的作用，而且它们之间相互交融、协同增效的趋势日益明显，共同勾勒出一幅幅生动鲜活的未来城市治理画卷。在这个画卷中，数据流动畅通无阻，万物互联无所不在，决策智慧无所不能，信任根基坚不可摧，为我们描绘了一个既充满科技魅力又兼具人文关怀的理想城市景象。

第一节 物联网：未来城市智慧治理的感知神经

一、物联网概述

物联网（internet of things，IoT）的概念构想，最早由美国麻省理工学院（MIT）的自动识别中心提出。随着技术和应用的发展，2005 年，国际电信联盟（ITU）在信息社会世界峰会（WSIS）上正式确定"物联网"的概念、特征及相关技术标准等①。但是，各界对物联网的定义至今仍没有统一。本书所说的物联网，特指广义上的物联网，是指将各种物理设备、传感器、软件和网络连接起来，将一切事物数字化、网络化，在物品之间、物品与人之间、人与现实环境之间实现高效的信息交互，并最终实现信息空间与物理空间的深度融合和智能控制②（见图 6-1）。简单来讲，就是物物相连的互联网③。

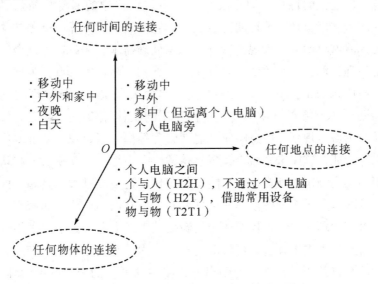

任何时间的连接

·移动中　　　·移动中
·户外和家中　·户外
·夜晚　　　　·家中（但远离个人电脑）
·白天　　　　·个人电脑旁

任何地点的连接

·个人电脑之间
·个与人（H2H），不通过个人电脑
·人与物（H2T），借助常用设备
·物与物（T2T1）

任何物体的连接

图 6-1　物联网中的连接维度

① International Telecommunication Union. Internet reports 2005：The internet of things ［R］. Geneva：ITU，2005.

② 孙其博，刘杰，黎羴，等. 物联网：概念、架构与关键技术研究综述 ［J］. 北京邮电大学学报，2010，33（3）：1-9.

③ 李三希. 数字经济概论 ［M］. 北京：中国人民大学出版社，2023：5.

物联网的定义虽然尚未统一，但学者普遍认为它包含以下特征：一是全面感知，即通过广泛部署传感器、RFID、二维码等"感官系统"，使城市犹如拥有了"千里眼"和"顺风耳"，得以实现对自身全方位、全过程、无盲区的实时监控与数据采集。通过对这些海量数据的深入分析，我们能够洞察城市运行的深层规律，预测潜在风险，并提前采取预防措施，显著提升城市治理的主动性和预见性。二是可靠传送，即通过建立完备的网络基础设施，制定统一的通信标准和协议，运用端到端的数据加密与安全技术，设计网络冗余机制，以及采用低功耗广域网技术（LPWAN）等先进技术，将各感知节点互联互通，确保城市数据、信息的高速、高效传输与共享。此举不仅提升了信息传递的效率，更为跨部门、跨领域的信息共享及城市一体化、协同化治理创造了条件。三是智能处理，即采用云计算、大数据、人工智能等前沿技术对庞大的城市数据和信息进行深度分析与智能处理，相当于为城市构筑了一个智慧"大脑"。这不仅提升了决策的科学性和精准度，还为城市治理提供了智能化解决方案。

二、城市治理中的物联网技术运用

物联网技术作为城市治理的"感知器官"，为城市治理提供实时、全面的感知能力。它基于感知层、网络层和应用层等三个核心技术框架，共同构成了城市治理的神经网络。

1. 感知层：城市治理的触角

感知层作为物联网的基础，专注于信息的采集与识别。它对遍布城市各处的温度、湿度、声音、压力等传感器进行实时监测，并发出预警。RFID 技术在交通管理、垃圾分类、公共安全及资产管理中的应用，实现了对特定对象的数据追踪与分析。在人员、车辆密集区域安装的摄像头与智能监控设备，可收集交通流量、行为模式及安全状况等数据。相关工具、设备、技术的综合应用，使得万物之间能够无缝沟通、互动与协作，从而构建了一个万物互联的城市治理新世界。物联网感知层技术的进步，如智能传感器的环境监测与预警、智能摄像头的人脸识别与行为侦测、智能穿戴设备的健康数据追踪，为城市治理提供了精确丰富的数据支持。

2. 网络层：城市治理的沟通纽带

网络层承载了信息传递与路由功能，它连接感知层与应用层，确保数据的即时传输与处理。这一层次的关键在于通过使用无线网络、有线网络、移动网络等技术构建一个全方位、稳定、高效、安全的信息通信网络。无线网络技术如 Wi-Fi、蓝牙、Zigbee 等，适用于短距离、低功耗的设备连接。有线网络如以太网，提供了稳定、高速的数据传输通道。移动网络如 4G、5G 等，则为物联网设备的广泛接入和移动性提供了支持。边缘计算与云计算技术的应用，增强了网络层的技术实力，促进了城市治理的协同与效率。

3. 应用层：城市治理的智慧中枢

作为物联网的顶端，应用层负责信息的处理与应用。它通过数据分析、决策制定与服务应用，将原始数据转化为实际政策与行动。数据分析技术会挖掘和分析来自感知层与网络层的海量数据，并提炼关键信息，再依据分析结果，制定相应策略与措施。服务应用则将在交通、安全等城市治理领域实现物联网技术的实际价值，推动智能化治理与政策制定。

第二节　5G：未来城市智慧治理的高速血脉

一、5G 概述

移动通信技术的演进，从最初的 1G 时代发展至今，已经历了数十年的变迁。在这一漫长的历史长河中，2G、3G、4G 技术相继涌现，它们各自以不同的特性和优势引领着通信技术的进步（见表 6-1）。随着 5G 技术的成熟与推出，它以其惊人的高速率、低延迟以及海量连接的能力，为物联网、智能交通等领域的创新应用开辟了广阔的网络空间。这些新技术的出现不仅加速了社会的数字化转型进程，也对城市治理提出了新的挑战与要求。

表 6-1　移动通信技术的多元比较

通信技术	产生背景	技术基础	存在问题	技术特点	关键的技术创新	运用场景
1G	20世纪70年代末至80年代初，满足移动通信初步需求	基于模拟信号传输技术，主要采用频分多址（FDMA）	通话质量差；系统容量有限；安全性较低，易受监听	模拟语音传输；有限的频谱效率	模拟信号传输：进行语音通信。频分多址（FDMA）：多用户在同一频段通信	主要用基本的语音通话服务
2G	20世纪90年代初，数字技术发展，提供更高质量通信服务	采用数字信号传输，主要技术包括时分多址（TDMA）和码分多址（CDMA）	数据传输速度较慢；网络覆盖和服务质量不均衡	数字语音传输；支持短信（SMS）服务；提高频谱效率和通话质量	数字信号传输：提高通话质量和安全性。时分多址（TDMA）：多用户不同时间共享频率。码分多址（CDMA）：用编码区分通信信号	支持语音通话、短信、彩信等基本数据服务
3G	21世纪初，互联网的普及和移动设备的多样化推动了3G技术的发展	基于宽带码分多址（WCDMA）等技术，提供更高的数据传输速率	初期部署成本高；网络覆盖不全面	支持高速数据传输；多媒体服务和移动互联网接入	宽带码分多址（WCDMA）：支持更高的数据传输速率，提供移动互联网接入。多输入多输出（MIMO）技术：使用多个发射和接收天线来提高数据吞吐量和信号质量。分组交换：优化数据传输，支持实时视频通话和移动互联网服务	视频通话、移动互联网服务、在线游戏等
4G	随着智能手机的普及和移动互联网的快速发展，4G技术应运而生	基于长期演进（long term evolution，LTE）技术，提供更高的数据传输速率和更低的延迟	在高用户密度区域可能存在网络拥堵；技术更新换代带来的成本问题	高速数据传输；支持高清视频流和大规模物联网部署	长期演进（LTE）：提供更高的数据传输速率和更低的延迟。正交频分多址（OFDMA）：提高了频谱效率和网络容量。软件定义网络（SDN）：允许更灵活的网络配置和流量管理	高清视频流、在线游戏、移动支付、智慧城市等

表6-1(续)

通信技术	产生背景	技术基础	存在问题	技术特点	关键的技术创新	运用场景
5G	为满足日益增长的数据需求、实现物联网的广泛应用和支持新兴技术如自动驾驶等，5G技术应运而生	采用毫米波通信、大规模多输入多输出（MIMO）、网络切片等技术	技术标准尚未完全统一；部署成本高昂，需要大规模基础设施更新	超高速数据传输；极低时延；支持大规模设备连接	毫米波（millimeter wave，MMW）：使用更高的频率带来更高的数据传输速率和更低的延迟。 大规模MIMO：使用大量天线阵列，显著提高数据吞吐量和网络容量。 网络切片：允许在同一物理网络上创建多个虚拟网络，以满足不同服务需求。 边缘计算：将数据处理和分析推向网络边缘，减少延迟。 服务化架构（service-based architecture，SBA）：提供更灵活的服务部署和网络功能	自动驾驶汽车、智能制造、远程医疗、虚拟现实、智慧城市等

资料来源：作者根据公开资料整理而得。

二、5G 的特点

相比于之前的移动通信技术，5G 具有高速率、大容量、低时延、高可靠的特点（见图 6-2）。

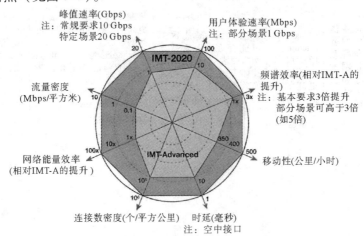

图 6-2　5G 与 4G 关键能力对比

资料来源：中国信息通信研究院. 5G 经济社会影响白皮书［R］. 2017：2.

1. 高速率

相较于 4G 网络，5G 通信提供了更高的数据传输速率，用户体验平均数据速率至少为 100 Mbps，峰值速率为 10 Gbps，特定场景峰值速率为 20 Gbps。这一点对于智慧城市的数据密集型应用尤为重要，如虚拟现实（VR）、增强现实（AR）以及超高清视频流等，都需要高速稳定的数据传输支持。

2. 大容量

5G 网络具有极大的容量，能够支持大量设备同时连接，满足智慧城市中对多终端接入的需求。5G 网络的流量密度为 1Mbps/平方米，远远超过了 4G 网络的能力。连接数密度更达到每平方千米 100 万个设备，网络能量效率为 100x。这种大规模的应用场景，尤其是在智能交通、智慧能源、智慧医疗等领域，能够显著提高系统的响应速度和服务质量①。

3. 低时延

相较于 4G，5G 网络具有极低的时延性，空中接口时延降至 1 毫秒，端到端的时延也可降低到几毫秒。在智慧城市中，5G 网络已普遍应用于实时监控、交通调度、紧急救援等应用依赖于低时延的通信，以便迅速做出反应。

4. 高可靠

5G 网络的可靠性是其另一个显著优势。由于采用了新的技术，如 Massive MIMO 技术，5G 网络能够实现更高层次的网络优化，确保数据的准确传输和网络的稳定性，如移动性为 500 千米/小时，5G 的频谱效率为 3 倍于 4G，部分场景可高于 3 倍，如 5 倍。

三、5G 的网络架构与核心技术

（一）5G 的网络架构

5G 的网络架构延续了 4G 的特点，包括接入网、核心网和上层应用（见图 6-3）。其中手机终端通过接入网（无线信号塔）与核心网相连，而核心网则负责处理和管理所有业务。核心网在物理基础设施与虚拟基础设施的支撑下，在边缘计算、网络切片等技术的加持下，优化了信令与数据传输。在核心网中，集成的是面向运用端的能力开放平台，该平台为增强

---

① 贾路颖. 5G 在智慧城市建设中的探索及应用 [J]. 长江信息通信, 2021, 34 (5): 208-210.

移动宽带（eMBB）、海量机器类通信（mMTC）和低时延高可靠通信（uRLLC）等业务提供支持。此外，在整个通信中，有一个控制管理功能模块，用于管理和监控整个网络的运行情况。

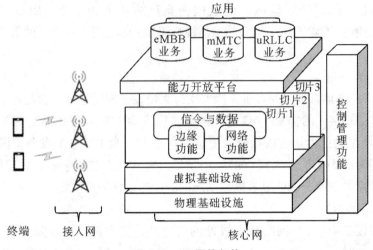

图 6-3　5G 网络架构

资料来源：中国信息通信研究院，IMT-2020（5G）推进组. 5G 安全报告〔R〕. 北京：中国信息通信研究院，2020：8.

（二）5G 采用的核心技术

有别于 4G 网络，5G 通信技术的创新点非常多，但其核心技术主要是服务化架构（service-based architecture，SBA）、网络功能虚拟化（network functions virtualization，NFV）、网络切片（network slicing）、边缘计算（edge computing）、网络能力开放（network exposure of capabilities）和接入网关键技术等，它们共同构成了 5G 网络的创新基础（见表 6-2）。

表 6-2　5G 网络的六大核心技术

技术领域	概念	技术要点	城市治理运用场景
服务化架构（SBA）	网络功能分解为独立的服务单元，通过标准化接口实现灵活的网络构建和管理	微服务、容器化技术	快速部署智能交通系统、环境监测等新服务，提高城市治理的响应速度和灵活性
网络功能虚拟化（NFV）	通过虚拟化技术将网络功能软件化，运行在通用硬件上	虚拟化技术、云计算资源管理、自动化部署	实现网络资源的灵活调度，如在大型活动或紧急情况下快速调整网络容量

表6-2（续）

技术领域	概念	技术要点	城市治理运用场景
网络切片	在物理网络上创建多个虚拟网络，每个切片都可以定制以满足特定的服务需求	网络编排器、资源管理器、灵活的硬件设施	为不同的城市服务创建专用网络切片，如交通管理、公共安全、智能照明等
边缘计算	将数据处理和分析推向网络边缘，靠近数据源	边缘节点硬件、高效的数据处理算法、安全的数据管理	在智能交通系统中，边缘计算可以实时处理交通摄像头数据，快速响应交通状况，优化交通流
网络能力开放	通过 API 等接口将网络功能和信息开放给第三方应用	安全的 API 管理、数据保护机制、合作伙伴管理	开放城市数据和网络能力，鼓励开发者创建新的城市服务应用，如智能停车、环境监测等
5G 接入网关键技术	5G 网络中连接用户设备和核心网络的部分	先进的无线通信硬件、信号处理算法、频谱管理	利用 5G 接入网技术提供高速、低延迟的网络连接，支持智慧城市中的大量物联网设备

资料来源：作者根据中国信息通信研究院，IMT-2020（5G）推进组发布的《5G 安全报告》和洪卫军所著的《5G+智慧城市》相关内容自行整理。

四、城市治理中的 5G 运用场景

5G 技术作为新一代移动通信技术，为智慧城市提供了超高速、低延迟的通信能力，它如同城市的血脉，将人与人、人与物、物与物连接起来，确保了海量数据的即时传输和高效交互，支撑起智慧城市各系统间的无缝连接和协同工作。

如应用 5G 技术打造的智能交通系统，可以实现车路协同、自动驾驶、交通信号控制等功能，能有效强化交通流量管理、减少交通拥堵、提高道路安全、提升交通效率。5G 技术加持下的智慧医疗，使远程医疗由理想变成现实，高效的医疗数据传输与远程医疗设备共享、控制，提高了城市医疗服务质量、扩大了医疗服务范围、提高了医疗资源利用效率。利用 5G 技术开发的智慧能源，在智能电网、能源消耗监测和优化等方面表现优异，对提高能源利用效率、减少能源浪费、提升能源系统的稳定性具有显著作用。使用 5G 技术搭建的智慧环境管理平台，促进了环境监测、污染

源追踪、生态保护的高效协同，对提升城市环境质量、预防环境污染、保护生态系统具有重要作用。另外，5G 技术在智慧供水、智慧园区、数字经济、智慧物流、智能制造、智慧零售、智慧教育、智慧文娱、智慧环卫、智慧防灾减灾、智慧环境监测、智能家居、智慧楼宇、智慧安防、远程医疗等领域有着广泛的运用。

第三节　云计算：未来城市智慧治理的智慧大脑

一、云计算概述

严格来讲，云计算（cloud computing）是伴随着其他计算机技术而产生的。如果要追溯其思想史，最早可追溯到计算机专家克里斯托弗·斯特拉奇（Christopher Strachey）在 1956 年发表的一篇有关于虚拟化的论文（虚拟化是今天云计算基础架构的核心，是云计算发展的基础)[①]。而云计算技术的产生源于 21 世纪初互联网泡沫破灭后，人们对便宜、方便、快捷的网络服务的需求。2006 年 8 月 9 日的搜索引擎大会（SESSan Jose 2006）上，Google 首席执行官 Eric Schmidt 首次提出"云计算"概念，同年亚马逊推出 IaaS 服务平台 AWS。随后，云计算成为计算机领域热门话题，并受到各大互联网企业的青睐。2008 年，微软发布 Windows Azure 平台；2009年，阿里巴巴建立首个"电子商务云计算中心"，云计算开始在中国兴起。2010 年，微软发布 Microsoft Azure 平台。2011 年，IBM、VMWare、AT&T等加入云计算，谷歌推出 GCP，扩展至公有云市场，并建设 Google Cloud 的全球数据中心；同年，美国国家标准技术研究院（NIST）发布了"云计算标准路线图"，提出了被广泛认可的云计算定义，推动了云计算技术的标准化和市场发展。2013 年，为适应大数据、移动计算和物联网技术的发展，云服务提供商开始提供多样化产品。2014 年，云计算与大数据、移动计算结合，云服务提供商开始提供更灵活的数据存储处理。2015 年，OpenStack 成为云计算管理平台，为企业提供私有云选择。2015 年，云计算进入应用期，云服务提供商开始提供多样化服务，企业上云进程加速。2017 年，AI 与云计算结合，云计算服务提供商开始支持 AI 工作负载。

---

① 许子明，田杨锋. 云计算的发展历史及其应用［J］. 信息记录材料，2018，19（8）：66-67.

2018 年，全球对数据隐私和安全更加关注，欧盟推出 GDPR 等法规，云服务提供商增强数据保护承诺。2019 年，新型冠状病毒感染疫情的暴发，使远程工作、在线服务需求急速增长，云服务在支持企业的业务连续性、线上办公中扮演着前所未有的重要角色。2020 年，OpenAI 发布 ChatGPT，标志着人工智能开始走向通用，以及云计算的重要地位（见图 6-4）。

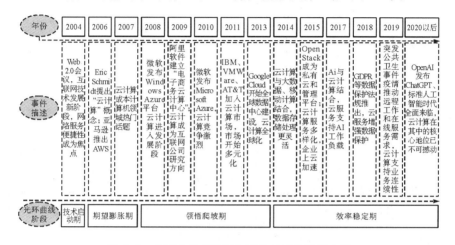

图 6-4　光环曲线理论视角下的云计算发展路径

资料来源：本表根据网络公开资料自行整理绘制而得。

真正意义上的云计算（技术或服务）发展至今已有 20 年，但关于它的定义，则是众说纷纭，至今没有统一。根据中国信息通信院的定义，"云计算是一种通过网络统一组织和灵活调用各种 ICT 信息资源，实现大规模计算的信息处理方式"。它具有按需自助式服务、广泛的网络访问、资源池、快速弹性使用、可度量的服务等五大显著特征[1]。

云计算不仅是一项技术，更是一种服务模式。根据数据所有权、使用范围以及部署方式，我们可以将云计算服务分为公有云、私有云和混合云。公有云一般可以供各类用户通过互联网来访问使用。它具有高扩展性、高可靠性的特点，对于用户来讲开箱即用，使用成本低，无专门的运维成本。私有云则是专门针对自己企业内部人员或分支机构搭建，仅在内部专网上发布的云计算服务。它与公网或其他网络是隔离的，具有定制化、高保密性、高安全性、高成本、低扩展性等特点。另外还有兼具公有

---

① 中国信息通信院. 云计算白皮书（2012 年）[R]. 北京：中国信息通信院，2012.

云和私有云共同特点的混合云（见表6-3）。

表6-3　公有云、私有云、混合云的比较

云类型	概念	技术特点	在城市治理中的运用场景
公有云	公有云是由第三方服务提供商管理的云计算服务，可通过互联网访问	1. 资源共享：多个客户共享相同的云资源，如服务器和存储。 2. 成本效益：通过资源共享降低成本，按使用量付费。 3. 可扩展性：根据需求快速扩展或缩减资源，具有高弹性	1. 公共服务平台：提供在线公共服务，如健康咨询、教育课程等。 2. 城市交通管理：利用公有云平台进行交通数据分析和实时交通信息发布
私有云	私有云是一种云计算模式，其中云资源专用于单一组织，由该组织控制和管理	1. 专用资源：提供专用的硬件和软件资源，不与其他组织共享。 2. 安全性高：由于资源不共享，更容易实现安全控制和合规性。 3. 灵活性和可控性：组织可以根据需求灵活配置资源，并对云环境进行深度定制	1. 政府数据管理：存储和管理敏感的政府数据，确保数据安全和隐私。 2. 城市智能监控系统：处理和分析城市监控设备收集的视频数据
混合云	混合云结合了私有云和公有云的特点，允许数据和应用程序在两者之间移动	1. 灵活性：结合了私有云的安全性和公有云的可扩展性。 2. 灾难恢复：可以在私有云和公有云之间进行数据备份和恢复。 3. 合规性：允许组织根据不同的合规要求在不同云环境中操作	1. 城市综合数据管理：将敏感数据存储在私有云中，同时利用公有云进行大数据分析。 2. 智能电网系统：使用混合云管理电网数据，确保关键数据的安全同时利用公有云的计算资源

资料来源：作者根据公开资料自行整理而得。

二、云计算的核心技术

作为一项技术，云计算的实现依赖于多种核心技术，其中最为关键的几项技术包括虚拟化技术、分布式存储技术、海量数据管理技术、编程模型、云计算平台管理技术等。具体介绍如下：

一是虚拟化技术，这是一项将抽象物理资源转换为逻辑资源，实现资源的动态分配和管理的计算机技术。该技术的实现需要配置高性能服务器、存储设备、网络设备，以及 VMware vSphere、Microsoft Hyper-V 等软件的配合。该技术在整个云计算中主要扮演着创建虚拟机、资源分配与调整、虚拟网络配置、镜像管理与快照等功能。

二是分布式存储技术，这是一种将数据分散存储于多个物理节点之上，通过冗余机制保障数据可靠性与安全性的计算机技术。该技术的实现需要配置高性能存储设备、网络设备，并在 Ceph、HDFS、GFS 等软件协同下，从而实现数据的分布式存储、读写访问、故障恢复、数据备份与容灾等功能。

三是海量数据管理技术，这是一种针对大规模数据集进行高效处理和分析，以支持数据挖掘和决策支持的计算机技术。该技术在高性能计算集群、大容量存储系统，Apache Hadoop、Apache Spark 等软硬件的协同配合下，可实现大规模数据集的存储和管理，高效的数据处理和分析，海量数据快速查询和分析；以及数据挖掘和模式识别并呈现等功能。

四是编程模型，这是一个在云计算环境中构建和运行的分布式应用程序的框架和工具。该技术的实现需要通用服务器、网络设施和支持集群计算等硬件设施，还有 Eclipse、IntelliJ IDEA 等开发工具，以及相应框架的 SDK 的协同工作。编程模型能够实现分布式任务开发，数据并行处理，提高数据处理效率；集群资源管理，以及应用程序部署和扩展等。

五是云计算平台管理技术，这是一项监控、配置和优化云资源，能确保服务的可靠性和性能的技术。该技术的实现需要，需要依托于服务器、存储和网络设备等硬件设施，以及 OpenStack、CloudStack 等云平台管理软件。云计算平台管理技术的主要功能是实现资源监控和性能管理、用户和权限管理、服务自动化部署以及安全性和合规性管理等。

三、云计算服务的架构及其在城市治理中的应用

参考有关专家的研究，笔者认为，在城市治理中，云计算的逻辑架构由三个部分构成。如图 6-5 所示，图中的左右两个部分，其中一个部分是面向城市居民、企事业组织等城市需求方的用户访问层，另一个部分是面向政府、平台企业等城市治理核心主体，并为云计算服务全过程、全方位展开法律、伦理、技术监管的管理层；中间部分是云计算的核心，这个部分由资源层、平台层、应用层三个子部分①构成。其中，资源层位于最底

---

① 资源层、平台层、应用层对应起来，相当于基础设施即服务（IaaS）、平台即服务（PaaS）和软件即服务（SaaS）。

部，由各种硬件组成，负责数据的接收用户访问层收集到的数据，进行存储、传输等功能。居于资源层之上是平台层，平台层由操作系统、软件开发工具包，以及使用户能够开发和部署应用程序等构成，为各种程序的运行提供环境支持。中间部分的最高层是应用层，它是针对城市治理利益各方需求，提供具体应用的服务层（见表6-4）。

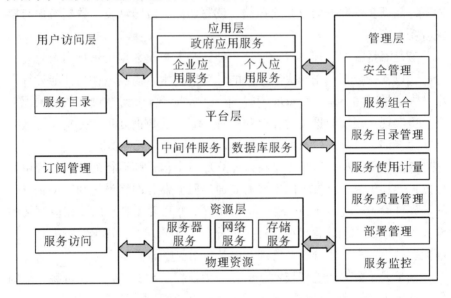

图6-5 云计算逻辑架构

资料来源：洪卫军. 5G+智慧城市［M］. 北京：机械工业出版社，2021：43.

表6-4 云计算逻辑架构各部分功能、特点及在城市治理中的应用场景

层次	概念	硬件和软件配置	功能	特点	应用场景
用户访问层	用户访问层是云计算架构中的最顶层，为用户提供了访问云计算服务的接口	客户端设备：包括个人电脑、智能手机、平板电脑等。网络连接：互联网连接，支持有线和无线方式	身份验证：确保用户身份的合法性。服务访问：提供用户界面，使用户能够请求和使用云服务	易用性：用户界面友好，便于非专业用户操作。安全性：采用多因素认证等安全措施保护用户数据。灵活性：支持多种设备和操作系统	便民服务：提供在线访问政府服务的门户。移动办公：支持城市治理者随时随地处理公务

表6-4(续)

层次	概念	硬件和软件配置	功能	特点	应用场景
应用层	应用层包含了云服务中运行的应用程序和软件服务	虚拟化软件：如VMware、KVM等，用于创建和管理虚拟机。应用程序：定制开发或第三方应用程序	服务交付：将应用程序作为服务提供给用户。应用程序管理：应用程序的部署、更新和维护	多租户支持：多个用户共享应用程序实例。可定制性：根据用户需求定制应用程序。高可用性：通过冗余和故障转移提高应用程序可用性	智能交通系统：提供实时交通信息和交通管理应用。环境监测：收集和分析环境数据，如空气质量指数
平台层	平台层提供了应用程序开发和运行的环境	操作系统：如Linux、Windows Server等。开发工具：集成开发环境（IDE）和开发框架	应用程序开发：提供工具和环境进行应用程序开发。运行时环境：为应用程序提供运行所需的环境	兼容性：支持多种编程语言和框架。集成性：与各种服务和工具集成。创新支持：支持快速开发和部署新应用程序	智慧城市应用开发：开发新的智慧城市应用程序和服务
资源层	资源层是云计算架构的底层，提供了基础的计算、存储和网络资源	服务器：物理或虚拟服务器。存储系统：如SAN、NAS等。网络设备：路由器、交换机、负载均衡器等	计算能力：提供必要的处理能力。数据存储：存储数据并确保数据持久性。网络通信：提供网络连接和数据传输	弹性：根据需求动态分配资源。可靠性：通过冗余和备份确保数据和服务的可靠性。安全性：保护基础设施免受攻击和未授权访问	数据密集型应用：如城市监控视频存储和分析。大规模计算任务：如城市规划和模拟
管理层	管理层负责云计算资源的监控、管理和控制	管理工具：云服务管理平台，如AWS管理控制台、Azure门户。自动化脚本：自动化管理任务的脚本，如Ansible、Puppet	资源监控：监控云资源的使用情况和性能。服务编排：自动化服务的部署和管理	自动化：自动化管理任务，提高效率。可扩展性：根据需求动态调整资源。成本优化：优化资源分配，降低成本	城市资源管理：监控和优化城市基础设施资源使用

资料来源：作者根据公开资料自行整理而得。

云计算作为智慧治理的"大脑",为城市治理提供了强大的计算和存储能力支撑。它将分散的计算资源集中管理,实现资源的弹性扩展和高效利用。例如,云计算可以为城市治理提供数据分析平台,支持大规模数据存储和计算;可以为智慧城市应用提供运行环境,降低开发成本和部署难度;可以为城市治理提供安全保障,确保数据安全性和可靠性。

第四节　大数据:未来城市智慧治理的源头活水

一、大数据概述

大数据(big data)是指数据量极大,以至于无法使用常规数据软件进行获取、存储、管理和分析的数据①。直观地理解,大数据就是大量的数据、海量的数据,但这个"大"还包含了容量大、类型多、速度快、来源广、价值高(5V②)等维度,它不只是一套简单的大量数据描述,更是围绕数据的采集、传输、存储、分析、挖掘、应用的一整套技术、方法和思维的系统体系。根据贝克曼的知识层次模型(见图6-6),数据只不过是可记录的原始事实的表征,在知识结构中处于最低层次,要通过描述、解释为信息,上升到对事实的原理、规律等理性认识的知识,再用于可指导实践的技艺,转化为"知与行"相统一的能力。因此,大数据是智慧治理的源头活水和基石,是未来城市智慧治理的逻辑起点。

二、大数据的核心技术

在现代城市治理中,合理运用大数据技术不仅提升了城市治理的效能,也为城市未来发展奠定了坚实的基础。一般来说,大数据赋能下的城市治理,会根据数据采集、数据存储与管理、数据分析与挖掘、数据的运用等步骤展开。大数据的应用使得城市治理者能够从海量数据中提取有价

---

① MANYIKA. J. Big data: The next frontier for innovation, competition, and productivity[EB/OL].(2011-05-12)[2024-06-24]. https://www.mckinsey.com/capabilities/mckinsey-digital/our-insights/big-data-the-next-frontier-for-innovation.

② 5V 指数据体量巨大(volume),类型多(velocity),处理速度快(variety),来源广(veracity),价值高(value)。转引自:方巍,郑玉,徐江. 大数据:概念、技术及应用研究综述[J].南京信息工程大学学报(自然科学版),2014,6(5):405-419.

值的信息，从而优化资源配置、改善公共服务效率，进而提升城市治理的效益。通过精准的数据分析，可以实现交通流量预测、环境监测、市民健康状况评估等功能，为城市发展提供科学依据。

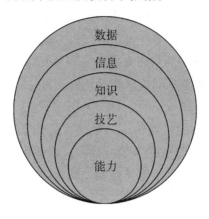

图 6-6　知识层次

（一）数据采集

数据采集作为大数据生命周期中的首要环节，其技术成熟度和应用广度直接关系到城市治理的效能。在现代城市治理中，城市数据采集主要分为四个层次：

1. 感知层数据采集

感知层作为城市治理大数据采集的最基础层次，主要依赖于各类传感器、摄像头、射频（RFID）标签等物联网设备实现对物理世界的感知和原始数据的采集。这些设备如同城市的神经末梢，实时捕捉着周围环境的各种信息。例如，在城市交通领域，通过安装在道路上的地磁传感器、摄像头、车辆检测器等设备，实时采集车辆的流量、速度、车型等信息，为交通拥堵预警和信号灯优化提供数据支持。遍布城市的各个角落的物联网设备，则能够实时捕捉交通流量、空气质量、人员流动等原始数据，为城市治理提供第一手资料。

2. 网络层数据采集

网络层负责将感知层采集到的数据传输到数据中心，此时要运用到有线网络（如以太网、光纤）和无线网络（如蓝牙、Wi-Fi、4G/5G）等多种技术。在网络层，数据通过这些网络被有效地传输和汇总。在城市环境监测中，可利用无线传感器网络将分布在城市各处的环境监测设备采集的数据传输到监测中心，实现对空气质量、水体质量等的实时监控。

3. 平台层数据采集

平台层主要对来自不同系统和渠道的数据进行整合、汇集、存储和预处理。云计算平台如 AWS、Azure 等，为大规模数据存储和处理提供了强大的支持。例如，城市的政务服务平台可以采集市民的办事申请、投诉建议等数据。武汉市在新型冠状病毒感染疫情暴发期间，就通过移动数据采集技术，实时收集居民健康状况和行动轨迹，为疫情防控提供数据支持①。

4. 应用层数据采集

应用层是数据采集的最终输出，此时涉及对数据的深度分析和应用。这一层通常需要数据挖掘和机器学习技术，以提取有价值的信息。例如，城市治理者可能通过分析社交媒体数据，城市治理者可以及时发现和响应公共事件。

（二）数据存储与管理

城市治理中的数据存储与管理是一个复杂而关键的过程，它不仅仅涉及简单的信息保存，还包括了从数据收集、组织、存储、维护到保护和最终的删除等多个方面。这一过程的核心在于充分利用城市数据的价值，为科学决策提供坚实的基础。在实施这一过程时，我们必须认识到数据的重要性，将其视为战略资产，并考虑到系统的扩展性、对不同类型数据的支持，以及数据的安全性和公民隐私保护。

在具体的城市治理实践中，常用的几种大数据存储方法和工具有以下三种。

1. 分布式文件系统

如 Hadoop 分布式文件系统（HDFS），就是一种能够提供高度可靠的分布式存储解决方案的应用工具，它能够在多个节点上分散存储大量数据，确保数据的高可用性和容错性。例如，国家气象部门就利用 HDFS 来存储气象数据，这种分布式的特性对于天气预报和气候研究非常有利②。

2. NoSQL 数据库

如 MongoDB、Cassandra 和 HBase 等这类数据库，能够提供较灵活的数

① 李轶群，许晓华. 武汉建成卫生应急指挥与疫情大数据应用系统[EB/OL].（2020-12-21）[2024-4-28].http://health.people.com.cn/n1/2020/1221/c14739-31973341.html.

② 薛胜军，刘寅. 基于 Hadoop 的气象信息数据仓库建立与测试 [J]. 计算机测量与控制，2012，20（4）：4.

据模型，非常适合处理半结构化和非结构化数据。阿里巴巴提出的智慧城市解决方案，就是用 MongoDB 来存储交通数据，其灵活性使得相关部门对交通信息的变化做出快速反应成为可能，为交通规划和调度提供了实时数据支持。

3. 列式存储数据库

Apache HBase 和 Google Bigtable 等数据库通过列式存储来优化查询性能，特别适用于数据分析。在城市的智慧治理中，通过 HBase 进行人口统计分析，可以显著提高了大数据查询的效率，为人口政策的制定提供了有力的数据支持。

而在城市大数据管理方面，常用的数据管理原理和技术有以下三种。

1. 数据仓库技术

如 Amazon Redshift 和 Google BigQuery 等能提供大规模数据集的存储和管理能力，以及高性能的 SQL 查询功能。城市治理者可利用 Google BigQuery 构建医疗健康数据仓库，以支持复杂的医疗信息查询和分析，这对于公共卫生决策至关重要。

2. 内存数据库

如在需要高速读写的场景中，SAP HANA 和 Redis 等内存数据库可以将数据存储在内存中，并提供极快的数据访问速度。阿里云的智慧城市解决方案，提出使用 Redis 内存数据库来实时存储交通监控数据，以提升交通管理的效率。

3. 数据湖技术

Apache Hadoop 生态系统中的数据湖技术允许存储和管理原始数据，支持多种数据格式和处理模式，为数据挖掘和分析提供了丰富的资源。腾讯云的智能环境监控系统，提出通过建立数据湖来存储环境监测数据，支持数据多样性，为环境治理提供了全面的数据支持。

通过综合各种数据存储与管理技术的应用，为城市治理构筑了一个强大的数据管理系统，为城市的可持续发展提供了强有力的技术支撑。

（三）数据分析与挖掘

在智慧城市的演进中，城市作为一个复杂的巨系统，产生了海量的多元化数据。如何从这些数据中提炼出有价值的信息，以支撑城市的科学决策和高效治理，成为智慧发展的一大挑战。数据分析与挖掘在此过程中扮演着核心技术的角色，它们使得城市决策得以基于数据而非直觉和经验，通过先进技术和方法全面解析城市数据，揭示城市运作的内在规律和潜在趋势，为城市治理提供客观、科学的依据。例如，安徽合肥利用科大讯飞设计的"交通超脑"就是通过对交通流量数据的分析与挖掘，发现某些路段在特定时段的拥堵模式，进而优化了信号灯配置和道路设计，从而提升交通效率。[①]

数据分析与挖掘的核心在于数据驱动决策，即通过全面的数据分析与挖掘，揭示城市运作的内在规律和潜在趋势，为城市治理提供客观、科学的依据。以下将简述城市治理中常见的数据分析与挖掘技术。

1. 分类算法

分类算法是将数据集划分为预定义类别的过程，通过学习数据集的模式和规律，将新的数据点分类到相应的类别中[②]。在城市治理中，常用的有决策树、朴素贝叶斯等方法。决策树是通过一系列规则将数据分割成不同类别，构建类似树状的结构，易于理解和解释，能处理多种类型的数据。在城市垃圾分类管理中，决策树算法可根据垃圾的特性和来源等对垃圾进行分类，为制定合理的分类政策提供依据。朴素贝叶斯则是基于贝叶斯定理，假设特征间相互独立，计算每个类别的概率并进行分类。它计算迅速，对小规模数据效果显著。在城市的信用评估中，朴素贝叶斯算法可用于判断个人或企业的信用状态。

2. 聚类分析

聚类分析是将抽象对象或物理对象组合成一组，并对相似对象进行分析归类[③]。K-Means 聚类是将数据划分为 K 个聚类，通过迭代优化聚类中心，使数据点到其所属聚类中心的距离之和最小。它适用于处理大规模数据，但对初始聚类中心的选择较敏感。城市规划部门可用 K-Means 聚类对商业区域进行划分，合理规划商业设施。层次聚类是通过计算数据点间的相似度，构建层次结构，直观展现聚类关系，但计算复杂度高。在教育资

① 江涛. 科大讯飞董秘江涛：助力尾气减碳"交通超脑"方案赋能交通精细化管理［EB/OL］.（2022-06-01）［2024-04-25］. http://finance.sina.com.cn/stock/roll/2022-06-01-doc-imizmscu4570465.shtml.

② 姜博韬. 基于数据中心能源闭合模式数据挖掘技术研究 ［J］. 自动化与仪表，2024，39（4）：162-164.

③ 量化研究方法. 物以类聚，人以群分：你真的了解聚类分析吗［EB/OL］.（2018-10-04）［2024-04-25］. https://mp.weixin.qq.com/s? __biz=MzA3NzIxNDQ3MQ==&mid=2650306546&idx=1&sn=46e7bf3fa136da7779b205ecc87abd15&chksm=8759b19ab02e388c6fff1075b8532744e7e9539e0ef60607eba10bb91206ad6e0f09d165b700&scene=27）.

源分配方面，层次聚类可将学校按教育质量和师资力量等因素分组，为资源均衡分配提供参考。

3. 关联规则挖掘

关联规则挖掘是指由用户或程序对网站节点拓扑结构中定义各个栏目，并设置处理值，在各处栏目中建立逻辑关系[①]。常用的有 Apriori 算法、FP-Growth 算法等。Apriori 算法用于挖掘频繁项集，发现数据中项间的关联关系。在大规模数据处理中效率高，但可能产生大量规则。沃尔玛超市运用 Apriori 算法发现顾客购买纸尿裤时往往会购买啤酒，从而优化了精准营销和货架布局。FP-Growth 算法则采用频繁模式树，提高关联规则挖掘的效率。在公共交通规划中，FP-Growth 算法可发现不同公交线路间的换乘关联，优化线路设置。

4. 回归分析

回归分析法是一种基于数据统计原理的数学分析手段，通过分析大量统计数据，确定因变量与某些自变量之间的相互关系，并构建一个相关性较好的回归方程，这个方程可以用来预测未来因变量的变化趋势，主要包括线性回归、非线性回归、多项式回归、逻辑回归等类型。线性回归用于建立自变量和因变量间的线性关系模型，简单直观，但对非线性关系的拟合效果有限。房地产市场可通过线性回归分析房价与房屋面积、地理位置等因素的关系，为房价评估和调控提供参考。非线性回归主要用于处理自变量和因变量间的非线性关系，如多项式回归、逻辑回归等。在疾病预测中，非线性回归可用于建立疾病发病率与环境因素、人口特征间的复杂关系模型。

5. 深度学习

深度学习是"一系列试图使用多重非线性变换对数据进行多层抽象的算法"[②]。在城市治理中，常用的深度学习方法有人工神经网络、卷积神经网络等。人工神经网络能够模仿人脑神经元工作方式，具有强大的学习和泛化能力，但模型结构复杂，训练时间较长。在图像识别应用中，如交通监控的车辆识别，人工神经网络至关重要。卷积神经网络则专门处理图像

---

① 徐海. 数据挖掘技术在计算机网络安全中的应用 [J]. 集成电路应用，2023，40（5）：92-93.

② 顾小清，冯园园，胡思畅. 超越碎片化学习：语义图示与深度学习 [J]. 中国电化教育，2015（3）：39-48.

和视频等二维数据，在图像分类、目标检测等方面表现卓越。智能安防系统可利用卷积神经网络进行人脸识别和行为分析。

通过这些技术的应用，城市治理者能够从海量数据中提取有价值的信息，优化资源配置，提升城市服务的质量和效率，实现更智能的城市治理。

（四）数据运用

城市治理中，数据的采集、存储、管理和分析挖掘旨在赋能治理并优化决策。首先，须构建跨部门、跨主体、跨领域的数据融合机制，将各数据汇聚至"一网通管"平台。然后，在此平台上集成数据驱动的决策支持系统（DSS），该系统通过其交互式界面及多元化的数据呈现，为决策者提供全面、明晰的信息支持，助其迅速把握现状及潜在解决方案。最后，依托城市治理决策机制，适时做出决策。

三、城市治理中的大数据应用及特点

相比传统城市治理，未来城市智慧治理对大数据的要求更高、更多。下面，笔者将从大数据的九个特征，比较分析传统城市治理与数智化时代的城市治理对数据的要求（见表6-5）。

表6-5　两种城市治理模式下的数据管理特点与技术应用比较

数据特点/ 技术应用	传统城市治理中的数据管理	数字化时代城市 治理中的数据管理
容量	以统计数据为主，数据容量相对较小	数据容量巨大，PB级甚至EB级，远超传统数据库的处理能力。如智慧城市中的数百TB监控视频、物联网设备每天产生的数据
类型	以结构化数据为主，类型较单一	类型多，有结构化、半结构化和非结构化数据，也包括文本、图像、视频、音频等多种形式的数据
速度	收集、处理速度较慢	能实现实时或近实时数据的收集、存储与处理
来源	主要来源于政府的普查，个别（企业、学术单位等）主体的调查，有限的传感器网络等。来源相对单一	政府数据、企业数据、社交媒体数据和传感器数据，物联网设备、社交媒体、移动应用等收集或产生的数据

表6-5(续)

数据特点/ 技术应用	传统城市治理中的数据管理	数字化时代城市 治理中的数据管理
价值	数据有限，价值挖掘不充分	通过深度挖掘、分析与处理，能揭示隐藏在数据背后的城市运行规律发展趋势，能为城市治理提供有价值的信息和洞见，能持续与优化城市治理决策
真实性与合法性	真实性问题较少	面对数据的真实性挑战，对数据的真实性提出更高要求，更能准确地反映城市现状
合法性	合法性问题较少	数据的收集、存储、处理、使用等合法性广受质疑，可能通过数据清洗、校验和加密等手段，提高数据的质量和隐私安全，提高合法性
可视化	数据的可视化和分析能力较弱	可借助可视化技术，将复杂的数据转化为直观的图表、地图等形式，便于理解与决策
应用数据技术	①统计分析：通过统计软件对城市人口、经济、交通等数据进行处理和分析。②地理信息系统（GIS）：用于城市规划和空间数据分析	①云计算：提供强大的计算能力和存储空间，支持大规模数据处理 ②大数据存储与管理：如Hadoop、NoSQL数据库等，用于存储和管理海量数据 ③数据挖掘与分析：通过机器学习、深度学习等技术挖掘数据价值 ④数据可视化：如Tableau、ECharts等工具，将数据以图表、地图等形式展现 ⑤物联网技术：通过传感器、智能设备等收集城市运行数据

资料来源：笔者根据潘柱廷的《安全大数据的7个V——大数据基础问题与信息安全的交叉探究》一文，自行整理。

总体来看，相较于传统城市治理，未来城市的智慧治理的大数据应用呈现以下特点：

1. 数据容量呈指数级增长

数智化时代的城市治理数据容量达到了PB甚至EB级别，这一增长主要得益于物联网设备、监控摄像头等技术的广泛应用，它们能够产生大量的实时数据。相比之下，传统城市治理主要依赖于统计数据，数据量相对较小。

2. 数据类型呈多样化趋势

数智化时代的城市治理数据类型不仅包括传统的具有固定格式的结构化数据，还包括如 XML 文档、JSON 文件等可识别、可解析的半结构化数据，以及如文本、图像、视频和音频等没有固定格式的非结构化数据。另外，还包括以时间顺序排列的如气象数据、经济数据、人口数据等时序数据，以及与地理位置相关的空间数据。这种多样化的数据类型为城市治理提供了更丰富的信息来源，而传统治理则主要依赖于结构化数据。

3. 数据收集与处理的速度非常快

由于多种信息技术的快速迭代，计算机算力发展十分迅速（见表6-6）。根据中国信息通信研究院发布的《中国算力发展指数白皮书（2023 年）》显示，"2022 年基础设施算力规模达到 180 EFlops，位居全球第二[①]"，较强的算力基础设施部署，为数智化时代的城市治理提供了实时或近实时的数据收集、存储与处理。快速发展的算力，为未来城市的智慧治理、精细化治理、敏捷治理提供了重要的技术基础，相比，传统治理在数据收集和处理上速度较慢。

表 6-6　计算机算力发展史

年份	计算机/系统	计算能力
1945 年	ENIAC	每秒 5 000 次加法或 400 次乘法
20 世纪 50 年代	IBM 704	每秒 12 000 次浮点运算
20 世纪 80 年代	个人计算机（PC）	每秒数百万次运算
20 世纪 90 年代	Cray Y-MP	每秒数十亿次浮点运算
2007 年	IBM Blue Gene/L	每秒 2.806 百万亿次运算
2019 年	神威·太湖之光	每秒 125 百亿亿次运算
2020 年	OpenAI GPT-3	1 750 亿个参数
2024 年	OpenAI GPT-4.5	960 万亿个参数
	Frontier	每秒 1.206 千万亿次浮点运算

资料来源：根据公开资料自行整理而得。

---

① 中国信息通信研究院. 中国算力发展指数白皮书（2023）［R］. 北京：中国信息通信研究院，2023.

4. 数据来源更加广泛性

传统治理的数据来源相对单一，而数智化时代的城市治理数据来源极为广泛，如政府管理产生的政府数据、企业经营管理数据、社交媒体上产生的实时交流、交互数据，以及物联网设备/传感器收集的数据等。这种多元化的数据来源为城市治理提供了更加全面的信息基础。

5. 数据价值挖掘更深

数智化时代，城市治理主体立足各自的需求，借助 RapidMiner、HPCC、Hadoop、Pentaho BI 等进行深度学习和数据挖掘，能够从海量数据中揭示城市运行的规律和趋势，为城市治理提供有价值的信息和洞见。例如，通过分析城市人口流动数据，优化城市规划和交通布局；通过分析城市经济发展数据，制定精准的产业政策；通过分析城市公共安全数据，提高城市安全水平等。这与数据价值有限、价值挖掘不充分的传统治理形成鲜明对比。

6. 数据的真实性与合法性面临的挑战仍然比较严峻

数字化时代，相关制度、法律和标准建设的滞后，导致收集、传播、使用的数据真实性、合法性，仍面临严峻的挑战。为此，相关人员需要通过数据清洗、校验等手段来确保数据的准确性。同时，还要通过完善制度、法规和标准，采用严格的加密技术来保护数据隐私和提供合法性保障。

7. 各种前沿数据技术交叉使用

在数字化时代的城市治理中，Tableau、ECharts、Matplotlib、D3.js、FineVis 等可视化工具能够将复杂的数据转化为直观的图表，增强数据理解。云计算、大数据存储与管理、数据挖掘与分析及物联网技术提升了数据驱动的城市治理智能化、自动化和精细化水平。相比之下，传统治理主要依靠统计分析和 GIS 技术处理人口、经济、交通数据及城市规划和空间分析。

在数字化时代，大数据技术广泛应用，涵盖人口流动、交通状况、环境污染等多个方面。分析这些海量数据有助于管理者理解市民生活习惯和行为模式，合理分配资源，优化公共服务，提高城市运行效率。政府亦可利用这些数据科学决策，如预测交通拥堵、制定交通管理措施；监测空气质量、调整环保政策。综上所述，大数据技术能为城市治理提供新视角，这体现出科技创新在提升城市品质中的重要作用。

第五节　数字孪生：未来城市智慧治理的虚拟镜像

一、数字孪生概述

数字孪生，是指在虚拟空间中构建物理实体的数字模型，并通过实时连接、映射、分析、交互等手段，实现对实体对象全生命周期运行的仿真、预测、优化和控制。它是一个多学科交叉融合的领域，涉及计算机科学、系统工程、人工智能、物联网、大数据等多个学科。

早在 20 世纪 60 年代，为适应登月任务中宇航员和操作人员培训的需要，美国 NASA 建立了集成多种物理量、空间尺度的半物理的航天器仿真系统，这是数字孪生最早的原型。2002 年，Michael Grieves 教授在密歇根大学产品生命周期管理 PLM 中心成立演讲中，首次提出"镜像空间模型"（2006 年改称为"信息镜像模型"），为数字孪生奠定了基础理论框架。2010 年，NASA 在其发布的 Areg11 技术路线图中，首次提出数字孪生的概念（将数字孪生定义为"是一种集成化了的多种物理量、多种空间尺度的运载工具或系统的仿真，该仿真使用了当前最为有效的物理模型、传感器数据的更新、飞行的历史等，来镜像出其对应的飞行当中孪生对象的生态状态"），并将其应用于宇航任务。2013 年，随着工业 4.0 概念的提出和物联网技术的发展，数字孪生技术开始在制造业中得到广泛关注和应用。特别是西门子、达索、PTC、ESI 等跨国公司纷纷布局数字孪生领域，将其应用于产品研发、生产过程、设备运维等方面。国际咨询公司 Gartner 特别重视物联网 IoT 领域中数字孪生的应用，并在 2017 年至 2019 年，连续三年将数字孪生技术列为十大技术趋势之一，在它的推波助澜下，数字孪生技术加速发展。2019 年新型冠状病毒感染疫情暴发，数字化转型成为全球各个国家化解千行百业困境的重要举措。为支持鼓励各行各业以技术创新驱动新经济，赋能高质量发展，2020 年 4 月 7 日，国家发改委和中央网信办联合发布了《关于推进"上云用数赋智"行动　培育新经济发展实施方案》（以下简称《方案》）。《方案》提出了"数字孪生创新计划"，推动数字孪生技术在各个领域的应用①（见图 6-7）。

---

① 丁盈、朱军、王晓征. 数字孪生系统设计与实践［M］北京：清华大学出版社，2023：2-9.

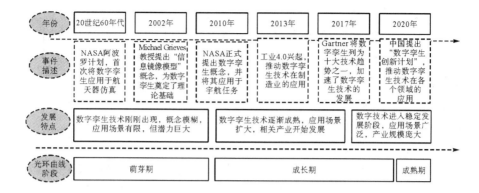

图 6-7　光环曲线理论视角下的数字孪生技术的发展路径

资料来源：作者根据公开资料自行绘制。

二、数字孪生的核心技术

数字孪生技术是一种由多种前沿技术深度融合的综合体，它通过创建物理实体的精确数字副本来实现对现实世界的映射、监控和优化，该技术在未来城市的智慧治理中展现出巨大潜力。下面拟总结数字采集技术、孪生数据应用、数据建模技术、编程模型、云计算平台管理技术等核心技术①。

1. 多领域多尺度融合建模

这是一种能从不同学科视角，融合了长度、时间尺度，以及耦合范围等多维度的物理特征，实现物理系统跨领域融合建模的技术。该技术是数字孪生技术的核心，它允许系统在设计和运行阶段进行仿真和分析。该技术功能的实现需要配备高性能计算平台来处理复杂的模型计算，以及如 ANSYS、MATLAB 等专业的仿真软件，来进行多物理场和多尺度的建模。

2. 数据驱动与物理模型融合的状态评估

这是一种结合数据驱动方法和基于数学模型技术的方法对物理模型进行评估的方法，旨在实现实时监测系统状态，预测潜在的故障和性能退化。该功能的实现依赖于运用高精度传感器进行数据采集，以及如深度学习框架 TensorFlow、PyTorch 等机器学习和人工智能算法来处理和分析数据。

---

① 本部分参考了刘大同，郭凯，王本宽，等. 数字孪生技术综述与展望 [J]. 仪器仪表学报，2018，39（11）：1-10.

3. 数据采集和传输

实时采集物理实体的状态数据，并通过快速可靠的网络传输至数字孪生系统。数据采集和传输模块是数字孪生实时性的关键，旨在确保数字孪生与物理实体的同步。该功能的实现需要配备各种类型的传感器、高带宽传输网络设备，数据采集软件、数据传输协议、数据传输安全软件等软硬件，以保障数据的实时性和安全性。

4. 全寿命周期数据管理

采用云服务器对物理实体从设计到退役的全寿命周期海量数据进行分布式管理，实现数据的高速读取和安全冗余备份。为数字孪生提供了历史数据支持，有助于进行长期趋势分析和预测。该功能的实现依赖于云服务器或分布式存储系统，以及如 Hadoop、Spark 等数据库管理系统和大数据处理软件的支持。

5. 虚拟现实呈现

通过虚拟现实（VR）技术将复杂系统的各个关键子系统进行多领域、多尺度的状态监测和评估，将智能监测和分析结果附加到系统的各个子系统、部件，并以超现实的形式呈现出来，从而提供视觉、声觉、触觉等沉浸式体验，使用户能够直观地与数字孪生交互。目的在于通过可视化和实时连接的人机交互，增强用户体验。该功能的实现需要配备 VR 设备、高精度传感器，VR 呈现软件、数据可视化软件等。

6. 高性能计算

利用分布式计算的云服务器平台和优化数据结构、算法结构等手段来处理复杂的数字孪生模型和数据分析，以提升系统的计算性能和实时性，从而实现数字孪生快速响应和精确仿真。该技术功能的实现需要依靠分布式云服务器、高性能计算设备和 GPU 加速器，以及并行计算框架和优化算法库。

7. 人工智能与机器学习

应用 AI 技术进行数据分析、模式识别和预测建模，旨在提高系统的自适应性和智能化水平。该技术功能的实现需要配置如 TPU、FPGA 等具备 AI 加速能力的硬件，以及如 scikit-learn、Keras 等机器学习平台和库软件。

三、城市治理中的数字孪生技术运用

数字孪生作为智慧治理的"镜像"，为城市治理提供了虚拟仿真平台。它通过对城市物理空间的数字化建模，实现对城市运行状态的实时仿真和预测。在具体的治理实践中，其应用场景非常多，下面笔者将从多个方面简单介绍数字孪生在相关领域的运用。

1. 城市规划

城市规划是城市发展的蓝图，也是城市治理的起点。为了实现城市空间最优化利用，提高城市规划的科学性和前瞻性，管理者可以将数字孪生技术运用到城市规划中，通过构建虚拟城市模型，加强城市发展模拟和预测。在规划前期，可以利用无人机、卫星遥感、GIS 等技术收集城市地理空间数据，结合建筑、交通、环境等专项、实时的数据，初步构建动态的城市三维数字模型。根据人口流动、交通流量、环境污染、经济发展等发展状况，运用仿真软件模拟不同规划方案下的城市运行状况。基于模拟仿真的结果，运用大数据分析、人工智能算法等工具，对规划方案进行多维度评估，并提出优化建议。

2. 智慧交通

综合交通是城市运行的血脉，交通的智慧化转型是提升城市运行效率的关键。数字孪生技术的合理利用，能提升交通资源的配置，提升交通系统的运行效率，有效应对交通拥堵，降低多发频发的交通事故。在智慧交通建设中，首先，集成车辆 GPS、交通监控、ETC 等多源数据，构建交通数据池，实现交通信息的全面感知。其次，运用数字孪生技术，对交通流量进行实时仿真，预测未来交通状况，为交通管理提供预警。最后，基于仿真结果，运用智能算法对交通信号控制、公交线路调整等进行优化，提升交通运行效率。

3. 公共安全与应急响应

公共安全是城市发展的前提、基础、保障与底线。为提高城市应对自然灾害、事故灾难、公共卫生事件和社会安全事件等突发事件的响应速度和处理能力，应加强数字孪生技术在公共安全与应急响应中的深入应用。首先，推进应急物资、救援力量、避难场所等资源数字化，构建应急资源数据库。其次，应用数字孪生模型，针对关键人群、关键条件、关键设施

（设备）等的脆弱性与承受力，综合不同的致灾因子，构建一个潜在的风险源数据库。再次，结合历史数据和实时监测数据，运用数字孪生技术、大数据分析和机器学习算法，模拟可能发生的突发事件并发出预警。最后，当突发事件发生时，可通过数字孪生模型迅速模拟并评估突发事件可能造成的后果，配置需求的应急资源，激发应急决策机制，动员应急救援团队，迅速展开救援与灾后重建等。

4. 基础设施维护

基础设施是城市运行的基石。可以充分发挥数字孪生技术在城市基础设施的实时性监测和预测性维护上的作用，降低城市基础设施的维护成本，提高城市服务的可靠性。首先，将数字孪生技术与物联网传感器、预测性维护系统、资产管理软件等相结合，对桥梁、隧道、水电气管网等重要基础设施进行实时监测，排查潜在故障和安全隐患。其次，基于基础设施的历史数据和实时监测数据，运用机器学习算法预测其可能发生的故障的时间、位置，并提出预测性维护计划。最后，在数字孪生平台的指导下，展开精准维护。

5. 环境监测与保护

环境监测与保护是实现城市可持续发展的关键。首先，通过空气质量监测站、水质监测站等设备，实时监测 PM2.5 浓度、水质指标等，并将监测数据集成到数字孪生模型中，形成全面的环境质量监测网络。其次，利用数字孪生模型中的环境监测数据和空间分析技术，精准识别城市中的污染源，包括工业排放、交通尾气、农业面源污染等。最后，根据污染源识别结果，制定针对性的管控措施，如限制排放、加强监管、推广清洁能源等，并通过数字孪生模型模拟不同管控方案的效果，选择最优方案实施。

数字孪生技术，创建的是一个虚拟的城市，即数字城市。该城市与实体城市同步运行，通过模拟和预测，帮助管理者更好地理解城市运行规律，进行规划、设计和优化，实现"所见即所得"的城市治理。

第六节　人工智能：未来城市智慧治理的决策中枢

一、人工智能概述

人工智能（artificial intelligence，AI）是一个专门研究根据人类设定的目标产生如内容、预测、建议或决策等输出的工程系统技术与应用的领域①。有关它的起源，最早可以追溯到1943年麦卡洛克和皮茨发表的人工神经元模型②。1950年计算机科学家艾伦·图灵提出了图灵测试，至今仍被认为是衡量机器智能的重要标准之一。在1956年的达特茅斯会议上，约翰·麦卡锡提出"人工智能"概念，标志着人工智能成为一个独立的学科而诞生③。

1960年，麦卡锡开发了人工智能领域的第一个编程语言——LISP，打开了通向人工智能的大门。1965年，鲁宾逊提出了归结（消解）原理，提升了人们从复杂信息中分解、归纳知识的思维能力。1966年，约瑟夫·魏泽鲍姆创建最早的自然语言处理程序ELIZ，展示了机器理解和对话的能力。1968年，美国斯坦福研究所（SRI）研发出拥有类似人的感觉，如触觉、听觉等的首台智能机器人Shakey④。尽管感知机模型的提出是重要的进展，但当时的研究者对深度学习的复杂性理解不足，导致了对AI能力的过度乐观预期，进而影响了资金投入和公众兴趣。

1970年至1980年，虽然取得了人工智能用于支持临床专家决策的MYCIN系统部署，BP算法的提出，以及汉斯·贝利纳打造的计算机程序击败双陆棋世界冠军等振奋人心的成绩，但《莱特希尔报告》的发表，仍

①　深圳市人工智能行业协会/深圳市易行网数字科技有限公司. 2024人工智能发展白皮书［R］. 深圳：深圳市人工智能行业协会，2024.

②　钟义信. 人工智能：概念·方法·机遇［J］. 科学通报，2017，62（22）：2473-2479.

③　吕泽宇. 人工智能的历史、现状与未来［J］. 信息与电脑（理论版），2016，359（13）：166-167.

④　Shockang. 人工智能的发展史－CSDN博客［EB/OL］.（2022－07－24）［2023－05－24］. https://blog.csdn.net/Shockang/article/details/125962959? ops_request_misc＝%7B%22request%5Fid%22%3A%2217224202871680018584 9521%22%2C%22scm%22%3A%2220140713. 130102334. .%22%7D&request_id=17224202871680018584 9521&biz_id=0&utm_medium=distribute.pc_search_result.

代表当时社会各界对人工智能研究的怀疑态度①。

1980 年至 1990 年，机器学习开始崭露头角。XCON 和 MYCIN 等系统在特定领域初次实现了模仿专家的决策成效，但其在知识获取上仍面临不少瓶颈②。虽然计算机视觉、决策树、贝叶斯网络、ID3 决策树算法、机器学习算法、数据挖掘、知识表示和推理技术等得到了发展，促进了从大规模数据中提取有用信息的能力。但是，机器学习算法对高质量数据的依赖性强，算法的可解释性和泛化能力存在局限，这些都是亟待解决的问题。

1990 年至 2020 年，深度学习和强化学习取得了显著进展。卷积神经网络在图像识别和处理方面取得了重大突破，强化学习在游戏和机器人控制中的应用，如 DeepMind 的 AlphaGo，显示了 AI 的巨大潜力。自然语言处理（NLP）技术的进步，如 BERT 和 GPT 模型，进一步推动了 AI 的发展。然而，深度学习模型对大量标注数据的依赖、模型的可解释性和透明度问题，以及计算资源的高消耗，仍是亟须克服的挑战。

2020 年以来，如认知计算、可解释 AI、通用人工智能（AGI）等跨学科融合成为人工智能的新发展方向。另外，AI 技术在自动驾驶、医疗诊断、智能家居、智能助理、交互式语音、智能工厂等多个领域的应用日益广泛。AI 的商业化和普及带来了伦理问题、隐私保护、AI 决策的公正性和透明度等社会经济问题也受到社会的广泛关注。如何在追求技术进步的同时确保伦理道德和公平正义，成为当下迫切需要解决的问题。接下来，笔者将从光环曲线理论的角度对人工智能（AI）发展历程的进行详细分析（见表6-7）。

① 张钹，朱军，苏航. 迈向第三代人工智能 [J]. 中国科学：信息科学，2020, 50（9）：1281-1302.

② 吕泽宇. 人工智能的历史、现状与未来 [J]. 信息与电脑（理论版），2016, No. 359（13）：166-167.

表 6-7 光环曲线理论视角下的人工智能发展路径

阶段	技术启动期	期望膨胀期	幻灭低谷期	领悟爬坡期	效率稳定期	当前与未来展望
主导学派	符号主义	逻辑主义和早期联接主义	专家系统	机器学习	深度学习和强化学习	跨学科融合
标志事件	1956 年达特茅斯会议召开	感知机模型的发表	专家系统广泛应用于医疗诊断、金融风险评估、工业控制等领域	机器学习算法成功应用于语音识别与分类	AlphaGo 战胜世界围棋冠军	OpenAI 发布 Chat-GPT、GPT-4 Turbo、Sora 等产品
成就	神经元数学模型提出；麦卡洛克·沃伦提出"人工智能"；约翰·麦卡锡提出"人工智能"；艾伦·图灵提出"感知机模型"图灵测试；"感知机"神经网络模型发明	Logic Theorist 提出；"机器学习"概念明确；模式识别论文发表；首个专家系统 DENDRAL 提出；XOR 线性不可分的问题提出；早期 AI 程序，如 ELIZA 和 SHRDLU；神经语言理解和对话的能力，开启了神经网络研究的先河	《莱特希尔报告》发表；专家系统的发展；BP 算法提出；用于医疗领域的 MYCIN 系统完成；计算机程序，早期 AI 程序，计算机深蓝战胜国际象棋世界冠军；决策树和推理技术表示和推理技术的发展	XCON 专家系统在特定领域内模拟专家的决策能力；"计算机视觉"概念提出；贝叶斯网络提出；单层感知器不能做件线性分类的问题解决；ID3 决策树算法提出；卷积神经网络算法的提出；机器学习算法从大规模数据中提取有用信息的能力	支持向量机提出；深蓝超级计算机战胜国际象棋世界冠军；三篇论文公布；《迁移学习的调查》文章发表。IBM Watson 问答机器人参与 Jeopardy 比赛赢得冠军；ImageNet 网络提出；AlexNet 赢得 ImageNet 比赛冠军；谷歌知识图谱发布；生成对抗网络提出；TensorFlow 框架开源；AlphaGo 成胜人类围棋冠军；联邦学习提出；Attention is All You Need 论文发表；Bert 模型发布。"深度学习"（deep learning）神经网络（convolutional neural network）在图像识别和应用方面取得突破，如 DeepMind 的 AlphaGo。强化学习在游戏领域中的应用，机器人控制中的应用，自然语言处理（NLP）技术的进步，如 BERT 和 GPT 模型	《人工智能法案》提案提出；Al-phaFold2 预测 98.5% 的人类蛋白质结构；ChatGPT 模型推出。AI 技术的广泛应用，如自动驾驶、智能家居、医疗诊断、智能管家等
问题	技术过于原始，缺乏足够的计算能力，对 AI 的长期潜力和复杂性认识不足	对 AI 能力的过度乐观，缺乏对深度学习复杂性的理解，导致资金和公众兴趣的波动	专家系统的知识获取瓶颈，成本高昂，对特定领域的过度依赖	对高质量数据的依赖，算法的可解释性和泛化能力的限制	对大量标注数据的依赖，模型的可解释性和透明度问题，以及计算资源派的高消耗	伦理问题、隐私保护、AI 决策的公正性和透明度，以及技术失业等社会经济问题
时间轴	1940 年至 1959 年	1960 年至 1969 年	1970 年至 1979 年	1980 年至 1989 年	1990 年至 2019 年	2020 年以来

资料来源：作者参考深圳市人工智能行业协会发布的《2024 人工智能发展白皮书》以及"程序猿 凡白"发表于 CSDN 论坛上的《人工智能发展历程》相关资料自行整理而得。

二、人工智能的核心技术

早在 1980 年，约翰·塞尔就根据是否真正拥有意识和理解，或者说从智能的发展水平上，把人工智能划分为弱人工智能和强人工智能[①]。其中，弱人工智能，指仅限于执行特定领域、特定工作的人工智能，如视频监控与识别、智能门禁系统、交通信号控制、自动驾驶辅助、环境监测、智能电网、智能家居、政务服务自动化、辅助诊断等。其特点是只专注于解决特定问题，不具备类似人类智能的广泛学习和推理能力。强人工智能，指能在任意领域或任务中展现类似人类的智能，甚至超越人类，涵盖通用人工智能和人工生命等。其特点是拥有全面的智能能力，能像人类一样思考、学习和解决问题。目前，强人工智能产品仍处于预想阶段，但有接近强人工智能的产品，如电商平台、媒体等网站上的智能推荐系统，OpenAI 的 ChatGPT、谷歌的 Gemini 聊天机器人等。

从人工智能的技术基座和运用领域、深度，可以将人工智能划分为认知 AI、机器学习 AI，深度学习 AI 等三种类型（见图 6-8）。其中认知 AI，指在模拟人类的认知过程，能够感知、推理、行动和适应的程序。涉及数据分析、自然语言处理（NLP）和智能自动化。应用上，结合人工智能的最佳决策与人类判断，用于处理复杂或不确定事件，提供快速可靠的解决方案。机器学习 AI，则是能够通过大数据分析自主改进性能、寻找模式，无需过多人为干预即能预测结果。应用场景包括自动驾驶、智能推荐系统、欺诈检测等。深度学习 AI，作为机器学习的一个子集，采用多层神经网络从大量数据中模拟人脑进行学习。应用领域包括图像识别、语音识别、自然语言处理和游戏 AI 等[②]。

---

① 李磊，何艳辉，钱育成. 与机器赛跑还是共舞？生成式人工智能、就业规模与劳动收入份额 [J]. 金融市场研究，2024，（3）：51-60.

② 吃不吃麦辣鸡腿堡. 人工智能-机器学习-深度学习-分类与算法梳理 [EB/OL].（2024-01-19）[2024-05-19].https://blog.csdn.net/weixin_42907150/article/details/135704365.

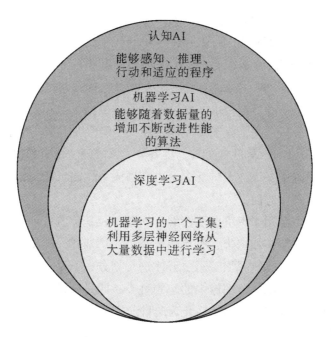

图 6-8   认知 AI、机器学习 AI、机器学习 AI 关系

人工智能是一个由多种技术综合而成的拟人化的系统，一般来说，在城市治理中，人工智能主要涉及计算机视觉、机器学习、自然语言处理、语音识别、深度学习、机器人技术、数据挖掘、虚拟现实和增强现实等核心技术。

1. 计算机视觉

计算机视觉是一项模拟人类视觉系统的先进技术，它使计算机能够理解和解释视觉信息。通过高分辨率摄像头、深度传感器及无人机等硬件，以及 OpenCV、TensorFlow 等软件工具，计算机视觉实现了对图像和视频的识别与处理。其核心功能包括物体识别、场景理解和行为分析，该技术已广泛应用于城市治理中的交通监控、公共安全管理以及城市规划等多个领域。

在具体应用层面，计算机视觉技术涵盖了以下三个方面：一是图像分类，即依据内容将图像分配至相应类别，如人脸识别、物体识别等；二是目标跟踪，即追踪图像中特定对象的位置及其动态变化；三是语义分割，即将图像细分为多个部分，并辨识每一部分的具体意义，比如区分图像中的人物、车辆、道路等元素。

计算机视觉技术的核心在于深度学习算法，特别是卷积神经网络（CNN）。常见的模型有 VGG、ResNet、Inception 及 Faster R-CNN 等，这些模型极大地推动了计算机视觉技术的发展和应用。

2. 机器学习

机器学习是一种算法技术，使计算机通过数据学习提升性能，实现模式识别与预测分析。它依赖于高性能服务器、GPU 加速器等硬件设施，以及 scikit-learn、Keras 等软件工具，具备分类、回归、聚类和预测等核心功能。在城市治理中，该技术广泛应用于交通流量预测、能源消耗分析和城市规划辅助决策等方面。

机器学习主要用于解决以下四大类问题：一是预测，即对新数据的类型或数值进行预测，如房价、股市趋势等；二是聚类，即根据特征将数据分门别类，如根据购物习惯对用户群体进行划分；三是分类，即将数据归入预定义的类别，如区分图像中的动物种类；四是降维，即将高维度数据简化为低维度，如将文本信息转化为向量形式。

根据学习方式的不同，机器学习可以分为监督学习、无监督学习、半监督学习和强化学习。常用算法包括支持向量机（SVM）、k-均值聚类、主成分分析（PCA）以及各种强化学习算法。

3. 自然语言处理

自然语言处理是使计算机能理解人类语言的技术。它通过使用通用计算硬件和软件支撑，如 NLTK、spaCy 等，实现语言翻译、情感分析、文本摘要等功能。该技术广泛应用于政府服务热线、社交媒体监控和公共意见分析等场景。

自然语言处理主要用于解决以下六大类问题：一是句法语义分析，分析句子的结构、词性和词义；二是信息抽取，从文本中提取关键信息，如时间、地点、人物等；三是文本挖掘，对文本进行索引和检索；四是机器翻译，将一种语言的文本翻译成另一种语言；五是问答系统，回答用户提出的问题；六是对话系统，与用户进交流对话。

自然语言处理技术主要依赖于深度学习算法，如循环神经网络（RNN）、长短期记忆网络（LSTM）等。

4. 语音识别

语音识别旨在将人的语音输入转换为机器可理解的语言或自然语言文本。它通过麦克风阵列、语音采集设备等硬件以及 Google Speech-to-Text、

CMU Sphinx 等软件的支持，实现了实时语音转写、命令识别和多语言支持等功能，广泛应用于智能助手、公共服务热线和会议记录等领域。

此技术致力于解决以下三个关键技术问题：一是噪声处理：增强语音识别系统对噪声环境的抵抗力；二是环境适应性，即提升系统在多样环境下的稳定性；三是模型优化，即提高识别准确性与处理速度。语音识别的进步主要得益于深度学习算法的应用，如深度神经网络（DNN）等①。

以上列举的仅为人工智能最核心的四项技术，在实际的应用中人工智能涉及的技术类型非常多，如机器人技术、深度学习、数据挖掘、虚拟现实（VR）和增强现实（AR）、智能决策支持系统、物联网、地理信息系统等不胜枚举。

三、城市治理中的人工智能运用

2018 年 10 月 31 日，中共中央政治局就人工智能发展现状和趋势举行第九次集体学习。习近平总书记强调："人工智能是引领这一轮科技革命和产业变革的战略性技术，具有溢出带动性很强的'头雁'效应。"在第三次工业革命如火如荼发展的今天，我们必须在城市治理中抓住正在呈现的人工智能、群体智能、跨媒体智能、混合增强智能和智能无人系统等"头雁"效应，加快推进城市治理向"智能化、智慧化、自动化"方向发展②。

人工智能是城市智慧治理的核心驱动力，它扮演着"智慧之源"的角色。城市是一个错综复杂的系统，其治理涵盖了众多维度、对象、内容及场景，加之治理目标与技术的不断演进，应用场景也在持续扩展。表 6-8 简述了人工智能在智能交通管理、环境保护与监测、公共安全与应急响应、智慧城市治理与服务、智慧经济与产业发展、智慧生活与社区服务、智慧公共安全与治安、智慧交通与出行、智慧健康与医疗、智慧教育与文化的十个城市治理领域中的运用。

---

① 崔雍浩，商聪，陈锶奇，等. 人工智能综述：AI 的发展 [J]. 无线电通信技术，2019，45（3）：7.

② 伊格纳斯·卡尔波卡斯. 算法治理：后人类时代的政治与法律 [M]. 邱遥堃，译. 上海：上海人民出版社，2022：3.

表 6-8 城市治理中的人工智能技术及功能

应用领域	具体应用	城市治理中涉及的人工智能技术及功能
智能交通管理系统	交通信号控制	通过分析历史交通流量、实时路况和气象数据，智能交通信号控制系统能够动态调整信号灯的时序，以适应不同时间段和条件下的交通需求，从而缓解交通拥堵。例如，系统可以根据车流量自动延长或缩短绿灯时间，确保交通流畅
	自动驾驶车辆监管	结合计算机视觉和自动驾驶技术研发的自动驾驶车辆监管系统能够监控自动驾驶车辆的行为，确保它们遵守交通规则，同时通过实时数据分析预防潜在的安全隐患，从而提高道路安全性
	停车管理	利用车牌识别技术和物联网设备研发的智能停车系统能够自动分配车位、接受预约并准确计费，提高停车效率。例如，系统可以根据车辆到达的时间和停车场的空闲车位情况，提前为司机预留车位
	违法行为监测	通过图像识别技术，智能监控系统能够实时捕捉并记录交通违规行为，如闯红灯、超速行驶等，自动生成罚单，减少人工执法成本
	交通流量预测	基于历史数据和时间序列预测技术，系统能够预测未来的交通流量，帮助城市规划者合理安排交通资源，如调整公共交通班次或建议司机选择最佳路线
环境保护与监测	空气质量监测	通过在城市各处设置空气质量监测站点，系统能够实时收集数据并利用传感器网络和大数据分析技术，为市民提供空气质量预警，指导他们采取防护措施
	水质监测	水质监测设备结合水质传感器和物联网技术，实时监控水质变化，并通过 AI 算法评估水质，及时发现污染事件
	垃圾智能分类	使用 AI 摄像头和语音识别技术，智能垃圾箱能够自动识别垃圾类型并指导居民正确分类，提高垃圾分类的准确率
	污水处理	在污水处理厂安装智能监控系统，利用物联网和机器学习技术优化处理流程，提高处理效率并减少能源消耗

表6-8(续)

应用领域	具体应用	城市治理中涉及的人工智能技术及功能
公共安全与应急响应	视频监控	通过图像识别和行为分析技术，智能监控系统能够实时监控公共场所，及时发现异常行为，如暴力事件或人群聚集，并迅速报警
	人脸识别与追踪	利用人脸识别技术，系统能够在人群中快速定位嫌疑人，并追踪其行踪，协助警方进行有效的安全管理
	应急指挥系统	基于大数据分析和云计算技术，系统能够实现跨部门的信息共享和协调，提高应对突发事件的效率
	灾害风险评估	运用地理信息系统（GIS）和机器学习技术，系统能够评估自然灾害的风险，为防灾减灾提供决策支持
	智能救援装备	在灾害现场，智能机器人和自动驾驶车辆能够执行搜救任务，提高救援效率
智慧城市治理与服务	智能政务服务	利用自然语言处理和机器人流程自动化（RPA）技术，智能政务服务平台能够提供7×24小时的服务，简化行政流程，提高政府工作效率
	智慧社区管理	结合物联网和大数据分析技术，社区管理变得更加智能化，如智能照明系统能够根据环境光线自动调节亮度，节约能源
	智慧照明系统	利用物联网和传感器技术的城市照明解决方案，可以根据实际需要自动调节路灯的亮度。这不仅能节能减排，还能根据实际情况提供适宜的照明，既保证了市民的安全，也降低了城市的能耗。此外，还能通过远程监控和故障预警功能，及时发现并修复路灯故障，进一步提高维护效率
	智能环卫调度	智能环卫调度系统则是结合了大数据分析和路径规划算法，用于优化环卫工人的工作路线和排班计划。通过分析历史数据和实时信息，系统能够预测哪些区域何时可能产生更多的垃圾，进而合理安排清扫时间和频率。同时，它还能根据天气变化、节假日等因素动态调整环卫工人的工作计划，确保城市环境始终保持清洁。这样的系统不仅提高了清洁工作的效率和质量，还减少了人力资源的浪费，使环卫工作更加科学和精准
	智慧能源管理	利用智能电网和机器学习技术，系统能够优化能源消费，减少浪费
智慧经济与产业发展	经济预测	通过大数据分析和机器学习技术，系统能够预测经济趋势，为企业和政策制定者提供决策依据
	产业规划	结合GIS和机器学习技术，系统能够优化产业布局，促进区域经济发展
	市场监管	利用图像识别和自然语言处理技术，系统能够监控市场活动，维护市场秩序

表6-8（续）

应用领域	具体应用	城市治理中涉及的人工智能技术及功能
智慧教育与文化	智能教育平台	根据学生的学习进度和习惯，平台能够提供个性化的学习内容和辅导，提高教育质量
	智能图书馆管理	实现图书的自动借还和智能检索，提升图书馆服务效率
	文化遗产保护	利用虚拟现实（VR）和增强现实（AR）技术，系统能够重现历史场景，增强公众的文化保护意识
智慧健康与医疗	医疗诊断辅助	通过深度学习和图像识别技术，系统能够辅助医生提高诊断的准确性，特别是在影像学检查中提供第二意见
	远程医疗服务	提供远程医疗咨询和会诊服务，方便患者在家就能获得专业医疗建议
	健康管理	通过可穿戴设备和大数据分析技术，系统能够实时监测个人健康状况，预防疾病
	药物研发	利用机器学习和生物信息学技术，加速新药的研发进程
	医院管理	运用物联网和大数据分析技术，优化医院资源分配和运营效率
智慧交通与出行	共享单车管理	利用物联网和大数据分析技术，系统能够优化共享单车的分布和调度，减少乱停乱放现象
	智能公交系统	根据实时交通数据，系统能够动态调整公交线路和班次，提高公交服务的准时性和可靠性
	无人驾驶出租车	提供全天候的无人驾驶出租车服务，增加出行便利性
	交通信息发布	实时提供交通信息，帮助市民规划出行路线，避开拥堵
	交通基础设施	集成智能传感器监测道路状况，确保交通安全
智慧公共安全与治安	安防系统	通过视频分析和行为识别技术，系统能够自动识别异常行为，如盗窃或破坏公物等，并及时报警
	火灾预警	利用烟雾检测和温度监测技术，系统能够快速响应火灾，减少损失
	网络安全防护	运用机器学习和威胁情报技术，保护信息基础设施免受攻击
	反恐响应	通过大数据分析和模式识别技术，系统能够提高反恐工作的效率
	警务管理	利用无人机和智能穿戴设备，提高警力的响应速度和覆盖范围

表6-8(续)

应用领域	具体应用	城市治理中涉及的人工智能技术及功能
智慧生活与社区服务	智能家居系统	提高居家生活的舒适度和能效，如智能温控系统能够根据室内外温度自动调节
	垃圾分类回收	利用图像识别和物联网技术，提高垃圾分类的效率和准确性
	社区服务平台	提供一站式社区服务，增强社区凝聚力
	养老服务	运用健康监测和远程医疗技术，为老年人提供全面的护理服务
	教育辅导	利用自然语言处理和个性化推荐技术，提供定制化的教育资源，满足不同学习需求

资料来源：作者根据公开资料自行整理而得

通过上述分析，我们可以看出，随着人工智能在城市治理中广泛而深入地运用，城市治理成效也在显著提升。如智能交通管理通过AI优化信号灯控制，显著提高通行效率；环境监测利用传感器网络监控空气质量、水体质量等环境要素，并通过数据分析预测及预警环境变化；公共安全与应急响应采用实时视频监控及AI分析，以预防犯罪并加快灾害响应速度；城市智慧治理通过整合数据资源，优化市政服务；智慧经济与产业发展运用经济数据分析来预测市场趋势，指导产业布局；智慧生活与社区服务提供个性化服务，增强居民满意度；智慧公共安全与治安借助AI技术强化预防和控制，提升治安水平；智慧交通与出行提供实时交通信息，优化出行方案；智慧健康与医疗利用远程医疗技术提供便捷服务；智慧教育与文化运用AI技术丰富教学法和文化传播手段。

随着数字化时代的到来，大数据、云计算、人工智能、数字孪生、区块链及物联网等数字技术正以前所未有的速度改变着城市治理的面貌，为城市治理创新提供了强大的驱动力。

第七节 区块链：未来城市智慧治理的信任基石

一、区块链的概述

早在 20 世纪 90 年代，密码学家尼克·萨博就提出智能合约的概念，并用于基于以太坊的代币的生成与分发。智能合约就是对合约内容进行数字编码，生成一个计算机程序，当预先设定的条件被触发时，它能够自动执行合约条款，这算是区块链最初的雏形。区块链这个概念，是 2008 年由中本聪首次提出来的，后来逐渐成为热门的研究领域。这种技术的核心是去中心化的分布式账本技术（DLT）。凭借其公开、透明、不可篡改以及可追溯的特性，区块链为我们提供了一种全新的数据交换和存储解决方案。随着 2009 年比特币的产生、兴起，区块链技术进入公众视野，并迅速引起了广泛的关注和讨论。2013 年，Vitalik Buterin 发表了以太坊白皮书，提出了智能合约的概念，扩展了区块链的应用场景，此时比特币价格经历了一轮暴涨，并开始获得关注，区块链技术逐渐被认识。受到投资者们的关注，大量区块链创业公司涌现，人们的关注度持续上升，使比特币市场在 2015 年至 2019 年呈现暴涨暴跌的震荡态势。2020 年以后，随着各国相关政策的逐步明朗，以及区块链在供应链管理、版权保护、身份验证、供应链金融、数字身份、智慧城市等领域的应用，人们的注意力才从比特币向多元领域渗透，随着区块链运用场景的逐步扩展，其概念及运用开展广为人知（见图 6-9）。对于城市而言，区块链技术同样提供了新的思路和方法，使得城市治理更加高效、透明①②③。

---

① 杨小勇，陈显鸿. 发挥区块链技术在解决市场经济"双失灵"中的作用 [J]. 改革与战略，2021，37（2）：43-50.

② 贾开. 区块链治理研究：技术、机制与政策 [J]. 行政论坛，2019，26（2）：80-85.

③ GLOERICH I, WAAL M D, FERRI G, et al. The city as a license. implications of blockchain and distributed ledgers for urban governance [J]. Frontiers in Sustainable Cities, 2020：2.

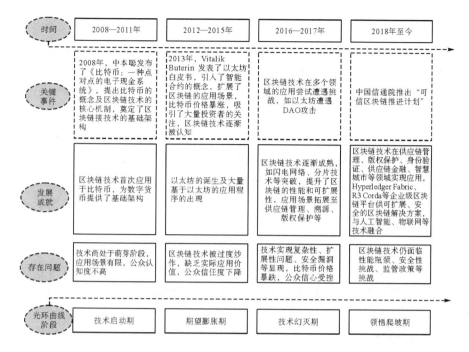

图6-9　光环曲线理论视角下的区块链技术发展路径

资料来源：作者根据公开资料绘制而得。

根据用户的访问管理权限，可将区块链分为私有链、公有链和联盟链。

1. 私有链

私有链指写入权限仅掌握在一个组织或者少数人手中，或者仅针对某个组织或某几个人开放的区域链。私有链具有以下特征：一是中心化控制。系统内每个节点的身份权限由系统内单个组织分配，开放的数据由一个中心化的实体控制，便于监管和管理。二是高交易速度。由于参与者数量有限，因此交易速度较快。三是隐私性。交易数据仅对授权的参与者开放，数据的隐私保护程度最高。私有链的使用权限门槛较高，参与者必须要通过注册，并且身份得到认证后方能入链。

在城市治理中，用于存储城市基础设施、土地使用、城市规划等专项数据的公共数据库，应以私有链形式构建，以确保数据的安全性和一致性。政府的内部审计也应构建为私有链形式，以提供不可篡改的审计轨迹，简化审计过程。

2. 公有链

公有链是一种没有任何权限设定，没有身份认证，完全去中心化、完全开放，任何人都可以参与的区块链系统。系统中的所有数据都是公开透明的。公有链具有以下特征：一是去中心化。该系统不受任何组织或个人控制，系统的运行依托于开发时的代码执行，即"代码即规则"左右着每个参与者的交易。二是透明性。区块链网络由众多节点共同维护，所有交易记录都对所有参与者公开，并需要得到他们的确认和共识方有效，透明度极高。三是不可篡改性。一旦数据被写入区块链，就无法更改或删除。任何一次改动都需要得到网络中几乎所有共识者的同意，数据更改的成本巨大，甚至不可能更改。

在城市治理中，为了确保一些公共资源的使用与分配的透明性和公正性，如社会福利、补贴等发放，基层社区管理中的投票系统，城市环境监测、交通流量等数据，公共财政的收支管理，食品、药品、医疗器械等管理，公共工程招标、采购等可以通过构建公有链来实现。

3. 联盟链

联盟链介于公有链与私有链之间，是一种其共识过程受到预先设定的有限节点共同参与维护和控制的区块链，这些节点通常是联盟成员。联盟链具有以下特征：一是部分去中心化。该系统由多个组织共同维护，但写入权限受到限制。二是高效率。由于节点数量较少，交易速度较快。三是数据共享。联盟成员之间可以共享数据，但对外保持隐私。

在城市治理中，联盟链适合于那些需要部分去中心化、隐私保护、高效共识以及特定群体内部协作的场景。比如在生态治理，公共安全治理，交通、能源、公共设施管理等需要跨区域、跨部门协同中，行业监管部门与行业间，可以通过构建联盟链，推进相关主体的有机协同。

二、区块链的核心技术

区块链是由多种技术综合应用形成的技术综合体。一般来说，区块链的核心技术，主要指密码技术、分布式账本、共识机制、点对点网络、智能合约等。

1. 密码技术

从性质上看，区块链就是通过利用密码技术，将系统内的有效交易进行编码的可附加账本①。在区块链中，主要应用到的密码技术包括哈希算法、加密算法、数字签名等，通过它们的共同协作，保证了数据的机密性、完整性、可用性、不可否认性和访问控制等特征，从而构成保障数据安全和用户隐私的基石。

哈希算法是根据数据特性生成的一串固定字符，是该数据信息的唯一标识，主要用于确保数据的完整性和快速比较。

加密算法分为对称加密算法和非对称加密算法，而区块链用的是非对称加密算法②。非对称加密算法就是加密与解密使用不同的密钥③。当出现接收资金、身份验证和数据加密等情况时，需要使用公钥；当出现发起交易、数据解密和签名验证时，则需要使用私钥。私钥可以计算出公钥，但公钥无法推出私钥。

数字签名是信息发出者产生的验证数据发送方一串数字。它需要结合哈希算法和加密算法一起使用，是一种基于公钥密码体系的认证机制，用于证明数据的来源和完整性的加密方式。在数字签名过程中，发送方使用其私钥对发送的信息进行签名（哈希算法+私钥），接收方则使用对应的公钥进行解密④（哈希算法+公钥）。

2. 分布式账本

分布式账本，即将一个交易账本复制成多个完整副本，并实时存放在多个地方，系统中的每个人都可以查看和验证账簿中的交易时间、参与者和交易金额等关键信息，但是没有人能够擅自更改和删除这些记录。它是区块链的核心。

3. 共识机制

共识机制，相当于激励机制，即在去中心化网络中，用来解决当交易发生后，谁来记账，何时记账，以及谁将确定的账本同步到区块中，能使大家都一致认同和记账后谁能享受收益的分配权等问题。在区块链中，分布式账本的一致性、可靠性，不像传统的记账机制那样通过某个信任机构的背书，而是靠一套共识机制来相互验证。共识机制有很多，但主流的共

---

① 张勇，冯明昱. 数字生态下商用密码应用安全的法治保障 [J]. 上海政法学院学报（法治论丛），2022，37（3）：121-129.

② 吉斌，昌力，朱丽叶，等. 区块链系统节点私钥泄露的电力数据防篡改方法与验证机制设计 [J]. 电力自动化设备，2021，41（12）：87-94.

③ 尹可挺. 区块链+社会治理 [M]. 北京：电子工业出版社，2002：17.

④ 尹可挺. 区块链+社会治理 [M]. 北京：电子工业出版社，2002：17.

识机制主要指工作量证明（PoW）、权益证明（PoS）、委托权益证明（DPoS）和实用拜占庭容错（PBFT）算法。不同的共识机制有不同的优势和特点，它们在新区块的创建以及区块里账本信息的验证中地位和作用各不相关（见表6-9）。

表6-9　区块链中四种共识机制的比较分析

关系		工作量证明（PoW）	权益证明（PoS）	委托权益证明（DPoS）	实用拜占庭容错（PBFT）算法
区别	概念	PoW是一种通过"挖矿"来验证交易并创建新区块的机制。成功创建一个节点会获得加密货币作为奖励	PoS（proof of stake）是下一个区块的创建者由算法随机选择的共识机制。但节点的持币量和持币时间会增加其被选中的概率	DPoS是一种由代币持有者投票选举一组代表（或见证人）来创建区块的共识机制	PBFT是一种能够在部分节点出现故障（包括恶意行为）的情况下仍能达成共识的算法
	特征	资源消耗：依赖大量计算资源，能源消耗高。安全性：通过计算难度保证，攻击者需掌握51%以上的网络算力。去中心化：高度去中心化，拥有足够计算能力的节点有挖矿的机会。速度：交易确认速度相对较慢	资源消耗：能源消耗较低，因不依赖于计算难题。安全性：依赖于节点持有代币量，攻击者需持有大量代币。去中心化：去中心化程度可能低于PoW，因代币持有量影响记账权。速度：交易确认速度快	资源消耗：能源消耗低，只有选定的代表节点运行。安全性：通过代表节点维护网络，不端行为可替换。去中心化：去中心化程度较低，权力集中在少数代表节点手中。速度：交易确认速度快	资源消耗：能源消耗相对较低。安全性：能够容忍一定比例的恶意节点，适用于高安全环境。去中心化：适用于中心化系统，去中心化程度较低。速度：交易确认速度快，适用于高交易吞吐量场景
联系		共识目标：所有这些算法的最终目标是确保分布式网络中所有节点对交易历史和账本状态达成一致。安全性考虑：它们都旨在防止恶意攻击，如双重支付或篡改交易。容错能力：尽管程度不同，但这些算法都有一定的容错能力，能够维持网络运行，即使部分节点出现故障或恶意行为。适应性和演变：随着区块链技术发展，这些算法可能相互借鉴，发展出新的变种或混合算法，以适应不同应用需求			

资料来源：作者根据公开资料整理而得。

4. 点对点网络

区块链中的点对点网络（P2P）不同于传统的客户端/服务器（C/S）网络服务架构。这种网络服务架构中，每个网络节点既是客户端，也是服务器，网络节点之间能实现直接的通信和数据传输。P2P 网络没有容量限制，随着网络节点的增加，整个网络的可用资源也会同步增加，资源的增加带的是网络外部性的增加①。

5. 智能合约

智能合约，就是部署在区块链上，当满足预设条件时，就能自动执行的程序②。它的本质是区块链上相关主体约定的权责利等契约规则的转化，当条件触发时，这个程序会自动执行。这个程序由区块链网络中的节点共同制定、维护和执行，不需要第三方权威组织或信任机制的加持。因此，它具有自动执行、透明性、去中心化、不可篡改、可靠性等特点。

三、城市治理中的区块链技术运用

区块链作为智慧治理的信任基石，它是通过分布式账本技术和共识机制，确保数据的安全性和不可篡改性，为城市治理提供信任基础的。区块链技术能够确保数据交易的真实性和完整性，促进跨部门、跨领域的信息共享和协同。

区块链技术是智慧治理的"信任机制"。例如，区块链可以用于城市数据共享平台，实现数据的安全共享和可信协作；可以用于城市公共服务平台，提高公共服务的透明度和效率；可以用于城市治理监管平台，提高治理的透明度和公正性。

区块链技术凭借其去中心化的架构和不可篡改的特点，已经成为解决城市治理中信任问题的一大利器。在这一技术的加持下，城市治理者能够通过一个公正、透明的平台来管理公共事务，确保所有信息都被准确记录并受到监管。这种去中心化的特性允许了信息的自由流动，而不是像传统方式那样由单一权威机构控制，从而提高了公共管理系统的效率和响应速度。

例如，在电子政务领域中，区块链可以用于建立一个安全、可验证的身份认证系统，使得公民可以轻松地访问政府服务网络。这样不仅可以减少公众对个人数据泄露的信任风险，还能提高政府工作的透明度，让公众对政府的工作流程有更深入的了解。此外，在食品安全追溯方面，区块链能够有效

---

① 尹可挺. 区块链+社会治理 [M]. 北京：电子工业出版社，2002：22.

② 李平，曹茜. 数字经济下科技创新激励新方式讨论：智能合约的运用 [J]. 价格理论与实践，2024，(1)：22-28.

追踪食品从生产到消费的整个过程，保证产品的来源清晰可查，消费者也可以通过智能合约进行自我监督，进一步增强了公众对食品安全的信心。总之，区块链技术为城市治理带来了前所未有的机遇，它不仅提升了信息的安全性和可靠性，也为构建更加和谐的社会环境提供了强有力的支撑。

第七章 国内外城市智慧治理案例分析

　　城市智慧治理属于典型的跨学科研究范畴，涵盖了公共管理学、计算机科学、经济学、社会学和政治学等众多领域。伴随现代科学技术的持续演进，城市治理的理念与方法正经历着深刻且巨大的变革。从初期较为单纯的城市管理，过渡至后来的数字城市治理，再发展至今天的城市智慧治理，每一轮技术革新皆为智慧治理赋予了全新的活力①。在智慧城市建设的语境中，智慧治理彰显出政府借助新兴信息技术改进跨部门决策的方式，并通过更具包容性的途径吸引公众参与，以此促进现代城市治理模式的推进②。也就是说，智慧治理属于智慧城市建设中的一部分，但智慧治理与智慧城市建设间不存在绝对的包含关系。从时间上看，智慧治理的产生可能先于智慧城市的建设。

　　智慧城市这一概念最早出现在美国③，其后迅速被欧盟以及其他国家和地区接纳。国际范围内有关智慧城市建设的实践研究表明，智慧城市的构建并非孤立展开的，而是历经了从单一城市的试点项目至区域性乃至全球性项目的演变历程。此过程着重凸显了智慧技术应用的广泛性、产业组织的整合性、城市规划配置的科学性以及人本主义视角的关键地位④。

---

　　① VIALE P G, PETER P, ENZO F, et al. Smart governance in the context of smart cities: A literature review [J]. Information Polity, 2018, 23 (2): 1-20.

　　② 李晴，刘海军. 智慧城市与城市治理现代化：从冲突到赋能 [J]. 行政管理改革，2020，No. 128 (4): 56-63.

　　③ 沈丽珍，陈池. 从智慧城市到智慧区域：新的城市与区域发展模式 [J]. 科技导报，2018, 36 (18): 39-46.

　　④ 沈山，曹远琳，孙一飞. 国际智慧城市发展实践与研究前瞻 [J]. 现代城市研究，2015 (1): 42-48.

第一节　国外城市智慧治理案例分析

纵观全球，城市的智慧治理，是一个世界性的潮流，如新加坡、芬兰的赫尔辛基、英国的伦敦、美国的纽约、日本的东京、丹麦的哥本哈根、荷兰的阿姆斯特丹、西班牙的巴塞罗那、阿联酋的迪拜等城市在智慧治理上积累了丰富的经验。本书结合瑞士洛桑国际管理发展学院（IMD）历年发布的《全球智慧城市指数报告》，综合考虑欧美、亚洲发达国家智慧城市建设的独特性，选取新加坡、英国伦敦、美国纽约、荷兰阿姆斯特丹等四个城市为典型案例来分析，希望以此总结发达国家的城市智慧治理典型经验。

一、新加坡：亚洲城市智慧治理的先行者

新加坡，这座被誉为"花园城市"的岛国，自古以来便以其独特的地理位置、高效的政府治理和卓越的公共服务体系闻名于世。进入 21 世纪，随着全球信息化浪潮的兴起，新加坡政府敏锐地意识到信息通信技术（ICT）对于推动国家现代化、提升城市治理效能的重要性。在此背景下，新加坡于 2006 年启动了"智慧国 2015"计划（iN2015），正式拉开了智慧城市建设的序幕。该计划旨在通过 ICT 的广泛应用，将新加坡打造成为一个智能化、高效化、全球化的都市，为居民提供更加便捷、优质的公共服务，同时推动国家经济的可持续发展。

（一）新加坡智慧城市建设历程

第一，"智慧国 2015"计划。2006 年，新加坡实施的"智慧国 2015"计划，算是新加坡智慧城市建设的起点①。该计划由新加坡资讯通信发展管理局统筹政策、企业以及社会团队成立 IN2015 指导委员会，下设十个分委员会，围绕三个面向、七大经济领域，推进四大推动策略，计划在 2015年实现六大目标（见表 7-1）。

---

① 如果要追溯新加坡的智慧治理，应该从 20 世纪 80 年代新加坡就提出"智慧岛"计划开始，即通过信息化的规划和建设来提升城市治理的效能。

表 7-1　新加坡 iN2015 内容简介

结构	内容
一个指导委员会	iN2015 指导委员会
十个分委员会	数字媒体与娱乐
	教育与学习
	财务金融
	政府服务
	保健与生物医药
	制造与物流
	旅游与零售
	新加坡信息通信企业发展
	信息通信设施服务及科技发展
	信息通信竞争力
三个面向	企业发展
	基础设施
	人力资源发展
七大经济领域	数字媒体与娱乐
	教育与学习
	金融服务
	电子政府
	保健与生物医药
	制造与物流
	旅游与零售等
四大推动策略	引领关键经济部门、政府、社会转型
	构建高速、普及、智慧、安全的信息通信基础设施
	发展具有信息通信能力和全球竞争力的人才
	发展具有全球竞争力的信息通信产业

表7-1(续)

结构	内容
六大目标	90%的家庭将使用宽带网络
	100%的有学龄儿童的家庭拥有电脑
	信息通信科技业增加 8 万个就业机会，即 5.5 万个信息通信科技（ICT）类工作和 2.5 万个附属类工作
	信息通信增值服务产值翻倍，达到 260 亿新元的目标
	创造信息通信出口毛利 3 倍增长，达到 600 亿新元的目标
	成为全世界成功应用信息通信提高经济与社会层面附加价值首屈一指的国家

资料来源：智慧城市推动计划（2006—2015 年）—iN2015。

第二，可持续发展蓝图与"智慧国 2025"计划。为了进一步推动城市的可持续发展，新加坡政府在 2009 年发布了"可持续发展蓝图"，设定了未来 15 年的城市发展目标。为了与"智慧国 2015"计划相衔接，新加坡在 2014 年推出了"智慧国 2025"计划，提出了将新加坡建设成为全球首个智慧国的愿景（见表 7-2）。该计划的核心在于通过"连接""收集"和"理解"三个阶段，实现城市治理的智能化和公共服务的个性化。新加坡政府在 2010 年推出了"我国交通（新加坡）"（MyTransport. SG），让用户可以通过连接 Wi-Fi、通用分组无线服务（GPRS）或第三代移动通信（3G）的移动设备接收全面的运输及交通信息。

表 7-2 新加坡智慧国（Smart Nation）推进计划概述

阶段/策略	描述
开始时间	2014 年
愿景	成为全世界第一个智慧国家
推动单位	智慧国咨询与行政办公室（Smart Nation Programme Office），直属于新加坡总理公署
智慧国建设目标	
1. 更安全、干净、环保的城市生活 2. 更多交通选择 3. 长者在家得到更多照顾 4. 更快速的公共服务 5. 更多公民参与机会	

表7-2(续)

阶段/策略	描述
推动领域	智慧生活、智慧公共设施、智慧环境、智慧安全防灾、智慧交通
智慧国建设策略	
建设智慧国家平台（Smart Nation Platform）	
执行步骤	
连接（connect）	提供全国通信基础设施
收集（collect）	通过传感器网络获取数据
理解（comprehend）	数据分析预测需求，提供服务
智慧国 2025	
时间	2014 年至 2025 年
愿景	建立全球竞争力的信息通信媒体生态环境
执行方向	
1. 完善信息通信基础设施，善用大数据 2. 强化信息通信运用能力，优化产业生态 3. 通过信息通信科技连接民众 4. 增进基础研发与产业联结	

资料来源：智慧城市推动计划（2014 年起）—Smart Nation。

第三，智慧治理的深化与拓展。在"智慧国 2025"计划的指导下，新加坡的智慧治理不断深化和拓展。政府通过引入物联网、大数据、人工智能等先进技术，提升了城市治理的效率和公共服务的质量。同时，新加坡还积极推动数字经济的发展，通过制定《数字经济行动框架》等政策，为数字经济的繁荣提供了有力支持。此外，新加坡还加强了与国际社会的合作与交流，共同探索智慧城市建设的最佳实践。

（二）新加坡智慧城市建设的做法

1. 公共安全与智慧治理

在公共安全领域，新加坡通过引入物联网技术和大数据分析，提升了公共安全和城市治理的效率。例如，"城市智能体 6.5 平台"（CityMIND 6.5 平台）利用物联网传感器收集城市数据，通过智能分析预测潜在的安全风险，为城市安全提供了有力保障。此外，新加坡政府还通过"如此简单"（So Easy）项目和"一体式"（One inbox）项目①等举措，提高了政府服务的效率和公民参与度，实现了跨层级、跨部门的协同办公和信息共享。

2. 智慧交通与出行

新加坡在智慧交通领域也取得了显著成就。早在 2010 年，新加坡政府就推出了"MyTransport. SG"，旨在让用户可以通过连接 Wi-Fi、通用分组无线服务（GPRS）或第三代移动通信（3G）的移动设备接收全面的运输及交通信息。政府通过建设智能交通系统、推广公共交通优先政策等措施，有效缓解了城市交通拥堵问题。特别是公共道路数字孪生模型的开发和应用，为城市交通管理提供了全新的视角和工具。这一模型通过模拟城市交通状况，为政府制定交通政策、优化交通布局提供了科学依据。

3. 智慧环境与可持续发展

新加坡在智慧环境建设方面同样不遗余力。政府通过制定"迈向零垃圾"的国家愿景和实施一系列环保政策，推动了城市的可持续发展。同时，新加坡还利用物联网技术和大数据分析等手段，对城市的能源、水资源等关键资源进行精细化管理，提高了资源利用效率。此外，"虚拟新加坡"项目的开发和应用也为城市的可持续发展提供了有力支持。

4. 智慧服务与民生改善

新加坡政府始终将提升公共服务质量和改善民生作为城市智慧治理的核心目标。通过"我的信息"（My Info）"一站式"政务服务网站等举措的推出，政府实现了部门数据共享、匹配和对接，为公民提供了更加便捷、高效的政务服务。同时，新加坡还积极推动智慧医疗、智慧教育等领域的发展，为居民提供了更加全面、优质的公共服务。

5. 虚拟新加坡项目的实施

新加坡国家研究基金会（NRF）与多家国际知名企业合作，投资开发了"虚拟新加坡"项目。这一动态 3D 城市模型集成了各类物联网传感器数据，为城市治理者提供了直观、全面的城市运行状态视图。通过这一模型，新加坡能够更加精准地优化人口、土地、设施和资源管理，为城市的可持续发展提供有力支持。

---

① WEE L K L, LIM V, TEO J, et al. Massive open and online courses and open education resources in Singapore［J］. 2017（16）：34-38.

6. 政府服务的数字化转型

新加坡政府积极推动政府服务的数字化转型，相继推出了 So Easy 项目、One inbox 项目和 My Info "一站式"政务服务网站。这些举措不仅提高了政府服务的效率和便捷性，还极大地提升了公民参与度和满意度。通过跨部门的数据共享和对接，新加坡政府实现了政务服务的无缝衔接和一体化管理。

7. 智能技术的广泛应用

在公共设施领域，新加坡建屋发展局（HDB）积极嵌入智能技术和传感器，实现了预测性维护。如 2014 年新加坡建屋发展局推出智慧市镇框架（Smart HDB Town Framework），就是将信息通信技术（ICT）应用于智能住宅规划、智能环保、智能节能、智能生活等方面，打造具有智能化应用的公共住宅。这一创新举措不仅降低了人力成本，还提高了服务的可靠性和稳定性。同时，《数字经济行动框架》的发布和实施，进一步推动了新加坡在数字化基础设施、数字治理、数字技能等方面的全面发展。

（三）新加坡在城市智慧治理上取得的成效

2024 年全球智能城市指数显示，新加坡位列第五名，持续保持亚洲领先地位。这一成绩的取得离不开新加坡政府在城市智慧治理上的持续投入和不懈努力。

首先，在公共服务领域，新加坡通过数字化手段实现了政府服务的便捷化、高效化和透明化。公民可以随时随地通过网络平台获取所需信息和服务，大大节省了时间和精力。同时，政府也通过数据分析等手段不断优化服务流程和内容，提升服务质量和客户满意度。

其次，在城市治理方面，新加坡利用物联网、大数据等先进技术实现了对城市运行状态的实时监测和精准管理。这些技术的运用使得新加坡无论是在公共安全、环境保护方面还是在交通出行等方面都得到了显著提升和改善。这些举措不仅提高了城市治理效率也增强了城市的整体竞争力和吸引力。

最后，在可持续发展方面，新加坡通过实施"迈向零垃圾"等环保政策和项目积极推动绿色发展和低碳生活。同时利用数字化手段优化资源配置和管理模式实现资源的节约和高效利用为城市的可持续发展提供了有力支持。

（四）新加坡的智慧城市建设经验总结

新加坡作为全球智慧城市的先行者，亚洲智慧城市的典范，其智慧治理成功经验值得我们深入学习和借鉴。首先，新加坡政府高度重视城市的智慧治理问题，并将其作为国家发展战略的重要组成部分进行长期规划和持续推进。这种战略眼光和远见卓识为新加坡智慧城市建设与城市的智慧治理持续提升提供了强大动力和支持。其次，新加坡政府在对城市的智慧治理过程中非常注重技术创新和融合，通过引入先进技术和理念推动城市治理和服务模式的创新和发展。同时加强与国际社会的交流合作借鉴国际先进经验和技术成果不断提升自身智慧城市建设的水平和质量。最后，新加坡政府还注重公民参与和共建共享通过加强公民教育和培训提高公民的科技素养和参与度推动公民与政府之间的深度互动和合作共同推动智慧城市建设的进程和发展。

新加坡在以人为本、共建共享的发展理念指导下，巧妙地将政府的主导作用与社会力量的参与加以融合，使新加坡在全球智慧城市建设中，呈现出一套独具特色的城市智慧治理模式①。

二、伦敦：欧洲城市智慧治理的翘楚

21 世纪以来，随着信息技术的飞速发展，全球城市化进程加速，城市治理面临前所未有的挑战。在此背景下，英国政府于 2009 年发布了具有划时代意义的《英国数字战略》文件，标志着英国正式迈入数字化转型的快车道。这一战略不仅着眼于数字网络的全面升级，更致力于构建一个包容、创新、高效的数字社会，为电子政务的完善和数字经济的繁荣奠定了坚实基础。伦敦，作为英国的政治、经济和文化中心，自然成了这一战略实施的前沿阵地和展示窗口，其城市的智慧治理探索与实践，为全球城市提供了宝贵的经验和启示。

（一）伦敦城市智慧治理历程

早在 2003 年，伦敦便凭借其前瞻性的眼光推出了 Oyster 卡智能售票系统，这一创新举措极大地提升了公共交通的便捷性和效率。随着技术的不断进步，该系统在 2012 年奥运会期间大放异彩，为全球游客提供了无缝衔接的交通体验。2013 年，《智慧伦敦规划》的发布，更是为伦敦的智慧城市建设指明了方向，智能交通系统作为其中的重要一环，持续引领着城市发展的潮流。

---

① 覃娜，陈潇源，张明. 智慧城市政府治理的国际实践及启示 [J]. 智富时代，2018，B396（6）：94.

2009 年，推动数字经济和基础设施发展英国政府发布了"数字英国"战略①。在"数字英国"战略的指引下，伦敦市政府立足之前的智能交通建设基础，于 2010 年率先推出了交通拥挤收费制度，这一举措不仅有效缓解了城市中心的交通压力，还为该市的智慧城市建设与城市的智慧治理迈出了坚实的一步。伦敦市政府为了向市民访问和利用伦敦市的各种公共数据，以实现数据驱动决策，从而驱动政府的透明度和问责性改革。同年，伦敦市政府启动了伦敦数据仓库建设，该数据库的建设开启了伦敦智慧治理的里程碑。

为了持续推进伦敦的高效、可持续和宜居城市建设，2013 年，伦敦市政府正式提出《智慧伦敦规划——以新技术创造力来服务伦敦和改善伦敦人的生活》（简称《智慧伦敦规划》）。该规划通过整合公私部门资源，从推动技术和数据的应用、提升公共服务和市民生活水平、支持创新和创业、推动可持续发展、加强市民参与和沟通、建设智慧城市生态系统等方面，将伦敦的智慧城市建设推向纵深。比如，通过运用先进技术优化城市智能交通信号系统，进一步有效缓解城市交通拥堵问题。另外，在大数据、区块链等前沿技术的加持下，伦敦数据仓库整合了更多领域的数据集，其功能也得到了进一步扩展，为伦敦城市治理和公共服务提供了更加全面的数据支持。

2017 年，伦敦市政府任命了首位首席数字官，这一举措彰显了其在数字化转型中的领导力和决心。首席数字官的设立，确保了数字化发展与城市战略目标的高度一致，推动了智慧伦敦计划的深入实施②。2018 年 6 月，伦敦市政府发布了第二个智慧城市规划，即《共创智慧城市——让伦敦向世界最智慧城市转型的市长路线图》（简称《共创智慧伦敦路线图》），更是为伦敦未来很长一段时间的智慧城市建设描绘了宏伟蓝图，从"进一步强调用户设计的服务，充分利用城市数据，打造世界一流的连接和更智能的街道，强化数字领导力和技能，加强全球性的联系"等方面，明确了伦敦未来发展的五大使命。

---

① 李重照，黄璜. 英国政府数据治理的政策与治理结构［J］. 电子政务，2019，（1）：20-31.
② 全球智慧城市联盟. 伦敦任命首个首席数字官［EB/OL］.（2017-09-12）［2024-05-12］. https：//mp. weixin. qq. com/s？＿＿biz＝MzU4MDA1MDE4NA＝＝&mid＝2247484024&idx＝3&sn＝1541fbbd6429de9dc24ebe80918b5b66&chksm＝fd5d8e1fca2a07090abc52e34afa21257ee0d119845626ca50aba02b6ca85ee18dceb37ba4e2#rd.

（二）伦敦在城市智慧治理上的做法

伦敦的智慧治理涵盖了多个方面，包括数字基础设施的升级、智能交通系统的构建、数据资源的开放共享以及公共服务的数字化转型等。

在数字基础设施建设方面，伦敦通过全面升级有线、无线和宽带网络，确保了数字技术的普及和公平接入。同时，伦敦还加强了物联网、大数据等新技术的应用，为城市的智慧治理提供了强大的技术支撑。

在智能交通系统的创新方面，伦敦从"牡蛎"（Oyster）卡到智能交通信号系统，伦敦在智能交通领域不断推出创新举措，提高了公共交通的便捷性和效率，缓解了城市拥堵问题。

在数据资源的开放共享方面，伦敦数据仓库的建立和扩展，为市民和开发者提供了丰富的数据资源。通过数据的开放共享，促进了创新应用的诞生和发展，也提升了政府工作的透明度和公信力。

在公共服务的数字化转型方面，伦敦市政府通过数字化转型提升了公共服务的便捷性和效率。例如，"我的伦敦"（MyLondon）网站等平台的推出，实现了政务服务的在线办理和一站式服务体验。

（三）伦敦城市智慧治理取得的成效

经过多年的努力和实践，伦敦城市的智慧治理取得了显著成效，具体表现如下：第一，城市治理效率得到明显提升。通过智能交通系统和数据驱动的管理手段，伦敦成功缓解了城市拥堵问题，提高了道路使用效率。同时，政府工作的透明度和公信力也得到了显著提升。第二，居民生活便利性得到有效改善。智慧城市的建设使得居民能够享受到更加便捷、高效的公共服务。例如，通过 MyLondon 网站等平台，居民可以方便地办理各类政务业务；通过数据仓库等平台获取交通流量、空气质量等关键信息参与城市治理。第三，经济发展得到持续的推动。城市的智慧治理为伦敦的经济发展注入了新的动力。通过数据资源的开放共享和创新应用的诞生发展，伦敦吸引了大量创新企业和人才的集聚，推动了数字经济和创意产业的蓬勃发展。

（四）伦敦城市智慧治理中的经验总结

1. 政策引领与规划先行

伦敦的智慧治理始终离不开政策的引领和规划的指导。《英国数字战略》文件的发布、《智慧伦敦规划》的制定以及后续一系列政策文件的出台，为伦敦市的智慧治理的改进提供了明确的路径和方向，政策引领确保了智慧城市建设的系统性、协调性和可持续性。

2. 数据驱动与开放共享

通过建立伦敦数据仓库并不断扩大其数据采集范围和覆盖范围，伦敦实现了数据的集中管理和开放共享。这一举措不仅为政府决策提供了科学依据，也为创新应用的发展提供了丰富的数据源。同时，伦敦还注重数据安全和隐私保护，确保了数据开放共享的合法性和规范性。

3. 技术创新与多方参与

伦敦在智慧城市建设过程中，积极引入新技术、新应用，推动了交通、医疗、教育等多个领域的智能化改造。同时，伦敦还注重发挥企业、科研机构、社会组织等多方力量的作用，形成了政府主导、多方参与、协同创新的良好局面。这种开放合作的模式为伦敦的智慧城市建设注入了强大的动力。

4. 以人为本与服务导向

伦敦的智慧城市建设始终坚持以人为本、服务导向的原则。无论是智能交通系统的建设，还是公共服务的数字化转型，都旨在提升居民的生活质量和幸福感。伦敦还注重倾听市民的声音和需求，通过问卷调查、公开听证等方式收集市民意见，确保智慧城市建设符合市民的期望和需求。

5. 持续迭代与不断优化

伦敦的智慧城市建设是一个持续迭代、不断优化的过程。伦敦市政府始终保持着对新技术、新应用的敏锐洞察力和创新精神，不断推动智慧城市建设向更高水平迈进。

三、纽约：全球智慧城市建设的先锋

早在 20 世纪 90 年代，纽约市便站在信息化与智能化浪潮的前沿，开启了城市转型升级的初步尝试。这一时期的纽约，面临城市治理的复杂性和市民对高质量生活的迫切需求，信息化项目的引入不仅提升了城市治理效率，还丰富了市民的日常生活体验。纽约市通过构建广泛覆盖的信息网络，为后续的智能化项目奠定了基础。

（一）纽约市的智慧治理的历史脉络

第一个阶段：初步探索与规划制定（20 世纪 90 年代至 2008 年）。纽约市的城市智慧治理，始于对信息化技术的初步探索，即通过一系列信息化项目的实施，逐步构建起城市的信息基础设施。2007 年，迈克尔·布隆

伯格市长领导下的纽约市推出了"纽约 2030"（PlaNYC 2030）这一具有划时代意义的城市规划，该规划全面审视了纽约市的未来发展需求，提出了涵盖土地使用、水资源管理、交通系统优化、能源效率提升及气候变化应对等十个关键目标，为纽约市的可持续发展指明了方向。

第二个阶段：数字城市与韧性建设（2009 年至 2014 年）。2009 年，纽约市宣布了全面建设数字城市的综合计划，这一计划不仅强化了互联网接入能力，还通过开放政府理念、鼓励公民参与，以及支持数字产业增长等举措，推动了城市的数字化转型。同年，纽约市在"PlaNYC 2030"的框架下取得了显著进展，为全球城市可持续发展提供了宝贵经验。2013年，飓风"桑迪"的侵袭暴露了城市基础设施的脆弱性，纽约市迅速响应，发布了"一个更强大、更有弹性的纽约"报告，通过一系列创新策略增强了城市的韧性。

第三个阶段：智慧公平与创新发展（2015 年至今）。2015 年，比尔·德布拉西奥市长发布的"纽约市 2050 战略规划：建设一个强大而公平的城市"（OneNYC：The Plan for a Strong and Just City）规划，进一步明确了纽约市在智慧城市建设上的愿景和路径。该规划强调"智慧"应服务于社会公平和包容性发展，提出了全域连接、智能技术指导与扩展、创新经济发展和有责部署等战略布局。同年启动的"纽约城市科技"（Urbantech NYC）项目，则为科技创新和企业家投资提供了强有力的支持，推动了创新经济的发展。

（二）纽约市在智慧治理上的具体做法

1. 智慧城市基础设施的升级

纽约市在智慧城市基础设施的升级上做出了诸多努力。从 2003 年创建的"纽约 311 系统"（NYC 311），到 2016 年推出的"连接纽约"项目（Link NYC），再到"纽约自行车共享计划"（Citi Bike），这些项目不仅提升了公共服务水平，还促进了绿色出行，提高了城市交通效率。此外，纽约市还通过安装智能传感器和技术设备收集相关数据，以帮助提供管理服务，这进一步简化了交通流量管理，提高了清洁漏水检测的效率，并提升了城市环境质量。

2. 数据管理与运用的强化

2012 年颁布的《开放数据法案》要求政府数据大规模对公众开放，这不仅提高了政府工作的透明度，还为市民参与城市治理提供了更多可能性。随着算法管理和政策官职位的设立，纽约市在算法工具的公平和负责任使用方面也迈出了重要一步。

3. 公共服务与社区参与的深化

纽约市在公共服务领域不断创新，通过多语言、多群体、多渠道、全天候的 NYC 311 系统，为市民提供了高质量的公共服务。同时，纽约市还鼓励公民参与，通过社交媒体、移动应用等渠道，让市民能够直接参与城市治理，这一举措提高了政策的适应性和有效性。

（三）纽约市在智慧治理上取得的成效

1. 城市治理效率显著提升

通过智慧城市建设，纽约市的城市治理效率得到了显著提升。如纽约市通过利用物联网、云计算、大数据、空间地理信息集成等新一代信息技术促进了城市规划、建设、管理和服务的智慧化[①]，使得政府能够更加精准地掌握城市运行状况，及时做出决策和调整。同时，纽约还通过实施数字城市计划[②]、开发公共交通信息服务[③]等，不断优化和扩展其信息服务体系，以满足不同用户的需求，从而提高了生活便利性。

2. 公共服务质量不断优化

纽约市在公共服务领域也取得了显著成效。多语言、多渠道的公共服务系统满足了不同群体的需求；绿色出行和智能交通系统的推广，则提升了城市交通效率和环境质量。此外，开放政府理念和公民参与的鼓励，也增强了市民对政府工作的信任和支持力度。

3. 经济发展与科技创新齐头并进

智慧城市建设不仅促进了纽约市的经济发展，也推动了科技创新的进步。数字产业的增长为城市经济注入了新的活力；创新经济的发展则为科技创新提供了有力支持。同时，"Urbantech NYC"项目的启动也为科技创新和企业家投资提供了良好平台。

4. 城市韧性显著增强

面对自然灾害等挑战，纽约市设立了专职机构和编制总体韧性规划、

---

①　顾硕. 新一代信息技术赋能智慧城市 [J]. 自动化博览，2022，39（10）：5.

②　王新才，黄兰. 数字城市背景下纽约市政务信息服务模式及其借鉴研究 [J]. 电子政务，2014（6）：87-92.

③　OKUNIEFF P，DAVIS J. Building public transport information services for downstate New York travelers and operators [C] //2007.

升级改造了硬件设施和分区规划海岸洪水区域①，并注重社区韧性建设、加强网络韧性等②，这使得城市的韧性显著增强。纽约市通过上述创新策略的实施，不仅提升了社区和基础设施的抗灾能力，也为全球其他城市提供了应对气候变化的参考和借鉴。

（四）纽约市智慧治理经验总结

1. 战略规划与政策引领

纽约市在智慧城市建设过程中始终坚持战略规划与政策引领的原则。通过制定具有前瞻性和可操作性的规划文件和政策措施，为智慧城市建设提供了明确的方向和路径。

2. 科技创新与多方参与

纽约市注重科技创新和多方参与在智慧城市建设的探索与实践，并充分展现了其作为全球先锋城市的创新能力和领导地位。通过科技创新与多方参与，纽约市不仅提升了城市治理效率，还优化了公共服务质量，增强了市民的满意度和幸福感，为全球其他城市树立了典范。

3. 数据驱动与开放共享

纽约市深刻理解到数据在智慧城市建设中的核心作用，因此积极推动数据的开放共享和有效利用。通过颁布《开放数据法案》、设立算法管理和政策官职位，纽约市不仅提高了政府工作的透明度，还鼓励了市民和社会各界利用政府数据进行创新，促进了城市治理的民主化和科学化。

4. 公平与包容性发展

在智慧城市建设过程中，纽约市始终强调公平与包容性发展的重要性。通过技术和政策的双重保障，纽约市努力消除数字鸿沟，确保所有市民都能享受到智慧城市带来的便利和福祉。这一理念不仅体现在公共服务领域，还贯穿于城市规划、经济发展和社会治理的各个方面。

5. 韧性与可持续性

纽约市通过优化基础设施、提高资源利用效率、加强环境监测和预警系统等措施，纽约市有效降低了灾害风险，保障了城市的安全和稳定。同

---

① 王江波，苟爱萍. 桑迪飓风后纽约的城市韧性规划策略及其启示［J］. 安徽建筑，2019，26（6）：10-13.

② 陶希东. 超大城市韧性建设：美国纽约的经验与启示［EB/OL］.（2012-12-06）［2024-08-22］.https://mp.weixin.qq.com/s? __biz = MzA4ODUyODg4Ng = = &mid = 2676304523&idx = 1&sn = 0b8325a906d78d66329674a1cda24221&chksm = 8a594812bd2ec1043c3935ba0ef6a894993c2e40ed5503ae d6b3b95b02fc9c7c638c8f8431cd&scene = 27.

时，纽约市还积极推动绿色出行、节能减排等环保措施，为城市的可持续发展奠定了坚实基础。

6. 持续改进与迭代升级

纽约市的智慧城市建设是一个持续改进和迭代升级的过程。因此，纽约市不断总结经验教训，及时调整规划和政策，以适应城市发展的新需求和新技术的发展趋势。通过不断优化智慧城市的各个组成部分和整体架构，纽约市确保了智慧城市建设的持续性和有效性。

四、阿姆斯特丹：欧洲智慧城市建设的一张名片

伴随着全球城市化进程的加速推进，资源短缺、环境污染、交通拥堵以及城市治理效率低下等问题一直是制约荷兰阿姆斯特丹构建和谐、宜居等城市发展的拦路虎。为应对城市发展的相关挑战，荷兰阿姆斯特丹自2009年起，携手阿姆斯特丹创新引擎（AIM）、荷兰能源运营商利安德（Liander）、市政环境和可持续规划部门，以及荷兰应用科学研究组织等机构，开启了智慧城市建设的征程。这一举措旨在通过科技创新与多方合作，实现城市的可持续发展，提升居民生活质量，推动经济与环境的和谐共存。

（一）阿姆斯特丹城市智慧治理历程

1. 平台构建与战略制定（2009—2010年）

2009年，阿姆斯特丹智慧城市（Amsterdam smart city，ASC）平台应运而生，该平台采用公共事业市场化机制，旨在构建政府、企业、公民和知识机构之间的紧密联系。2010年，《阿姆斯特丹智慧城市计划》正式出台①，标志着智慧城市建设被纳入政府政策范畴，明确了通过数字技术提升城市治理能力和服务水平的目标（见表7-3）。

2. 项目落地与初步成效（2011—2012年）

为将智慧城市计划落地实施，阿姆斯特丹启动了多个具体项目。其中，气候街项目作为标志性项目，将市中心的"气候街道"（climate street）改造为展示智能产品和服务的生活实验室，探索商业街的节能减排潜力。同时，"西奥兰治"（West Orange）和"赫伊曾菲尔德"（Geuzenveld）项目也相继实施，通过安装智慧电表和新型能源管理系统，提升了居民生活质

---

① FID 世界网. 荷兰阿姆斯特丹："智慧城市计划"五大行动[EB/OL].（2013-07-31）[2024-04-05]. https://www.rfidworld.com.cn/news/2013_07_c43f2cec28c64eef.html

量，促进了绿色和可持续的居住环境建设。

3. 平台深化与机制完善（2013 年）

2013 年是阿姆斯特丹智慧城市建设的重要转折点。这一年，创新引擎和肯尼斯克林基金会合并到阿姆斯特丹经济委员会，并成立了阿姆斯特丹智慧城市基金会，为智慧城市平台（ASCP）提供了稳定的资金支持。ASCP 平台的设计不仅仅是一个信息发布平台，更是一个促进多方参与、共同创新的社群平台，吸引了政府、企业、市民和研究机构等多元主体的积极参与。

表 7-3　《阿姆斯特丹智慧城市计划》项目简介

领域	项目	主要内容
可持续性生活	西奥兰治项目	500 户家庭将试验性地安装使用一种新型能源管理系统。目的是节省 14% 的能源，同时减少等量的二氧化碳排放
	赫伊曾菲尔德项目	为超过 700 多户家庭安装智慧电表和能源反馈显示设备，促进居民更关心自家的能源使用情况，学会确立家庭节能方案
可持续性工作	智能大厦项目	通过智能大厦项目，来向市推进节能减排示范性。智能大厦的概念就是在未给大厦的办公和住宿功能带来负面影响的前提下，将能源消耗减小到最低程度
	智慧工作中心	政府与企业合作，企业通过在政府产权的空置办公室内提供全套的硬件设施和配套服务，承租给创业者，实现三方共赢
可持续性交通	能源码头项目	通过在阿姆斯特丹港口的 73 个靠岸电站中配备了 154 个电源接入口，便于游船与货船充电，利用清洁能源发电取代原先污染较大的燃油发动机
可持续性公共空间	气候街道项目	2009 年 6 月 5 日启动，整个项目涉及三个方面。后勤部门：利用电动汽车搬运垃圾，货物集中运送至一个中心点，随后由电动汽车转送到各家商户
	公共自行车项目	阿姆斯特丹人均自行车占有量达到 1.5 辆，政府投资公共自行车项目，同时选择多家运营商签订运营合同，每年给予一定资金用于项目的启动、运营和维护
	"即取即走"项目	居民可通过"即取即走"手机 App 定位最近的电动公共汽车，开走后交付到市区任何一个停车点即可线上计费

表7-3(续)

领域	项目	主要内容
2011年增加至五大领域	—	数字监控设施的市政办公楼建设、太阳能共享计划、智能游泳池计划、智能家用充电器计划、商务办公区域全面使用太阳能节能计划五大行动

资料来源：RFID世界网.荷兰阿姆斯特丹："智慧城市计划"五大行动[EB/OL].(2013-07-31)[2024-04-05].https://www.rfidworld.com.cn/news/2013_07_c43f2cec28c64eef.html.

4. 创新测试与荣誉加冕（2014—2016年）

2014年，阿姆斯特丹市政府发起"阿姆斯特丹可行性测试"项目（Amsterdam practical trial），将创新技术应用于交通领域，旨在创造一个汽车、导航系统、交通信号灯和信息标志自动连接工作的未来交通系统。经过近六年的努力，阿姆斯特丹的智慧城市建设取得了显著成效，于2016年4月荣获欧洲委员会颁发的欧洲创新之都奖。

5. 战略规划与未来展望（2018年至今）

2018年，《阿姆斯特丹智慧城市战略规划（2019—2025年）》发布，为未来的智慧城市建设提供了明确的目标、任务和实施路径。该规划强调了可持续性、创新性和包容性发展的重要性，旨在通过持续的技术创新和社会参与，推动阿姆斯特丹成为全球智慧城市的典范。

（二）阿姆斯特丹智慧城市建设内容

1. 在数据整合与开放上

2009年，阿姆斯特丹通过整合全市32个城市区域超过12万个数据集，包括地址、地价、医疗卫生、交通和教育等各方面数据，建设了一个超级数据库，为智慧城市项目提供了强大的数据支持。并在2012年完成了数据库的开源，让市民和创新者都能共享数据库带来的便利，促进了数据驱动的创新和应用①。

2. 在智慧能源与智能交通建设计划上

阿姆斯特丹发展智慧电网，如"电网之友"（GridFriends）项目，用于存储可持续能源并根据需求完成电力分配。同时，阿姆斯特丹还在地铁站部署太阳能屋顶［如"区域站"（Zonstation 1）项目］，提高可再生能源比例。在智能交通建设上，阿姆斯特丹通过实施，如智慧灯光系统照亮自行车道，"车辆—电网"（Vehicle2Grid）项目等多项智能交通项目，使电

---

① 叶云，赵小娟，卜新华，等.物联网概论（微课版）[M].人民邮电出版社，2023：6.

动车在停电时可作为备用电源，并为存储再生能源提供新解决方案。此外，阿姆斯特丹还建立了"图格特尔"（Toogethr）和"公园班车"（Park-shuttle）等智能交通平台，有效提升了居民的通勤效率，降低阿姆斯特丹的拥堵。

3. 在智慧基础设施与公共空间搭建上

2016年，阿姆斯特丹建立了全球首个物联网生活实验室，总面积达3 700平方米，装备了大量 IoT 智慧信标，用于测试城市物联网解决方案，有效提升了城市治理的效率①。2009年，阿姆斯特丹的气候街道项目开工建设，该项目将阿姆斯特丹市中心的一条商业街改造为展示智能产品和服务的生活实验室，通过智能化更新公共设施和提供零售商智能化服务，探索商业街的节能减排潜力②。

4. 智慧生活与居民参与

阿姆斯特丹以智慧住宅项目的实施作为依托，借由安装智能电表与能源反馈显示设备，激励居民关注能源使用，增进居住环境的可持续性③。阿姆斯特丹推动市民投身于智慧城市创新当中，如设立智慧市民实验室，使市民学习怎样测量空气质量和水质状况，从而增强市民的环保意识。与此同时，阿姆斯特丹还凭借视频和讲故事等方式提升人们对于绿色屋顶等环保项目的认知。

5. 智慧治理平台搭建

阿姆斯特丹政府协同企业、市民和研究机构共同参与搭建了类似于社群平台的阿姆斯特丹智慧城市平台（ASCP），依托该平台促进智慧城市建设的多元化发展。另外阿姆斯特丹还与飞利浦、IBM 等公司达成合作，将智慧城市建设项目与城市治理实时需求结合起来，不断推进阿姆斯特丹智能城市平台的搭建。

（三）阿姆斯特丹城市智慧治理取得的成效

经过多年的建设，阿姆斯特丹的智慧城市建设取得了显著成效。在具体的智慧城市建设中，阿姆斯特丹在绿色和可持续居住环境发展理念的指

---

① 环球杂志. 专访院士倪光南：我们离智慧城市还有多远？［EB/OL］.（2018-05-29）［2024-05-08］. https://www.sohu.com/a/233323488_358040.

② 温宗勇. 国外智慧城市建设概况［EB/OL］.（2015-12-08）［2024-5-08］.http://chgcx.sirt. edu.cn/a/2015/12/08/2015120820030012321.html.

③ 心中的小天使. 阿姆斯特丹的智慧城市建设之：可持续的生活主题［EB/OL］.（2018-10-24）［2024-05-08］. https://baijiahao.baidu.com/s? id=1615184108311413425&wfr=spider&for=pc.

导下，通过实施气候街项目、装设智能电表以及搭建新型能源管理系统，广泛采用安装智能交通系统、智慧安防系统等方式，提升了城市治理的效率和水平。经由这些持续的努力，阿姆斯特丹为其他城市的智慧城市建设树立了一个典范。阿姆斯特丹因其出色的创新能力获誉"欧洲创新之都"的称号，这一荣誉进一步强化了其在全球智慧城市领域的影响力与地位。

（四）阿姆斯特丹智慧治理的经验总结

经过梳理，阿姆斯特丹的智慧城市建设的以下四条经验值得我们学习和借鉴。第一，重视多元主体的合作与共同参与。阿姆斯特丹的智慧城市建设成功的关键是搭建了一个由政府、企业、公民和知识机构等多方参与的联盟机制，从而实现了对各种资源的有效整合，推动智慧城市建设走向径深。第二，战略规划先行与建设内容的持续迭代。阿姆斯特丹在智慧城市建设过程中，制定了清晰的战略规划，明确了各阶段的目标和任务。同时，根据建设项目的实际实施情况和治理需求进行优化与调整，从而确保智慧城市建设的持续迭代、不断进步。第三，重视可持续发展与包容性增长。阿姆斯特丹的智慧城市建设始终坚持可持续发展的理念，比如通过推广绿色出行、绿色建筑等措施，实现了经济发展与环境保护的双赢。同时阿姆斯特丹非常注重智慧城市建设中的社会包容性问题，以确保所有居民都能享受到智慧城市建设的成果。第四，重视数据驱动与智能决策。阿姆斯特丹充分利用大数据、云计算等现代信息技术，构建了城市数据平台（物联网生活实验室），实现了对城市运行状态的实时监测和数据分析。基于这些数据，政府和企业能够做出更加科学、精准的决策，提高城市治理的效率和水平。

第二节 国外城市智慧治理的比较分析

一、国外城市智慧治理的特点

在全球化背景下，智慧治理已成为现代城市治理的重要趋势。美国纽约、英国伦敦、荷兰阿姆斯特丹以及新加坡等城市作为智慧治理的先行者，其治理模式和实践经验为全球城市提供了宝贵的参考。本节将从这四个城市的实践出发，综合概括国外城市智慧治理的特点。

（一）综合规划与顶层设计

国外城市智慧治理首先体现在其综合规划与顶层设计上。新加坡通过制订"iN2015"计划和后续的"智慧国2025"计划，明确了城市智慧化发展的总体目标和具体路径。这些计划不仅覆盖了数字媒体、教育、金融、政府服务等多个领域，还通过设立指导委员会和分委员会的方式，确保了计划的有效实施和持续推进。类似地，伦敦也通过制订智慧伦敦计划，对智慧城市建设进行了全面规划。

（二）政府服务的数字化转型

政府服务的数字化转型是国外城市智慧治理的另一大特点。新加坡政府以创新为驱动，推出的 So Easy、One inbox 项目及 My Info "一站式"政务服务网站，深刻践行了数字化转型战略，这不仅重塑了公共服务供给模式，还极大提升了政府服务的效率与民众体验的便捷性，展现了智慧城市治理的典范。这些举措不仅减少了公民办事的等待时间，还通过跨部门的数据共享和对接，实现了政务服务的无缝衔接和一体化管理。伦敦则通过推出"数字伦敦"（digital London）战略，致力于提供更加个性化和便捷化的公共服务。

（三）智能技术的广泛应用

智能技术的广泛应用是国外城市智慧治理的重要体现。新加坡在公共设施领域积极嵌入智能技术和传感器，实现了预测性维护。例如，新加坡建屋发展局推出的智慧市镇框架，将信息通信技术（ICT）应用于智能住宅规划、智能环保、智能节能等方面。伦敦则通过智能照明系统、智能交通系统等措施，提高了城市基础设施的运行效率和居民的生活质量。阿姆斯特丹则以其发达的自行车道和智能停车系统而闻名，这些智能技术不仅减少了交通拥堵和碳排放，还提升了城市的宜居性。

（四）公民参与与数字治理

国外城市智慧治理还注重公民参与和数字治理。新加坡政府通过 My Info 等平台，鼓励公民参与政府决策和服务过程，提高了政府的透明度和公民的满意度（Singapore Government，2010s）。同时，新加坡还建立了严格的数据保护机制，确保公民数据的安全和隐私。伦敦纽约和阿姆斯特丹等城市也通过开放数据平台、社交媒体等方式，加强与公民的互动和沟通，促进了公民对城市治理的参与和监督。

（五）跨领域合作与协同治理

跨领域合作与协同治理是国外城市智慧治理的又一重要特点。新加坡的"iN2015"计划和"智慧国 2025"计划均涉及多个部门和领域的合作，通过设立分委员会等方式，实现了资源的整合和协同。伦敦纽约和阿姆斯特丹等城市也通过建立跨部门协作机制、吸引社会资本参与等方式，推动了智慧治理的深入发展。这种跨领域合作与协同治理的模式，不仅提高了城市治理的效率和质量，还促进了城市各领域的协调发展。

二、国外城市智慧治理的场景分析

在全球城市化进程加速的背景下，智慧治理作为提升城市治理效率、优化公共服务质量的重要手段，正逐渐成为各国城市发展的核心议题。本节将以美国纽约、英国伦敦、荷兰阿姆斯特丹以及新加坡等城市为例，探讨国外城市智慧治理的多样化场景，并适当扩展至其他国家的实践案例，以期为城市治理领域的研究者提供参考。

（一）新加坡：智慧国计划的全面推进

新加坡作为智慧治理的典范，自 2006 年提出"智慧国 2015"计划以来，不断推动城市治理的智能化转型。该计划通过设立 iN2015 指导委员会及多个分委员会，涵盖了数字媒体、教育、财务金融、政府服务等多个领域，旨在通过信息技术提升国家竞争力。随后，新加坡政府又推出了"智慧国 2025"计划，进一步明确了将新加坡建设成为全球首个智慧国的愿景。新加坡广泛应用智能技术于公共设施领域，如智慧市镇框架（Smart HDB Town Framework）的推出，实现了公共住宅的智能化管理。

（二）伦敦：智慧伦敦规划的实施

伦敦作为欧洲智慧治理的先锋，自 2013 年发布智慧伦敦规划以来，就通过整合公私部门资源，全面推动智慧城市建设。该规划以提升公共服务和市民生活质量为核心目标，强调技术和数据的应用。伦敦在智能交通系统、数据资源开放共享以及数字基础设施建设等方面取得了显著成效。

例如，伦敦通过升级智能交通信号系统，有效缓解了城市交通拥堵问题；伦敦数据仓库的建立和扩展，为政府决策和创新应用提供了丰富的数据支持。此外，伦敦还任命了首位首席数字官，这不仅是对数字化转型潮流的积极响应，更是其以创新驱动城市治理现代化的深刻体现。

（三）纽约：智慧城市的创新实践

纽约市在智慧城市建设方面同样取得了显著成效。通过智能化技术的应用，纽约市显著提升了城市治理效率和公共服务质量。例如，纽约市利用大数据和人工智能技术优化公共交通系统，提高了交通运行效率；同时，纽约市还推出了多语言、多渠道的公共服务系统，满足了不同群体的需求。

此外，纽约市还积极倡导开放政府理念，鼓励公民参与城市治理，增强了市民对政府工作的信任和支持。这些创新实践为纽约市打造了一个更加宜居、高效和可持续的城市环境。

（四）阿姆斯特丹：智慧城市的可持续发展

阿姆斯特丹在智慧城市建设过程中，特别注重可持续发展和环境保护。自 2009 年 Amsterdam Smart City（ASC）平台成立以来，阿姆斯特丹政府通过制订《阿姆斯特丹智慧城市计划》，明确了通过数字化技术提升城市治理能力和服务水平的目标。

在具体实践中，阿姆斯特丹推出了多个创新项目，如气候街道、能源码头项目等，旨在减少碳排放、提高能源利用效率。此外，阿姆斯特丹还积极构建政府、企业、公民和知识机构之间的紧密联系，共同推动智慧城市的可持续发展。

（五）其他国家的智慧治理实践

除了上述四个城市外，全球范围内还有许多国家在智慧治理方面进行了积极探索。例如，丹麦哥本哈根通过构建智能交通系统和推广自行车出行，实现了城市交通的绿色转型；韩国首尔则通过建设智慧城市平台，实现了政府服务的数字化和智能化；澳大利亚墨尔本则通过智能水网和智能电网的建设，提高了城市基础设施的智能化水平等。

这些国家的智慧治理实践各具特色，但共同之处在于它们都以提升城市治理效率、优化公共服务质量、推动可持续发展为目标，充分利用了信息技术和智能技术。

三、国外城市智慧治理面临的挑战

在全球城市化快速推进的今天，智慧治理作为提升城市治理效率、优化公共服务质量的关键路径，正受到各国政府的高度关注。然而，尽管智慧治理在技术创新、数据驱动等方面展现出巨大潜力，其在实际应用过程中仍面临诸多挑战。笔者将从全球视角出发，探讨国外城市智慧治理可能面临的五大挑战。

（一）数据安全与隐私保护

随着智慧城市建设的深入，海量数据的收集、存储、处理和应用成为常态。然而，数据的安全性和隐私保护问题日益凸显。智慧城市系统涉及个人、企业、政府等多方面的敏感信息，一旦数据泄露或被非法利用，将给个人隐私、企业商业秘密乃至国家安全带来严重威胁。因此，如何在保障数据高效流通的同时，确保数据的安全性和隐私保护，成为智慧治理面临的首要挑战。

（二）技术整合与标准化难题

智慧治理依赖于多种先进技术的集成应用，包括物联网、大数据、云计算、人工智能等。然而，不同技术之间的兼容性和标准化问题，成为制约智慧治理发展的瓶颈。技术供应商众多、技术标准和协议不统一等，导致不同系统之间的数据难以共享和互操作，增加了智慧城市建设的复杂性和成本。因此，推动技术整合和标准化成为智慧治理亟待解决的问题。

（三）资金投入与可持续性

智慧治理是一项长期而复杂的系统工程，需要巨额的资金投入。然而，对于许多城市而言，资金短缺成为制约智慧治理发展的关键因素[①]。此外，智慧治理项目的可持续性也是一大挑战。如何在项目初期吸引投资，并在项目运营过程中实现"自我造血"，确保项目的长期稳定运行，是智慧治理必须面对的问题。

（四）公众认知度与参与度

智慧治理的成功实施离不开公众的广泛参与和支持。然而，公众对智慧治理的认知不足，以及参与渠道和机制的缺乏，会导致公众参与度不高[②]。此外，部分公众对新技术可能带来的隐私泄露、就业替代等负面影响存在疑虑，这进一步影响了智慧治理的推进。因此，提高公众对智慧治理的认知度，建立有效的公众参与机制，是智慧治理面临的重要挑战。

（五）跨部门协作与治理机制创新

智慧治理涉及多个部门和领域的协同合作，需要打破传统的部门壁垒和治理机制。然而，在实际操作中，部门利益冲突、沟通不畅等原因，导致了跨部门协作困难重重[③]。此外，传统的治理机制已难以适应智慧治理

---

① NAM T, PARDO T A. Conceptualizing smart city with dimensions of technology, people, and institutions [J]. ACM, 2011: 5-16.

② HELBING D. Globally networked risks and how to respond [J]. Nature, 2013, 497 (7447): 51.

③ KITCHIN, ROB. The real-time city? Big data and smart urbanism [J]. Geojournal, 2014, 79 (1): 1-14.

的需求，因此需要不断创新和完善。可见，如何建立有效的跨部门协作机制，推动治理机制创新，成为智慧治理面临的又一挑战。

综上所述，国外城市智慧治理在数据安全与隐私保护、技术整合与标准化、资金投入与可持续性、公众认知与参与度以及跨部门协作与治理机制创新等方面均面临诸多挑战。这些挑战需要政府、企业、公众等多方共同努力，通过技术创新、政策引导、社会参与等手段加以解决，以推动智慧治理的健康发展。

第三节　国内城市智慧治理的实践探索

中国城市智慧治理的产生与发展，与 20 世纪 90 年代中国 1999 年"政府上网工程"和后来的"电子政务"建设是同步的。而真正意义上的城市智慧治理，则与中国的"智慧城市建设"同步。

无锡作为中国物联网技术的先行者，其成功经验受到党中央的高度关注。2009 年 8 月，温家宝总理在无锡考察物联网产业发展时，首次提出"感知中国"的理念①。2010 年，温家宝总理面向首都科技界，发表了题为《让科技引领中国可持续发展》的讲话，受该讲话的影响，国内掀起了一股"智慧城市""物联网"的热潮，各大城市纷纷将智慧城市建设纳入城市发展规划。为深入推进全国"智慧城市"的建设，"十二五"规划期间，国家加强了信息技术和智慧城市政策的制定与实施，标志着城市智慧治理正式纳入国家政策体系。2012 年，住房和城乡建设部启动了智慧城市试点工作，并成立了智慧城市创建工作领导小组和专家委员会，全面负责智慧城市试点的组织实施和技术指导，国家开发银行专门为智慧城市项目授信 150 亿美元，为智慧城市的建设提供了资金支持。2015 年，智慧城市首次被写入中国政府工作报告，标志着智慧城市建设正式上升为国家战略。同年，中央网信办、国家互联网信息办公室共同提出了强调以人为本、融合共享、统筹集约等发展原则的"新型智慧城市"概念，并在深圳、福州、嘉兴等城市进行先行试点。国家拟通过新型智慧城市建设，来推动中国城市治理体系和治理能力现代化。此后，中央及地方政府陆续出

---

① 刘海涛. 物联网的"感知中国"之路[EB/OL]. (2017-06-21)[2024-04-25]. https://www.cac.gov.cn/2017-06/21/c_1121182431.htm.

台了一系列政策文件，为智慧城市的发展提供了强有力的政策支持。为规范智慧城市建设，进一步推进城市的智慧治理，2016 年，国家质量监督检验检疫总局、国家标准化委员会联合发布了《新型智慧城市评价指标》，为智慧城市绩效评价提供了一个权威的框架。该框架除了强调在智慧城市建设中公民经验和直接服务扮演着非常重要的角色，更强调了医疗、教育和交通等民生问题在智慧城市建设中占据较高的权重。在国家政策的支持下，中国的智慧城市建设步入百花齐放的历史阶段。根据有关统计，自2012 年开始，中华人民共和国住房和城乡建设部和科学技术部联合发布了3 批城市纳入国家智慧城市试点名单，共有 290 个城市被纳入智慧城市建设①。虽然说中国的智慧城市建设力度非常大，但各个城市建设成效的差距也非常大。

本节拟以北京市、杭州市、上海市、深圳市这四个城市的智慧治理作为典型案例进行分析，期望总结出一些值得借鉴的经验。

一、北京市的智慧治理

作为国家首都和国际大都市，北京在城市治理、经济发展、社会民生等方面承担着重要任务。智慧城市建设不仅是提升城市竞争力的关键举措，也是实现可持续发展目标的必然要求。通过智慧城市建设，北京可以更加高效地配置资源、优化环境、提升服务水平，为居民创造更加美好的生活环境。

在 21 世纪信息化浪潮的推动下，全球范围内的城市纷纷向智慧化转型，旨在通过技术创新提升城市治理效率、优化资源配置、提高居民生活质量。作为中国的首都，北京在智慧城市建设中承载着独特的使命与责任。自 1999 年提出"数字北京"概念以来，北京便踏上了信息化建设的征程，逐步探索符合自身特色的智慧城市发展路径。自进入 21 世纪以来，信息技术迅猛发展，大数据、云计算、物联网、人工智能等新技术层出不穷，为城市治理带来了前所未有的机遇与挑战。面对城市化进程中出现的交通拥堵、环境污染、资源短缺等问题，传统的管理手段已难以满足需求，智慧城市建设成为解决这些问题的有效途径。

---

① 招商引资内参. 中央政府公布的共计 3 批次 290 个国家智慧城市全名单[EB/OL]. (2022-01-13)[2024-04-13]. http://jntzcjj.jinan.gov.cn/art/2022/1/13/art_88380_4767138.html.

（一）智慧治理发展历程

1. 基础设施建设与信息化启动（2011—2012 年）

北京市作为国家首都，早在 1999 年就提出了"数字北京"的概念，但正式的智慧城市建设始于 2011 年。2012 年，北京积极落实《北京市"十二五"时期城市信息化及重大信息基础设施建设规划》，印发《智慧北京行动纲要》，明确了智慧城市建设的重点领域。同年，北京积极推进宽带网络普及和无线宽带覆盖工作，实现了互联网家庭入户频宽超 20 兆的目标，并建成了统一物联基础网络。这些基础设施的建设为后续智慧城市项目的落地奠定了坚实基础。

2. 基层治理创新与"吹哨报到"改革（2015 年）

为破解超大城市基层治理难题，2015 年北京市委、市政府提出了"街乡吹哨、部门报到"改革（简称"吹哨报到"）。这一改革通过强化基层治理权限和部门联动机制，有效提升了治理效能，增强了居民的获得感和满意度。"吹哨报到"模式成为北京智慧治理的一大亮点，为其他超大城市提供了宝贵的基层治理经验。

3. 政务云平台的建立与电子政务集约化（2019 年）

2019 年，北京市完成了 11 大系统平台及 52 个子功能系统的整体上云工作，实现了电子政务的集约化建设和管理。这一举措不仅显著提高了政府工作效率和数据共享能力，还为政务大数据应用奠定了坚实基础。政务云平台的建立使得政府部门能够更高效地协同工作，推动城市治理水平的提升。

4. 智慧应用场景拓展（2021 年至今）

"十四五"时期，北京市智慧治理进入了一个新的发展阶段。2021 年，北京市发布了《北京市"十四五"时期智慧城市发展行动纲要》，明确了到 2025 年将北京建设成为全球新型智慧城市的标杆城市的目标。随后，北京市围绕智慧城市建设痛点难点问题，聚焦前沿技术、城市治理、安全应急等重点领域，推出了多个智慧应用场景"揭榜挂帅"项目。同时，北京市还通过政策引导和资金支持，鼓励企业和社会力量参与智慧城市建设，形成了政府引导、市场主导、社会参与的智慧城市发展新格局。这一系列举措有力推动了北京市智慧治理的深度和广度发展。

（二）北京市智慧治理的具体做法

在北京市智慧治理的进程中，政府采取了一系列具体做法，旨在提升城市治理效能、优化公共服务质量，并推动城市的可持续发展。

1. 基础设施先行，构建智慧底座

北京市自 2012 年起便积极推进宽带网络及无线宽带覆盖，实现了互联网家庭入户频宽超 20 兆的目标，为后续的智慧城市建设奠定了坚实的网络基础。同时，北京市建设了统一物联基础网络，为智慧城市项目的落地提供了强有力的支撑。近年来，随着云计算技术的发展，北京市政府还完成了 11 大系统平台 52 个子功能系统的整体上云工作，通过电子政务集约化建设和管理，显著提高了政府工作效率和数据共享能力。

2. 制度创新，强化基层治理

面对超大城市基层治理的复杂挑战，北京市委、市政府于 2015 年提出了"街乡吹哨、部门报到"改革，通过强化基层治理权限和建立部门联动机制，不仅解决了基层治理中的难点问题，还增强与提升了居民的获得感和满意度。此外，2017 年设立的街巷长制度，通过明确街巷长的职责和目标，有效改善了城市环境，提升了居民的生活品质。

3. 项目驱动，推动重点领域发展

为加快智慧城市建设步伐，北京市发布了《智慧北京行动纲要》，明确了智能交通、电子病历、远程医疗等 60 多个智慧城市建设项目。通过实施智能交通信号控制、交通拥堵预警等系统，有效缓解了城市交通拥堵问题。同时，电子病历和远程医疗项目的推进，为市民提供了更加便捷高效的医疗服务，显著提升了就医体验和效率。

4. 场景创新，加速产业升级

近年来，北京市在智慧城市场景创新方面取得了显著进展。政府启动了智慧城市场景创新开放工作，聚焦前沿技术、城市治理等重点领域进行布局，引导更多创新要素向新质生产力汇聚。通过发布《北京市关于推进场景创新开放加快智慧城市产业发展的若干措施》，北京市加速推进智慧城市产业发展，提升城市治理智能化水平。同时，各区政府也积极响应，如东城区发布了《北京市东城区智慧城市建设工作实施方案（2023—2025年）》，明确了智慧城市建设的工作目标和实施方案，推动智慧治理向纵深发展。

（三）北京市智慧治理取得的成效

在智慧治理的浪潮下，北京市凭借其前瞻性的规划和技术创新，在城市治理、资源利用、公共服务等方面取得许多显著的治理成效，有序推进北京市社会治理模式的革新和公民参与度的提升。

1. 城市治理精细化与智能化水平显著提升

北京市通过智慧城市建设，实现了城市治理的精细化和智能化。借助大数据分析和人工智能技术，城市治理者能够实时监测城市运行状态，包括但不限于交通流量、环境监测、公共安全等多个领域，从而及时发现并预测潜在问题。这种"数据驱动"的治理模式不仅极大地提高了城市治理效率，还显著增强了城市应对突发事件的能力。例如，在疫情防控期间，北京市利用大数据分析追踪疫情传播路径，实施精准防控，有效遏制了疫情蔓延。

2. 资源优化配置与高效利用成效显著

智慧城市建设在资源管理方面发挥了重要作用。北京市通过物联网和云计算技术，实现了对城市水、电、气等各类资源的精准监测和动态调度。这种智能化管理手段有效避免了资源的浪费和闲置，促进了资源的合理配置和高效利用。同时，智慧城市建设还推动了绿色低碳发展，通过智能电网、节能建筑等技术的应用，促进了能源的高效利用和环境保护。这些措施不仅提升了城市的可持续发展能力，也为居民创造了更加宜居的生活环境。

3. 公共服务便捷化与高效化全面推进

智慧城市建设为北京市居民提供了更加便捷高效的公共服务。智能交通系统的全面渗透，如智能停车系统的精准匹配与高效调度，以及公交实时到站查询功能的普及，不仅精准施策于城市交通管理的痛点，有效缓解了交通拥堵这一"城市病"，还极大提升了市民出行的便捷度与效率，展现了科技赋能城市治理的深远影响。此外，远程医疗服务的发展使得居民能够在家就享受到专业的医疗咨询和诊疗服务，不仅节省了时间和精力，也缓解了医疗资源紧张的问题。这些公共服务的智能化升级，极大地提升了市民的生活质量和幸福感。

4. 社会治理模式创新与公民参与度提升

智慧治理促进了北京市社会治理模式的创新。通过社交媒体、政务App等渠道，政府能够更加及时、透明地发布信息，与市民进行互动交流。这种"线上+线下"的社会治理模式，不仅提高了政府决策的科学性和民主性，也增强了公民的参与感和归属感。同时，智慧治理还推动了社会组织的发展和公民自治的实现，为构建共建共治共享的社会治理格局奠定了坚实基础。

（四）北京市智慧治理的经验总结

近三十年来，北京市通过顶层设计与规划先行、科技创新驱动、社会治理与民生改善并重以及强化数字治理与安全保障等措施的实施，成功构建了具有自身特色的智慧治理体系，为全国乃至全球的城市治理提供了有益的经验借鉴。

1. 顶层设计与规划先行，确保智慧治理有序推进

北京市在智慧治理的推进过程中，始终将顶层设计与规划作为首要任务。自启动智慧城市建设以来，北京市政府制定了一系列详细的行动纲要和发展规划，如《北京市"十四五"时期智慧城市发展行动纲要》等，明确了智慧城市建设的总体目标、主要任务和保障措施。这种前瞻性的规划不仅为智慧城市建设的各个阶段提供了清晰的方向，还确保了各项工作的有序开展和协同推进。

具体而言，北京市通过顶层设计，确立了以大数据、云计算、物联网、人工智能等新技术为支撑的智慧城市体系框架，并细化了其在各领域（城市治理、公共服务、公共安全等）的具体应用目标。例如，在城市治理领域，北京市利用物联网技术实现了对城市基础设施的智能化监控和管理；在公共服务领域，北京市通过云计算平台整合各类服务资源，提高了服务效率和质量。这些举措充分展示了北京市在智慧治理中的顶层设计与规划先行策略的有效性。

2. 科技创新驱动，引领智慧治理创新发展

科技创新是北京市智慧治理的重要支撑。作为全国科技创新中心，北京市充分利用自身在科技创新方面的优势资源，积极推动大数据、云计算、物联网、人工智能等新技术在城市治理和公共服务中的广泛应用。例如，北京市运用大数据技术分析城市交通流量，优化交通信号控制，有效缓解了城市交通拥堵问题[①]。同时，北京市还大力推进"互联网+政务服务"，通过构建统一的政务服务平台，实现了政务服务事项的在线办理和"一网通办"，极大地提高了政府服务效率和透明度。

此外，北京市还注重对科技创新人才的培养和引进工作。通过建立完善的人才激励机制和创新生态环境，北京市吸引了大量高素质的科技人才

---

① 姜晓睿，田亚，蒋莉，等. 城市道路交通数据可视分析综述（"大数据可视分析"专栏）[J]. 中国图象图形学报，2011（4）：6-19.

投身智慧城市建设。这些人才的加入为北京市智慧治理提供了源源不断的创新动力，推动了智慧城市建设的不断深化和拓展。

3. 社会治理与民生改善并重，构建智慧治理新格局

北京市在智慧治理过程中，始终坚持社会治理与民生改善并重的原则。通过推进"吹哨报到"改革、设立街巷长等社会治理创新举措，北京市有效提升了基层社会治理能力和水平。这些举措不仅解决了许多长期困扰基层的社会治理难题，还增强和提升了人民群众的安全感和满意度。

同时，北京市还注重将智慧治理成果惠及广大市民。例如，通过建设智慧医疗体系，北京市实现了医疗资源的优化配置和远程医疗服务的普及，有效缓解了看病难、看病贵的问题。此外，北京市还利用物联网技术打造智慧养老服务平台，为老年人提供了更加便捷、高效的养老服务。这些举措充分体现了北京市在智慧治理中以人为本的发展理念。

4. 强化数据治理与安全保障，筑牢智慧治理基石

在推进智慧治理的过程中，北京市高度重视数据治理与安全保障工作。北京市通过加强网络安全防护和应急响应能力建设，有效防范了网络攻击和数据泄露等安全风险，为北京市智慧治理的顺利开展提供了坚实的安全保障。

二、杭州市的智慧治理探索

杭州市作为中国东部沿海重要城市，自古便以其秀丽的自然风光和丰富的文化底蕴闻名遐迩。

进入 21 世纪后，随着信息技术的迅猛发展，如何借助新技术推动城市治理体系和治理能力现代化，成为杭州市面临的重要课题。在这一背景下，杭州市的智慧城市建设应运而生。从严格意义上讲，杭州市的智慧治理应该可以追溯至 2003 年，时任浙江省委书记的习近平同志在浙江省十届人大一次会议上提出的"数字浙江"建设构想。这一构想，不仅体现了习近平同志对当时信息技术发展趋势的敏锐洞察，更体现了他对浙江经济社会发展战略的深刻把握。同年"数字浙江"建设上升为浙江省"八八战略"的重要组成部分，并出台了《数字浙江建设规划纲要（2003—2007 年）》（以下简称《纲要》）。《纲要》明确了浙江省在"十五"期间，以信息化带动工业化、促进经济社会全面发展的战略蓝图。在《纲要》的指引下，杭州市围绕信息基础设施建设、电子政务推广、社会信息化应用等方面，开启

了中国城市智慧治理的先河。

进入 21 世纪第二个十年后，以大数据、云计算、物联网、人工智能为代表的新一代信息技术迅速崛起，为城市智慧治理提供了强大的技术支撑。杭州市敏锐地捕捉到了这一科技和产业变革的机遇，积极实施创新驱动发展战略，推动信息技术与城市发展的深度融合。特别是"城市大脑"计划的提出和实施，标志着杭州市在智慧城市建设上迈出了坚实的一步。

（一）杭州市智慧治理探索历程

1. 规划引领，智慧启航（2011—2015 年）

2011 年，杭州市政府发布了《杭州智慧城市总体规划》，标志着杭州市正式迈入智慧城市建设的快车道。该规划明确了智慧城市建设的总体目标、主要任务和保障措施，为杭州市的智慧治理奠定了坚实基础。在这一阶段，杭州市聚焦于城市信息基础设施的升级，推动智慧产业的培育与发展，以及智慧服务的普及与提升，为后续的智慧治理工作奠定了技术和产业基础。

2. 城市大脑，智慧升级（2016 年至今）

2016 年，杭州市在全国率先提出并开始建设城市大脑，标志着杭州市智慧城市建设进入了一个全新的阶段。城市大脑作为智慧城市的神经中枢，通过集成创新技术，实现了对城市运行状态的全面感知、分析预测和智能决策。在杭州·云栖大会上，"杭州城市数据大脑"项目的正式启动，标志着杭州市在智慧城市建设上的创新突破。此后，杭州市在城市大脑建设上不断取得新进展，从最初的交通系统应用拓展到城市治理和市民服务的各个领域，形成了具有杭州特色的智慧城市发展模式。

（二）杭州市智慧治理探索内容

第一，杭州市在城市的智慧治理中，非常重视对信息基础设施的建设。杭州市通过建设高速、泛在、安全的信息网络体系，为智慧城市的应用和发展提供了强有力的支撑。同时，杭州市还积极推进数据中心、云计算平台等新型信息基础设施建设，为城市大脑等核心系统的运行提供了可靠的保障。

第二，杭州市充分利用自身（特别是阿里巴巴集团）在信息技术产业上的优势，积极推动智慧产业的发展。杭州市通过引进和培育一批具有核心竞争力的信息技术企业，推动云计算、大数据、物联网、人工智能等技术的研发和应用。同时，杭州市还积极推动传统产业的转型升级，促进信息技术与实体经济的深度融合，为城市经济的持续发展注入了新的动力。

第三，杭州市在智慧城市建设中注重提升城市治理和服务水平。在城市交通方面，杭州市利用城市大脑的交通系统，有效缓解了交通拥堵问题；在城市治理方面，杭州市通过智慧城管、智慧环保等系统实现了对城市环境的精细化管理和服务；在市民服务方面，杭州市通过建设智慧医疗、智慧教育等系统，为市民提供了更加便捷、高效的公共服务。

第四，杭州市在智慧城市建设中注重数据资源的整合和共享。杭州市以数据为纽带，构建起统一的数据共享平台与高效的数据交换机制，实现了政府、企业、社会等多主体间数据资源的无缝对接与深度融合。这不仅提高了数据资源的利用效率，还促进了各部门之间的协同合作和业务创新。同时，杭州市还加强了对数据安全和隐私保护的管理和监管，确保了数据资源的合法合规使用。

（三）杭州市智慧治理取得的成效

1. 城市治理效能显著提升

杭州市通过智慧城市建设，实现了对城市运行状态的全面感知和智能决策，显著提升了城市治理的效能。城市大脑在交通管理、环境保护、公共安全等多个领域的应用，使得城市治理更加精准、高效。例如，通过交通系统的优化，杭州市有效缓解了交通拥堵问题，提高了道路通行效率；通过智慧环保系统的建设，实现了对环境污染源的实时监测和预警，为环境保护提供了有力支持。

2. 公共服务水平大幅提高

智慧城市建设还极大地提升了杭州市的公共服务水平。智慧医疗、智慧教育、智慧社保等系统的建设，为市民提供了更加便捷、高效的公共服务。市民可以通过手机 App、微信公众号等渠道，随时随地查询医疗信息、预约挂号、缴纳社保费用等，大大节省了时间和精力。同时，这些系统还通过数据分析，为政府提供了更加精准的公共服务决策支持，使得公共服务更加贴近市民需求。

3. 数字经济蓬勃发展

杭州市的智慧城市建设还促进了数字经济的蓬勃发展。通过引进和培育一批具有核心竞争力的信息技术企业，杭州市在云计算、大数据、物联网、人工智能等领域形成了较为完善的产业链和生态体系。这些企业不仅为杭州市的智慧城市建设提供了强有力的技术支撑，还带动了相关产业的发展和壮大。同时，杭州市还积极推动传统产业的数字化转型，促进了数字经济与实体经济的深度融合，为城市经济的持续发展注入了新的活力。

4. 社会治理创新取得突破

在智慧城市建设过程中，杭州市还积极探索社会治理创新的新模式。通过建设智慧社区、智慧网格等系统，实现了对社区治理的精细化管理和服务。这些系统通过数据分析，为社区管理者提供了更加精准的人口信息、社情民意等数据支持，使得社区治理更加科学、民主。同时，杭州市还积极推动社会治理的多元共治，鼓励社会组织、企业和市民参与社会治理，形成了共建共治共享的社会治理格局。

（四）杭州市智慧治理的经验总结

1. 顶层设计与基层实践深度融合的治理模式

杭州市在智慧治理的推进过程中，显著展现了顶层设计与基层实践相结合的独特治理模式。这一模式不仅确保了智慧城市建设的前瞻性和战略性，还通过基层实践的创新探索，增强了项目的可操作性和实效性。具体而言，杭州市政府首先制定了《杭州市智慧城市总体规划》等科学规划方案，明确了智慧城市建设的总体目标和阶段性任务。

2. 技术创新与产业融合的双轮驱动

杭州市在智慧治理中，高度重视技术创新与产业融合的相互促进。通过引进和培育一批具有国际竞争力的信息技术企业，如阿里巴巴、海康威视等，杭州市在云计算、大数据、物联网、人工智能等领域取得了显著的技术突破和应用成果。这些前沿技术的深度应用，不仅标志着城市治理步入了智能化新阶段，显著提升了治理效能与响应速度，更成为推动城市数字化转型的关键引擎。同时，通过推动信息技术与制造业、服务业等传统产业的深度融合，杭州市加速了产业结构的优化升级，为城市经济的高质量发展注入了新动力。

3. 数据共享与业务协同的治理机制

杭州市在智慧治理的过程中，构建了完善的数据共享与业务协同机制。通过建设统一的政务云平台和数据共享交换平台，杭州市实现了政府部门间数据的互联互通和共享共用。这一机制不仅提高了政府工作效率，还促进了跨部门业务的协同联动。此外，杭州市还积极推动数据开放和社会化应用，鼓励企业和公众利用开放数据创新产品和服务，进一步激发市场活力和社会创造力。

4. 公众参与与多方共治的治理格局

杭州市在智慧治理中，注重公众参与和多方共治。杭州市依托智慧政务服务平台与活跃的社交媒体矩阵，构建了多元、开放的城市治理参与体系，不仅拓宽了公众直接参与决策、监督及反馈的渠道，还促进了政府与社会各界的深度互动与协作。公众可以随时随地通过手机、电脑等设备了解政府信息、参与政策讨论、提出意见建议等。同时，杭州市在城市治理中展现出卓越的创新精神，积极构建政府、市场、社会三元共治的新格局。通过引入社会组织的专业力量与企业的市场活力，杭州市不仅丰富了治理资源，还激发了社会各界的参与热情，实现了治理主体的多元化治理方式的协同化。例如，在垃圾分类工作中，杭州市通过引入第三方专业机构和志愿者团队，共同推动垃圾分类工作的深入开展。这种多方共治的治理格局，是城市治理现代化进程中的一大创举，它不仅通过资源整合与优势互补，显著提高了城市治理的效率和效果，还通过增强公众的参与感与决策透明度，深刻改变了传统治理中的信息不对称现象，从而极大地提升了公众的获得感与满意度。

三、上海市智慧治理实践

上海市作为中国经济、金融、贸易和航运中心，积极响应国家"两化融合""三网融合"的号召，于2010年明确提出"创建面向未来的智慧城市"战略，标志着上海智慧城市建设正式拉开帷幕。这一战略不仅是对城市发展理念的深刻变革，更是应对资源环境约束、提升城市治理能力、促进经济转型升级的必然要求。

（一）上海市智慧治理历程

1. 智慧城市建设启动与规划制定（2010—2014年）

2010年，上海明确提出"创建面向未来的智慧城市"战略，标志着智慧城市建设正式拉开序幕。随后，2011年成立由市主要领导挂帅的智慧城市建设领导小组，并出台《上海市推进智慧城市建设三年行动计划（2011—2013年）》，为智慧城市建设提供了组织保障和行动指南。2014年，随着《上海市推进智慧城市建设三年行动计划（2014—2016年）》的发布，智慧城市建设进入加速阶段，为后续发展奠定了坚实基础。

2. 社会治理创新与"一网通办"实施（2014—2018 年）

2014 年，为响应习近平总书记关于加强和创新社会治理的要求，上海启动了对社会治理模式的新探索，并出台多项政策推动智慧城市建设与社会治理深度融合。2018 年，上海实施城市精细化管理三年行动计划，并印发《全面推进"一网通办"加快建设智慧政府工作方案》，标志着政务服务进入"一网通办"时代。上海市大数据中心的成立，进一步促进了数据整合与应用，极大提升了政务服务效率与市民满意度。

3. 数字化转型与"一网统管"推进（2019—2021 年）

2019 年起，上海发布多项政策文件，如《上海市促进在线新经济发展行动方案（2020—2022 年）》，推动经济数字化转型。2020 年，《关于进一步加快智慧城市建设的若干意见》明确提出持续推动"一网统管"工作，并与城市发展战略深度融合。此外，《关于全面推进上海城市数字化转型的意见》及《上海市推进新型基础设施建设行动方案（2020—2022年）》的发布，进一步加速了上海城市数字化转型的步伐。

4. 智慧社区建设与数字经济深化（2022 年至今）

近年来，上海在智慧社区建设方面取得显著成效。2022 年启动的"美好社区·先锋行动"项目，通过选取典型社区探索科学化、精细化和智能化的治理方案，提升了社区居民的获得感和幸福感。同时，《上海市数字经济发展"十四五"规划》的发布，明确了加快城市新型基础设施建设、支撑城市迈向全场景智慧时代的目标。此外，上海还持续加强与行业头部企业合作，搭建智慧城市产业发展生态，并推进长三角一体化合作，形成"智慧长三角"共建机制，为智慧城市的长远发展奠定了坚实基础。

（二）上海市智慧治理建设内容

1. 顶层规划与政策驱动：确立智慧城市发展蓝图

自 2010 年上海提出"创建面向未来的智慧城市"战略以来，上海通过制定一系列政策文件和规划，如《上海市推进智慧城市建设三年行动计划（2011—2013 年）》《上海市推进智慧城市建设"十三五"规划》及《关于全面推进上海城市数字化转型的意见》等，确立了智慧城市建设的总体框架和发展路径。这些政策不仅明确了智慧城市的发展目标，还通过成立由市主要领导挂帅的智慧城市建设领导小组，确保各项政策得以有效执行和推进。顶层规划与政策驱动为上海智慧治理提供了坚实的制度保障和战略引领。

2. 数据整合与"一网通办": 提升政务服务效率

上海在智慧治理中高度重视数据的整合与应用，通过成立上海市大数据中心①，实现了跨部门数据的互联互通和共享共用。在此基础上，上海推出了"一网通办"政务服务平台，接入了大量政务服务事项，实现了线上线下的深度融合。此外，上海还通过提升"AI+一网通办"赋能水平，进一步增强了平台的智能化和便捷性。

3. 城市运行"一网统管": 实现精细化与智能化管理

为提升城市治理的精细度和智能化水平，上海设立了城市运行管理中心，推动城市运行"一网统管"工作。通过"一屏观天下、一网管全城"的管理模式，上海实现了对城市运行状态的实时监测和智能调度。这一举措不仅提高了城市治理的响应速度和决策效率，还促进了政府各部门之间的协同合作和资源共享。

4. 社区治理创新与数字化转型: 构建智慧社区生态

上海在智慧治理中十分注重社区层面的创新与实践，通过启动"美好社区·先锋行动"项目，选取了多个典型社区进行科学化、精细化和智能化的治理探索②。该项目不仅提升了社区治理的智能化水平，还增强和提升了社区居民的参与感和满意度。此外，上海还积极推进数字化社区服务新业态的发展，如在线医疗、智慧教育等，为居民提供了更加便捷和高效的公共服务。通过数字化转型和社区治理创新，上海正逐步构建起一个智慧、和谐、宜居的社区生态。

(三) 上海市智慧治理取得成效

1. 信息基础设施全面升级，奠定坚实网络基础

上海在信息基础设施建设方面取得了显著成效，为智慧城市的发展奠定了坚实基础。自2012年起，上海便致力于光纤到户的建设，实现了城镇地区的基本覆盖，网络能力达到"百兆进户、千兆进楼"的标准。截至2021年年初，上海更是加快了5G网络的建设步伐。截至2021年7月底，上海市累计建设5G室外基站超4.3万个，5G室内小站超8.2万个，实现

---

① 李丹妮. 大数据时代我国政府信息公开研究 [D]. 大连: 东北财经大学, 2018.

② 姚尚建, 陶青青. 乡村振兴中的政党: 角色与过程: 基于上海市 J 村 "美好社区先锋行动" 项目的观察 [J]. 理论探讨, 2024 (1): 38-46.

中心城区和郊区重点区域连续覆盖①。这一系列举措不仅提升了网络速度和带宽，还促进了智慧城市各领域的创新发展，为政务服务、城市治理、社会治理等提供了强大的信息网络支撑。

2．"一网通办"便捷高效，政务服务再上新台阶

"一网通办"作为上海政务服务改革的标志性成果，其接入事项已广泛覆盖教育、医疗、社保、交通、住房等多个领域，总数超过 2 341 个，且超过 80%的事项具备全程网办能力②。这一平台的推出，极大地简化了办事流程，提高了政务服务效率，赢得了市民和企业的广泛好评。"一网通办"不仅提升了政务服务的便捷性和高效性，还促进了政府服务的透明化和规范化，增强和提升了市民对政府的信任感和满意度。

3．"一网统管"智慧治理，城市治理水平显著提升

"一网统管"系统的建设是上海城市治理向智慧化、精细化迈进的重要里程碑。该系统通过集成各类城市运行数据，实现了对城市运行状态的实时监测和动态管理，为城市治理者提供了科学决策的依据。在疫情防控、应急管理、市容市貌管理等方面，"一网统管"发挥了不可替代的作用，显著提升了城市治理的效率和水平。通过快速响应和精准施策，上海有效应对了各类突发事件，保障了城市的安全运行和市民的生命财产安全。

4．数字经济蓬勃发展，为城市转型升级注入新动力

上海在推动数字经济发展的过程中，充分发挥了其在科技、金融、人才等方面的优势。通过出台一系列政策措施，如《上海市促进在线新经济发展行动方案（2020—2022 年）》《上海市数字经济发展"十四五"规划》等，上海吸引了大量数字经济企业和创新人才的集聚。在线医疗、远程办公、工业互联网等新业态的快速发展，不仅丰富了数字经济的应用场景，还为上海经济的转型升级注入了新的活力。这些新业态的兴起，不仅提升了城市经济的竞争力和创新能力，还促进了就业增长和消费升级，为上海城市的可持续发展奠定了坚实基础。

---

① 第一财经资讯. 5G 基站覆盖全国所有地级市，多地明确未来 5 年发力目标！［EB/OL］.（2021-09-02）［2024-05-02］.https://www.yicai.com/news/101161780.html.

② 界面新闻. 上海"一网通办"已接入 2 341 项事项，日均办结量超 10 万件［EB/OL］.（2020-07-28）［2024-04-28］. https://baijiahao.baidu.com/s？id=1673459809163006881&wfr=spider&for=pc.

（四）上海市智慧治理经验总结

1. 规划引领与顶层设计：构建系统性发展蓝图

上海在智慧城市建设中的首要经验是坚持规划引领和顶层设计。通过制定《上海市全面推进城市数字化转型"十四五"规划》等系列政策文件，明确了智慧城市建设的总体目标、发展路径及保障措施。这一做法不仅为上海智慧城市的建设提供了清晰的方向，还确保了各项工作的有序推进。例如，上海在智慧城市建设中，注重基础设施的先行布局，如建设覆盖全市的 5G 网络，为智慧应用提供了坚实的基础。同时，通过设立大数据中心，实现跨部门数据共享，推动了政务服务"一网通办"和城市运行"一网统管"的高效运行。

2. 数据驱动与共享：提升治理效能

数据是智慧城市的核心资源，上海高度重视对其的整合与共享。通过建立市级大数据中心和数据共享交换平台，上海实现了跨部门数据的互联互通，有效提升了数据资源的利用效率。例如，在交通领域，通过实时数据分析，上海能够精准调度公共交通资源，缓解城市交通拥堵问题。在医疗领域，电子健康档案系统的建立，让市民的诊疗信息实现跨医院、跨地区共享，提升了医疗服务质量和效率。此外，上海还积极推动数据开放，鼓励社会各界利用数据资源进行创新和应用，促进了智慧城市生态的繁荣发展。

3. 应用创新与融合：推动数字化转型

上海在智慧城市建设过程中，注重应用创新与融合，推动新技术、新业态与传统产业的深度融合。通过建设"一网通办""一网统管"等系统平台，上海实现了政务服务、城市治理等领域的数字化转型。例如，"一网通办"平台通过整合各类政务服务事项，实现了"进一张网，办全部事"，极大地方便了市民和企业。在智慧交通方面，上海积极探索自动驾驶、智能网联汽车等新技术应用，推动交通出行方式的变革。同时，上海还注重智慧环保、智慧能源等领域的建设，并以此推动城市可持续发展。

4. 多方协同与共建共享：形成强大合力

上海在智慧城市建设过程中，在注重加强跨部门协同与联动的同时，还鼓励社会各界广泛参与。通过建立联席会议制度、签订合作协议等方式，上海明确了各部门的职责和任务分工，实现了信息资源的共享和业务的协同办理。例如，在疫情防控期间，上海通过"一网统管"平台，实现了疫情防控数据的实时共享和精准分析，为疫情防控工作提供了有力支撑。此外，上海还通过举办智慧城市论坛、展览等活动，加强与国际国内的交流合作，学习借鉴先进经验和技术。同时，鼓励企业、高校、科研机构等积极参与智慧城市的建设和应用推广工作，形成了政府引导、市场主导、社会参与的共建共享模式。这种模式不仅促进了智慧城市建设的深入发展，还增强和提升了社会各界的获得感和满意度。

四、深圳市智慧城市建设的创新实践

随着信息技术的飞速发展，智慧城市已成为全球城市发展的重要趋势，旨在通过信息化手段提升城市治理效率、优化公共服务、促进经济转型升级。深圳，作为中国改革开放的前沿阵地和创新高地，凭借其强大的经济实力、丰富的科技资源和开放的政策环境，成为国家智慧城市建设的先行者。

深圳自改革开放以来，经济持续快速增长，已成为中国乃至全球的重要经济中心城市。深圳的高新技术产业、现代服务业等新兴产业蓬勃发展，为智慧城市的建设提供了坚实的经济基础。同时，深圳人口密集、城市规模不断扩大，城市治理和服务面临诸多挑战，亟须通过智慧化手段提升治理效能。在国家层面，随着信息化战略的深入实施，智慧城市被纳入国家发展规划，成为推动经济社会发展的重要引擎。深圳作为全国首批智慧城市试点城市之一，得到了国家层面的大力支持和政策倾斜。此外，深圳地方政府也高度重视智慧城市建设，将其视为提升城市竞争力、实现可持续发展的关键举措。深圳拥有华为、腾讯、中兴等众多全球领先的科技企业，在5G、物联网、云计算、大数据等信息技术领域具有显著优势。这些企业不仅为深圳智慧城市建设提供了强大的技术支持，还推动了相关技术的创新和应用，为智慧城市的发展注入了强劲动力。

（一）深圳市智慧治理历程

1. 智慧城市试点与规划引领（2012—2017 年）

深圳作为全国首批智慧城市试点城市，于 2012 年率先印发了《智慧深圳规划纲要（2011—2020 年）》，明确了智慧城市建设的中长期发展目标。该规划强调了在信息通信基础设施、核心技术突破及城市运营服务体系构建等方面的全面布局，为深圳智慧治理奠定了坚实基础。同时，首届

"深圳关爱行动"的举办①，彰显了深圳在智慧治理中的人文关怀与和谐社会建设理念。

2. 新型智慧城市建设加速推进（2018—2020 年）

2018 年，深圳发布了《深圳市新型智慧城市建设总体方案》及"六个一"实施方案，明确了智慧城市发展的具体目标与实现路径。随着 2019 年被确定为国家政务信息共享示范市，深圳进一步加快了 5G 基础设施建设，并于 2019 年年底实现了重点区域 5G 网络全覆盖。2020 年 8 月 14 日，深圳成为全国首个 5G 独立组网全覆盖的城市，已建成超过 4.6 万个 5G 基站②。进入 2020 年，深圳不仅在 5G 独立组网方面取得突破，还荣获了全球智慧城市大会的奖项，标志着其在智慧治理领域的国际影响力显著提升。

3. 深化智慧治理体系与技术创新（2021—2022 年）

2021 年，深圳市人民政府发布了《深圳市人民政府关于加快智慧城市和数字政府建设的若干意见》，提出打造具有深度学习能力的鹏城智能体，明确了未来智慧城市建设的蓝图。同年，深圳试点首席数据官制度，强化了数据在智慧治理中的核心作用。2022 年，《深圳市数字政府和智慧城市"十四五"发展规划》的发布，进一步细化了数字政府和智慧城市建设的路径，明确了国家新型智慧城市标杆的目标。此外，深圳在数字孪生城市、智能体建设等方面取得显著进展，智慧治理体系得到完善。

4. 智慧治理成果显著与未来展望（2023—2024 年）

近年来，深圳智慧城市建设成果斐然。2023 年，"@深圳-民意速办"平台的建立③，提升了政务服务效率与质量，推动了公共数据开发利用与市场化配置改革。同时，深圳积极培育"20+8"产业集群，推进智能建造试点项目④，为智慧城市发展注入了新动能。2024 年，深圳市继续加大重大项目投资力度，其中不乏智能建造等领域的重点项目，进一步巩固了其在智慧治理领域的领先地位。未来，深圳将持续深化智慧治理体系，推动城市治理现代化，迈向全球数字先锋城市的新高度。

---

① 胡跃军. 用爱拥抱每一天 用心感动每个人：记深圳市文明委主办的首届"深圳关爱行动"[J]. 改革与战略，2004（3）：4.

② 戴晓晓. 深圳成为全国首个 5G 网络全覆盖城市 [J]. 天津经济，2020（8）：52-53.

③ 李妍，汪灵犀，慕伟等. 大湾区快报 [J]. 小康，2023（32）：17-17.

④ 卓泳. 深圳培育发展壮大"20+8"产业集群 [J]. 宁波经济：财经视点，2022（7）：17-17.

（二）深圳市智慧治理的具体做法

1. 强化信息通信基础设施，奠定智慧治理基石

深圳市自智慧城市建设初期便高度重视信息通信基础设施的建设与完善。作为国家首批智慧城市试点城市，深圳率先实施了"数字深圳空间基础信息平台"项目，并在此基础上不断优化布局，提升网络质量。特别是在5G领域，深圳更是走在了全国乃至全球的前列，于2020年8月实现了5G独立组网全覆盖，为智慧城市应用提供了高速、稳定、可靠的网络环境①。通过持续加大信息通信基础设施的投入与建设力度，深圳不仅为智慧城市的发展奠定了坚实的基础，也为各类智慧应用的落地与推广提供了有力保障。

2. 构建智慧应用体系，提升公共服务水平

深圳在智慧治理中，积极构建智慧应用体系，以智慧化手段提升公共服务水平。一方面，深圳通过建设政府管理服务指挥中心等平台，实现了城市治理的智能化、精细化，有效提高了城市治理效率与响应速度。另一方面，深圳还积极推动智慧交通、智慧医疗、智慧教育、智慧环保等领域的应用创新，不断提升民众的生活品质与幸福感。例如，"@深圳-民意速办"民生诉求一体化平台的建立②，就是深圳智慧治理在公共服务领域的一大亮点，它有效缩短了民众诉求的响应时间，提升了政务服务效率与民众满意度。

3. 发展数字经济与战略性新兴产业，激发智慧治理新动能

深圳充分利用自身在信息技术领域的优势，大力发展数字经济和战略性新兴产业，为智慧治理提供了强大的动力支撑。2023年，深圳市通过制定《深圳市人民政府关于发展壮大战略性新兴产业集群和培育发展未来产业的意见》等政策文件，深圳明确了"20+8"产业集群的发展方向，即发展以先进制造业为主体的20个战略性新兴产业集群，并前瞻性布局8大未来产业。这一举措不仅促进了数字经济与实体经济的深度融合，也为智慧治理提供了丰富的应用场景与数据资源。同时，深圳还积极推动数据要素市场化配置改革，促进数据资源的共享与利用，为数字经济的发展注入了新的活力。

---

① 戴晓晓. 深圳成为全国首个5G网络全覆盖城市［J］. 天津经济，2020（8）：52-53.
② 李妍，汪灵犀，慕伟，等. 大湾区快报［J］. 小康，2023（32）：17-17.

4. 创新机制体制，保障智慧治理持续推进

深圳在智慧治理过程中，注重机制体制的创新与完善，形成了多部门协同、政企合作、公众参与的良好局面。一方面，深圳通过印发《深圳市首席数据官制度试点实施方案》等文件，在数字治理方面进行了积极探索与实践，为智慧城市的数据资源共享与利用提供了制度保障。另一方面，深圳积极引入社会资本参与智慧城市建设，通过 PPP 模式等方式吸引更多资源投入智慧城市领域，有效缓解了政府财政压力并提升了智慧城市建设的效率与质量。此外，深圳还注重公众参与与反馈机制的建立与完善，通过民意调查、在线问政等方式收集民众意见与建议，为智慧治理的持续改进与优化提供了重要参考。

（三）深圳市智慧治理取得的成效

1. 城市治理效能显著提升

深圳通过智慧城市建设，显著提升了城市治理效能。智慧交通、智慧环保等领域的应用创新，不仅优化了资源配置，还增强了政府应对复杂城市问题的能力。例如，智慧交通系统通过实时数据分析，有效缓解了交通拥堵问题，提高了道路通行效率；智慧环保系统则通过实时监测和预警，为环境保护提供了科学决策依据，促进了城市的可持续发展。这些智慧应用的落地，共同推动了深圳城市治理向更加高效、精准的方向迈进。

2. 公共服务水平大幅提高

深圳智慧城市建设在提升公共服务水平方面取得了显著成效。智慧医疗、智慧教育、智慧社区等领域的智慧化转型，让市民享受到了更加便捷、高效的公共服务。智慧医疗的推广，使市民可以通过手机 App 进行预约挂号、查看病历、远程诊疗等[①]，极大地缓解了"看病难、看病贵"的问题。智慧教育则通过智能教学系统、个性化学习路径等，提高了教学质量和学习效率，让优质教育资源得以跨越地域限制，实现共享。此外，智慧社区的建设也为居民提供了更加便捷、安全的社区服务，如智能安防、社区电商、在线养老等，进一步提升了居民的生活品质。

3. 数字经济发展动能强劲

作为全国乃至全球的科技创新中心，深圳智慧城市建设为数字经济的发展提供了强大动力。通过构建完善的数字经济生态体系，深圳吸引了大

---

① 李榕. @深圳人，看病挂号可以上"i深圳"APP，还有这些服务[EB/OL].（2024-02-04）[2024-05-04].https://m.mp.oeeee.com/a/BAAFRD0000020240204908310.html.

量数字经济企业和人才聚集，形成了集研发、生产、服务于一体的数字经济产业链。在"20+8"产业集群战略的引领下，深圳的数字经济产业规模持续扩大，创新能力不断提升，为经济增长注入了新的活力。同时，数据要素市场化配置改革的推进，促进了数据资源的开放共享和高效利用，为数字经济的持续发展提供了有力保障。这些举措共同推动了深圳数字经济的高质量发展，使其在全球数字经济竞争中占据了有利地位。

4. 社会治理创新成果显著

深圳智慧城市建设在社会治理创新方面也取得了显著成效。通过运用大数据、云计算、人工智能等现代信息技术手段，深圳实现了社会治理的精准化、智能化。例如，通过大数据分析，政府可以及时发现和预警社会风险，提前采取措施进行干预和化解；智能监控系统的应用则提高了公共安全水平，实现了对重点区域、重点人群的实时监控和有效管理。此外，社交媒体等渠道的利用也增强了政民互动和信任，使政府能够及时了解民众诉求和意见，从而做出更加科学、民主的决策。这些创新举措不仅提高了社会治理的效率和水平，还增进了社会的和谐稳定，为深圳的可持续发展奠定了坚实基础。

（四）深圳市智慧治理的经验总结

1. 坚持规划引领，确保有序推进

深圳市智慧城市建设始终坚持规划引领的原则，这是其成功的重要经验之一。从《智慧深圳规划纲要（2011—2020年）》的制定，到《深圳市新型智慧城市建设总体方案》和《深圳市新型智慧城市"六个一"实施方案》的出台，深圳明确了智慧城市建设的总体目标、主要任务和实现路径。这些规划不仅具有科学性和前瞻性，还注重落地实施和动态调整，确保了智慧城市建设的有序推进。例如，通过"一图全面感知、一号走遍深圳"等具体目标，深圳实现了城市治理的全面智能化和精细化，有效提升了城市治理效率和服务水平。

2. 强化创新驱动，促进技术应用

深圳智慧城市建设注重创新驱动的发展模式，通过加大科技研发投入、培育创新型企业、引进高端人才等措施，不断推动信息技术在智慧城市领域的创新应用。深圳作为全国乃至全球的科技创新中心，其创新能力在智慧城市建设中得到了充分展现。例如，深圳率先实现5G独立组网全覆盖，为智慧城市的建设提供了强大的网络基础设施支撑。同时，深圳还

积极推动数字治理体系建设和政务服务流程优化，通过引入大数据、云计算、人工智能等先进技术，实现了政府管理效率和服务水平的显著提升。

3. 深化体制改革，提升治理效能

深圳在智慧城市建设过程中不断深化体制改革和机制创新，通过优化政务服务流程、加强跨部门协同合作等措施，提高了政府管理效率和服务水平。深圳率先推动"政府管理服务指挥中心"建设，实现了城市治理从"经验治理"向"科学治理"的转变。此外，深圳还注重引入社会资本参与智慧城市建设和管理运营，形成了多元化、市场化的投资建设模式。例如，《深圳市关于率先实现5G基础设施全覆盖及促进5G产业高质量发展的若干措施》的印发，不仅促进了5G基础设施的快速发展，还带动了相关产业链的完善和创新能力的提升。

4. 坚持以人为本，增强民众福祉

深圳智慧城市建设始终坚持以人民为中心的发展思想，通过深入了解和分析民众需求和诉求，精准施策、精准服务，不断提升公共服务水平和民众满意度。深圳在智慧医疗、智慧教育、智慧社区等领域取得了显著成效，为市民提供了更加便捷、高效的公共服务。同时，深圳还注重培养市民的信息化素养和数字技能水平，推动全社会共同参与智慧城市建设和管理运营。这种以人为本的发展理念不仅提升了民众的生活品质，还增强了市民对智慧城市建设的认同感和参与度。

第四节　国内城市智慧治理的综合分析

一、国内城市智慧治理的特点

随着信息技术的飞速发展，国内城市智慧治理已成为提升城市治理效能、优化公共服务质量、推动经济社会可持续发展的重要途径。北京市、杭州市、上海市、深圳市等城市作为智慧治理的先行者，其治理实践展现出了鲜明的特点。本节将从顶层设计、技术创新、数字治理、公众参与等方面，综合概括国内城市智慧治理的特点。

（一）顶层设计与规划先行

国内城市在智慧治理过程中，普遍注重顶层设计与规划先行。北京市通过制定《北京市"十四五"时期智慧城市发展行动纲要》等详细规划，明确了智慧城市建设的总体目标、主要任务和保障措施①。杭州市同样以《杭州市智慧城市建设总体规划》为引领，为智慧治理奠定了坚实基础。这种前瞻性的规划不仅确保了智慧城市建设的系统性和协同性，还提高了项目的可操作性和实效性。

（二）技术创新与产业融合

技术创新是国内城市智慧治理的核心驱动力。杭州市充分利用自身在信息技术产业上的优势，积极推动云计算、大数据、物联网、人工智能等技术的研发和应用，特别是"城市大脑"项目的实施，实现了城市运行状态的全面感知和智能决策。上海市则明确提出"创建面向未来的智慧城市"战略，通过技术创新推动城市治理模式的深刻变革②。北京、上海、杭州、深圳等城市通过技术创新与产业融合，不仅提升了城市治理的智能化水平，还促进了相关产业的快速发展。

（三）数据治理与资源共享

数据治理与资源共享是国内城市智慧治理的重要特征。杭州市通过建设统一的数据共享平台和数据交换机制，实现了政府、企业和社会数据的互联互通和共享共用③。北京市也完成了多个系统平台及多个子功能系统的整体上云工作，北京政务信息系统"入云"进度于2020年就已达到98.2%④。这种数据驱动的治理模式不仅提高了政府工作效率，还促进了跨部门业务的协同联动，为城市治理提供了科学依据。

（四）公众参与与多方共治

国内城市在智慧治理中注重公众参与和多方共治。北京市则通过"吹哨报到"改革和街巷长制度，强化了基层治理权限和部门联动机制，有效提升了治理效能⑤。杭州市通过建设智慧政务服务平台、社交媒体等渠道，

① 北京市大数据工作推进小组.北京市"十四五"时期智慧城市发展行动纲要[EB/OL].(2021-03-23)[2024-03-23].https://www.beijing.gov.cn/zhengce/zhengcefagui/202103/t20210323_2317136.html.

② 吴勇毅."十三五"开启中国智慧城市2.0时代[J].上海信息化,2016（1）：8.

③ 杭州市数据资源管理局,杭州市发展和改革委员会.杭州市数字政府建设"十四五"规划[EB/OL].（2021-07-06）[2024-05-06].https://www.hangzhou.gov.cn/art/2021/7/6/art_1229405668_59038359.html.

④ 阳娜.北京政务信息系统"入云"进度达到98.2%[EB/OL]].(2020-01-21)[2024-05-06].http://www.xinhuanet.com/politics/2020/01/21/c_1125489882.htm

⑤ 北京市政府.吹哨报到[EB/OL].(2019-01-23)[2024-04-23]https://www.beijing.gov.cn/zhengce/zwmc/201906/t20190621_98877.html.

拓宽了公众参与城市治理的途径和方式①。这种多方共治的治理格局不仅提高了城市治理的效率和效果，还增强了公众的获得感和满意度。

（五）以人为本与民生改善

国内城市在智慧治理过程中始终坚持以人为本的发展理念，将智慧城市建设成果惠及广大市民。杭州市通过推广智慧医疗、智慧教育、智慧养老等智慧服务，有效提升了公共服务水平。上海市也注重将智慧治理成果应用于民生领域，如智能交通系统的建设有效缓解了交通拥堵问题。这些举措充分体现了国内城市在智慧治理中以人为本的发展理念。

二、中国城市智慧治理场景

大数据、云计算、物联网、人工智能及数字孪生等数字化技术的飞速发展，以及相关技术在城市治理中的广泛应用，正不断推进中国城市的智慧治理迭代、创新。

（一）数字化技术在城市治理中的运用

大数据作为城市智慧治理的基石，能通过海量数据的收集、分析与应用，为城市治理者提供了科学的决策依据。北京市在疫情防控期间，利用大数据分析追踪疫情传播路径，实施精准防控，有效遏制了疫情蔓延②。杭州市则通过整合各类城市数据资源，实现跨部门、跨领域的数据共享与业务协同，为政府决策提供了科学依据③。类似地，广州、南京等城市也建立了大数据平台，优化城市交通管理、环境监测和公共安全等领域的治理。

（二）云计算在城市智慧治理中的作用

云计算为城市智慧治理提供了强大的数据处理和存储能力。上海市通过设立城市运行管理中心，推动"一网统管"建设，实现了城市治理的智慧化与精细化，这一过程中云计算技术发挥了关键作用④。深圳市在智慧

① 杭州市人民政府.杭州市智慧政务发展"十三五"规划[EB/OL].(2017-01-03)[2024-4-24].https://www.hangzhou.gov.cn/art/2017/1/3/art_1285807_3953.html.

② 刘漳辉，郭文忠，陈羽中，等.基于大数据与人工智能的疫情防控平台建设方案[J].福州大学学报（哲学社会科学版），2020，34（2）：19-24.

③ 王志刚，向燕晶，陈莹莹.数字化项目绩效指标体系研究[J].财政科学，2024（1）：18-29.

④ 王亚星，陈子韬，谢志彬，等.城市运行"一网统管"：演进历程与建设路径：基于上海静安区的案例分析[J].城市发展研究，2023（4）：53-59.

城市建设中，通过构建政务云平台，实现了政务服务事项的在线办理和"一网通办"，极大提高了政府服务效率和透明度①。武汉、成都等城市也积极推动云计算技术在城市治理中的应用，提升了城市治理智能化水平。

（三）物联网技术在城市智慧治理中的创新

物联网技术通过感知、识别与通信技术的融合，实现了城市万物的互联互通。武汉市在城市治理中充分利用物联网技术，建设了智慧医疗、智慧教育、智慧养老等系统，提升了公共服务水平②。苏州市则通过物联网技术构建了智慧停车系统，有效缓解了城市停车难问题③。此外，西安、成都等城市也在智能交通、智慧环保等领域广泛应用物联网技术，提高了城市治理的智能化水平。

（四）人工智能技术在城市智慧治理中的探索

人工智能技术以其强大的计算能力和智能分析能力，为城市智慧治理带来了新的突破。北京市利用人工智能技术构建了城市大脑平台，实现了交通、环保、安防等多个领域的智能化管理④。深圳市在智慧治理中引入深度学习技术，打造具有深度学习能力的鹏城智能体，为智慧城市建设提供了有力支撑⑤。广州、南京等城市也在智能安防、智慧城管等领域积极探索人工智能技术的应用，提升了城市治理的智能化水平。

（五）数字孪生技术在城市智慧治理中的应用前景

数字孪生技术作为新兴的数字技术，正在逐步应用于城市智慧治理中。南京市在智慧治理中积极推动数字孪生城市等新技术的应用，为城市治理现代化提供了有力支撑⑥。数字孪生技术通过构建城市的虚拟镜像，实现了对城市运行状态的实时监测和智能预测，为城市治理者提供了更加直观、精准的决策支持。未来，随着技术的不断成熟和应用场景的拓展，数字孪生技术将在更多城市得到广泛应用。

---

① 杨意婷，陈柳云. 深圳市智慧政务服务改革探索，成效与优化 [J]. 特区经济，2023（2）：16-19.

② 中国政府网. 总理为湖北自贸区武汉片区"一次办""马上办"到"网上办"点赞[EB/OL].（2017-12-12）[2014-03-12].https://www.gov.cn/xinwen/2017/12/12/content_5246051.htm.

③ 李宏侠. 物联网技术在智慧园区停车场系统中的应用研究 [D]. 西安：长安大学，2024.

④ 北京日报. 北京朝阳"城市大脑"上线 [J]. 计算机与网络，2019（5）：2.

⑤ 黄玉明. 大数据 AI 人工智能率先占领智慧深圳 [J]. 中国公共安全，2017，11（304）：49-53.

⑥ 汪广丰. 南京市打造数字孪生智能城市：以 AI 赋能江心洲数字孪生岛为例 [J]. 城市开发，2023（6）：111-113.

三、城市治理内容与领域

（一）智慧交通

智慧交通是中国城市智慧治理的重要领域。杭州市通过城市大脑的交通系统有效缓解了交通拥堵问题[①]。上海市则通过智能交通信号控制和交通拥堵预警系统，提高了道路通行能力[②]。广州市和南京市也分别推出了智慧停车和智能公交系统，提升了市民出行便利性。北京通过广泛应用智能交通系统，如智能停车、公交实时到站查询等功能。深圳市依托智慧交通系统通过对车流、人流进行实时数据分析，有效缓解了交通拥堵问题[③]，提高了道路通行效率。

（二）智慧政务

智慧政务是提升政府服务效率和透明度的重要手段。北京市通过政务云平台，实施"互联网+政务服务"行动，实现政务服务事项的在线办理和"一网通办"，提高了政府服务效率和透明度。深圳市则构建了统一的政务服务平台，实现了政务服务事项的在线办理和"一网通办"[④]。杭州市通过建设城市大脑，实现了对城市运行状态的全面感知和智能决策。在城市治理中，通过智慧城管系统，实现了对城市环境的精细化管理和服务[⑤]。上海市设立了城市运行管理中心，推动"一网统管"建设，实现城市治理的智慧化与精细化。通过"一屏观天下、一网管全城"的管理模式，提高了城市治理的响应速度和决策效率[⑥]，这些措施显著提高了政府工作效率和市民满意度。

（三）智慧医疗与教育

智慧医疗和教育是改善民生的重要方面。上海市通过建设电子病历和

① 侯瑞. 城市会思考，生活更美好：杭州"城市大脑"发布 11 大系统，48 个应用场景 [J]. 信息化建设，2019（7）：26-29.

② 吴稼豪，俞宏伟，蔡伟崙，等. 上海国家会展中心交通流量预警系统构建及应用 [J]. 交通与运输，2017（z1）：99-103，107.

③ 石菲. 北京持续发力智慧城市 [J]. 中国信息化，2022（3）：12-13.

④ 张纬焜. 深圳市推进"移动互联网+政务服务"发展现状及对策研究 [D]. 西宁：青海师范大学，2019.

⑤ 戴旭，齐同军. 智慧城管助力杭州城市治理 [J]. 中国建设信息化，2016（19）：18-21.

⑥ 巨云鹏. 上海：推动社区治理精细化 超大城市需要"超级大脑" [J]. 城市管理与科技，2021，22（1）：78-78.

远程医疗系统，提高了医疗服务质量和效率①。杭州市则通过智慧医疗平台实现了医疗资源的优化配置和共享②。在教育领域，成都市推出了智慧教育平台，实现了教育资源的均衡分配和个性化教学③。

（四）智慧环保与公共安全

智慧环保和公共安全是城市治理的重要保障。杭州市通过智慧环保系统实现了对城市环境的精细化管理和服务④。西安市则利用大数据和人工智能技术构建了公共安全预警系统，有效提升了城市应急响应能力⑤。苏州市在垃圾分类工作中引入了智慧化管理手段，提高了垃圾分类的准确率和覆盖率⑥。上海积极探索智慧环保建设，通过运用物联网、大数据等技术手段，实现对环境质量、污染源排放等的全面监测和预警，促进城市可持续发展⑦。

在疫情防控期间，北京市利用大数据和人工智能技术，实现了对疫情信息的实时监测、预警和处置，有效遏制了疫情的扩散⑧。杭州市通过城市大脑系统，在疫情防控中发挥了重要作用，实现了疫情信息的快速传递和高效处理。

四、国内城市智慧治理创新

（一）基层治理创新

基层治理创新是中国城市智慧治理的重要方向。北京市的"吹哨报

---

① 新华网. 沪将建设居民电子健康档案减少不必要重复医疗 [J]. 中国数字医学, 2011, 6（4）：1.

② 黄钢. 中国城市健康生活报告（2017）[M]. 中国社会科学文献出版社, 2018：405-410.

③ 魏佳. 提高基础数据质量 提升区域数据治理能力：以成都智慧教育云平台基础数据质量管理为例 [J]. 中国现代教育装备, 2023（20）：5-7.

④ 何曙慧, 杨文培, 陈莎, 等. 构建杭州市空气质量管理长效机制打造"西湖蓝" [J]. 标准科学, 2016（2）：84-88.

⑤ 西安推行"互联网+应急管理"让城市安全监测预警更智慧 [EB/OL]. （2022-02-23）[2024-02-26].https://shaanxi.china.com/yingji/20000890/20220223/25561111_1.html.

⑥ 洪毅. 苏州市生活垃圾分类综合信息管理系统开发与应用 [J]. 城市管理与科技, 2023, 24（3）：70-74.

⑦ 刘名. 智慧城市建设与绿色建筑技术的应用 [J]. 中国住宅设施, 2024（7）：49-51.

⑧ 吴冠华, 陈璐, 朱海涛, 等. 基于"大数据+AI"的疫情智能监控分析系统 [J]. 信息与电脑, 2020, 32（21）：74-76.

到"①"接诉即办"② 机制改革通过强化基层治理权限和部门联动机制，有效提升了基层治理效能。杭州市也鼓励各区、县（市）根据自身特色和优势开展智慧城市建设试点和示范项目，如杭州市智慧安监、宁波智慧健康、温州智慧旅游、绍兴智慧安居等领域的智慧城市建设示范试点项目等③。

（二）多元共治格局

构建政府主导、市场运作、社会参与的多元共治格局是中国城市智慧治理的重要目标。杭州市通过实施"街道民主协商议事会议制度"，创建"社区公共事务分类治理"，建设"智慧政务服务平台"和建立社交媒体等渠道拓宽了公众参与城市治理的途径④，余杭区通过"最多跑一次"改革撬动基层治理数字化转型⑤。深圳市则积极推动企业和社会力量参与智慧城市建设，形成了良好的市场氛围和社会基础。

（三）数据治理与安全保障

在智慧治理过程中，数据治理与安全保障至关重要。北京市通过建立完善的数据治理体系和数据安全保护机制，确保了各类城市数据的规范采集、存储、处理和共享⑥。如北京数字档案馆建立了以等级保护三级为目标的安全体系，采用了边界防护、访问控制等多种技术手段⑦。上海市也加强了网络安全防护和应急响应能力建设，有效防范了网络攻击和数据泄露等安全风险。

五、国内城市智慧治理面临的问题与挑战

随着信息技术的飞速发展，智慧城市建设已成为提升城市治理能力和

---

① 孙柏瑛，张继颖. 解决问题驱动的基层政府治理改革逻辑：北京市"吹哨报到"机制观察 [J]. 中国行政管理，2019（4）：72-78.

② 王亚华，毛恩慧. 城市基层治理创新的制度分析与理论启示：以北京市"接诉即办"为例 [J]. 电子政务，2021（11）：1-11.

③ 王立华. 开启智慧引擎 加快智慧转型 西湖区全力建设杭州智慧产业新兴区 [J]. 杭州（周刊），2014（8）：15-15.

④ 刘文富. 智慧政务：智慧城市建设的政府治理新范式 [J]. 中共南京市委党校学报，2017（1）：62-68.

⑤ 王冠军，明文彪. 基层治理数字化转型的余杭路径 [J]. 浙江经济，2020（2）：72-74.

⑥ 赵凌美，赵春香. 北京市基础地理数据存储管理与服务模式探讨 [J]. 北京测绘，2014（6）：62-65.

⑦ 郭少峰. 北京数字档案馆（电子文件中心）安全保障体系建设 [J]. 北京档案，2017（11）：7-10.

公共服务水平的重要途径。然而，在国内城市智慧治理的实践中，尽管如北京市、杭州市、上海市、深圳市等城市取得了显著成效，但仍面临诸多问题与挑战。笔者将从全球视角出发，结合这四个城市的实际情况，探讨国内城市智慧治理可能面临的困境与挑战。

（一）数据共享与隐私保护难题

在智慧治理过程中，数据共享是提升治理效能的关键。然而，数据孤岛、数据壁垒等问题依然普遍存在①。不同部门、不同系统之间的数据难以实现有效互联互通，导致数据资源无法充分利用。同时，随着大数据、人工智能等技术的广泛应用，个人隐私保护问题日益凸显。如何在保障数据安全的前提下，实现数据的合理共享与利用，成为城市智慧治理面临的重要挑战。

（二）技术创新与人才短缺的矛盾

技术创新是推动智慧治理发展的关键动力。然而，国内城市在智慧治理领域的技术创新能力仍显不足，尤其是在核心技术研发、高端人才引进等方面存在短板②。同时，随着智慧治理的深入推进，对高素质、复合型人才的需求日益增长。然而，当前的人才培养体系尚不能满足这一需求，导致智慧治理领域的人才短缺问题日益严重③。

（三）资金投入与可持续发展问题

智慧治理需要大量的资金投入，包括信息基础设施建设、技术研发、人才引进等多个方面。然而，当前国内城市在智慧治理方面的资金投入普遍不足，且缺乏长期稳定的资金来源④。这导致部分城市在智慧治理过程中出现了"重建设、轻运营"的现象，影响了智慧治理的可持续发展。此外，如何合理规划资金使用，确保智慧治理项目的经济效益和社会效益最大化，也是城市治理者需要面对的重要问题。

（四）公众参与与多方共治的挑战

智慧治理需要政府、企业、公众等多方主体的共同参与和协作。然

---

① 丁亦敏. 政府跨部门数据共享的网络结构与组织角色 [D]. 济南：山东大学，2023.

② 刘鑫，郑长旭. 社区智慧治理模式研究：以合肥滨湖世纪社区为例 [J]. 皖西学院学报，2020，36（1）：47-51.

③ 张鹏. 智慧社区公共服务治理模式、发展阻碍及整体性治理策略 [J]. 江淮论坛，2017（4）：70-76.

④ 梁毕明. 我国智慧城市建设融资问题剖析 [J]. 经济纵横，2015（6）：63-65.

而，在实际操作中，公众参与程度不高、多方共治机制不健全等问题依然存在①。一方面，部分城市在智慧治理过程中过于依赖政府主导，忽视了市场和社会力量的作用；另一方面，公众对智慧治理的认知度和参与度不高，难以形成有效的社会监督和反馈机制。这导致智慧治理项目在推进过程中可能面临诸多阻力和困难。

（五）标准制定与评估体系缺失

智慧治理涉及多个领域和多个层面，需要制定统一的标准和评估体系来指导实践。然而，当前国内在智慧治理领域的标准制定和评估体系尚不完善②。不同城市、不同部门之间的标准不一、评估方法各异，导致智慧治理项目的实施效果难以准确衡量和比较。这不仅影响了智慧治理的推进速度和质量，还可能造成资源浪费和重复建设等问题。因此，加快制定和完善智慧治理的标准和评估体系显得尤为重要。

（六）城乡发展不平衡问题

在国内城市智慧治理的实践中，城乡发展不平衡问题依然突出。城市地区由于经济发达、技术先进，往往能够率先享受到智慧治理带来的便利和效益；而农村地区则由于经济基础薄弱、技术条件落后，难以有效参与智慧治理③。这种城乡发展不平衡不仅加剧了城乡差距的扩大，还可能引发一系列社会问题。因此，在推进城市智慧治理的同时，也需要关注农村地区的智慧化建设和发展问题。

---

① 姜杰，周萍婉. 论城市治理中的公众参与 [J]. 政治学研究，2004（3）：101-106.

② 黄成，毛蕾，薛泽林. 智慧社区建设评估：现状，问题与策略 [J]. 安徽建筑大学学报，2021，29（5）：45-50.

③ 熊兢. 新时代城乡社区治理的不平衡问题及应对策略 [J]. 领导科学，2018（14）：62-64.

第八章　数字治理视角下的未来城市智慧治理思考

　　未来城市的智慧治理框架是一个三维立体构造结构（见图 8-1），视观察角度不同，显现出多样化的形态特征。第一，从技术维度看，此框架融合了物联网、5G、云计算、大数据、数字孪生、人工智能、区块链等前沿数字技术，形成了一个综合的数字技术应用矩阵。第二，从理论维度看，此框架汲取了公共管理、数字经济、城市哲学等交叉学科精华，是一个多元学科融合的知识体系。第三，从结构维度看，该框架由基础设施、数据平台、智慧应用、安全保障及标准法规五大层级构成，它们各司其职，互为支撑。

　　在此框架中，技术与理论双重维度的交汇，旨在践行善治理想，秉持伦理准则，夯实法律根基，追求敏捷灵活的治理机制，倡导多方协作；技术与结构双重维度的协同，旨在打造全场景感知交互、全环节智能决策、全要素协同推进、全触点体验运营的运行机制；理论与结构维度的耦合，则意在立足以人为本，鼓励跨界沟通，营造多元主体的治理格局。技术、理论、结构三个维度的融合统一，共同指向高效运作、广泛包容、可持续发展的智慧治理一体化目标。技术进步、理论指引与结构优化，合力铸就未来城市治理的新典范。

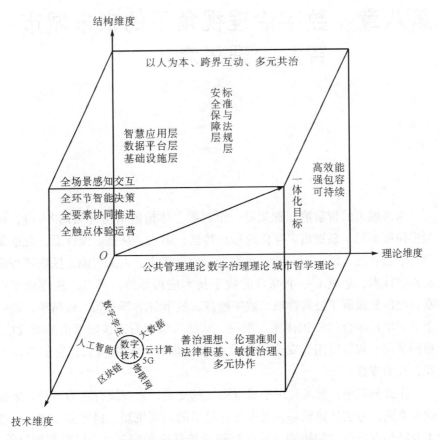

图 8-1 未来城市智慧治理的三维框架

第一节 未来城市智慧治理的三重框架构想

一、未来城市智慧治理的技术维度

未来城市的智慧治理的技术维度是大数据、物联网、云计算、5G、数字孪生、区块链及人工智能等关键技术的集成。

（一）大数据

大数据作为未来城市智慧治理的源头活水，其核心价值在于对海量数据的收集、存储、分析与利用。大数据技术框架包括数据采集、存储与管理、分析与挖掘以及数据利用四个核心环节。该技术通过感知层、网络层、平台层和应用层的多层次数据采集，实现城市运行数据的全面覆盖。利用分布式文件系统、NoSQL 数据库等存储技术，确保数据的高效管理与快速访问。大数据通过分类算法、聚类分析、关联规则挖掘等数据分析方法，挖掘数据背后的价值，为城市治理决策提供科学依据。

（二）物联网

物联网技术作为未来城市智慧治理的感知神经，通过感知层、网络层和应用层的有机结合，实现对城市运行状态的实时监测与智能控制。例如，在智慧交通领域，物联网技术能够实时感知车辆流量、路况等信息，优化交通信号控制，提升道路通行效率；在智慧环保领域，物联网技术能够监测空气质量、水质状况，为环境保护提供精准数据支持。

（三）云计算

云计算技术以其强大的计算能力和灵活的资源调配能力，成为未来城市智慧治理的智慧大脑。通过构建云服务平台，城市可实现计算资源、存储资源和数据资源的集中管理与按需分配。在智慧政务领域，云计算技术能够支持政府服务的数字化转型，提升政务服务效率。在智慧医疗领域，云计算技术能够支持医疗数据的共享与分析，促进医疗资源的优化配置。

（四）5G

5G 技术以其高速率、大容量、低时延的特点，为未来城市智慧治理提供了强大的通信支撑。在智慧交通领域，5G 技术能够实现车辆与车辆、车辆与基础设施之间的实时通信，提升交通系统的智能化水平。在智慧安防领域，5G 技术能够支持高清视频传输与实时分析，提升城市的安全防范能力。

（五）数字孪生

数字孪生技术通过构建城市物理空间的虚拟镜像，实现对城市运行状态的精准模拟与预测。例如，在智慧城市规划与设计领域，数字孪生技术能够模拟不同规划方案对城市运行的影响，为决策提供科学依据；在智慧环保领域，数字孪生技术能够模拟环境污染扩散过程，为环境治理提供精准指导。

（六）区块链

区块链技术以其去中心化、透明性和不可篡改性的特点，为未来城市智慧治理提供了信任基石。例如，在智慧政务领域，区块链技术能够支持政府数据的公开透明与可信共享；在智慧金融领域，区块链技术能够提升交易的安全性与效率，降低金融风险。

（七）人工智能

人工智能技术以其强大的计算能力与学习能力，成为未来城市智慧治理的决策中枢。例如，通过计算机视觉、机器学习、自然语言处理等技术，人工智能能够实现对城市运行状态的智能分析与预测；在智慧安防领域，人工智能能够自动识别异常行为，提升安全防范能力；在智慧医疗领域，人工智能能够辅助医生进行疾病诊断与治疗决策。

二、未来城市智慧治理的理论维度

未来城市智慧治理的理论脉络，是一个由公共管理理论、数字治理理论以及城市哲学等多学科领域智慧的有机融合。这个维度不仅应关注技术层面的创新与应用，还需深刻理解其背后的社会、经济、政治与文化逻辑。

（一）公共管理理论的融入

公共管理理论作为现代政府治理的理论基础，其核心理念在于政府、市场与社会的协同治理。在智慧治理的语境下，这一理念体现为政府作为主导力量，积极引入市场机制和社会力量，共同参与城市治理的过程。具体来说，公共管理理论为智慧治理提供了以下三个方面的启示。

1. 多元共治格局

政府应积极倡导并支撑企业、社会组织及公民个体等多维度主体深度融入城市治理体系，构建政府科学引导、市场机制高效运作、社会各界广泛参与的协同共治新模式。该模式旨在汇聚多方智慧与力量，通过信息共享、资源互补、责任共担，实现城市管理精细化、智能化与人性化，促进可持续发展，提升居民幸福感与满意度，共同绘制和谐宜居的城市治理新图景。

2. 绩效评估与管理

公共管理理论的精髓在于，它深刻关注治理成效的量化评估与持续优化管理策略，倡导以绩效为核心导向，通过科学指标体系衡量治理效果，确保公共资源高效配置，推动治理体系不断完善与精进。在智慧治理中，这意味着需要建立科学、合理的评估指标体系，对治理项目的实施效果进行定期评估，并根据评估结果及时调整和优化治理策略。

3. 政府职能转变

随着数字技术的发展，政府职能需要从传统的"统治者"转向"管理者"，再向"服务者"转变。政府应更加注重提供高质量的公共服务，通过数字平台实现服务的便捷化、高效化和个性化。

（二）数字治理理论的支撑

数字治理理论作为近年来兴起的一种新兴治理理论，其核心概念在于利用数字技术优化和提升治理效能。在构建未来城市智慧治理的理论框架时，数字治理理论提供了以下关键要素：

1. 数据驱动的治理模式

数字治理强调以数据为核心资源，通过大数据、云计算、物联网等先进技术，实现治理决策的精准化和科学化。在智慧治理中，这意味着需要建立全面的数据采集、存储、分析和利用体系，为治理决策提供有力的数据支撑。

2. 平台化的治理架构

数字治理倡导构建开放、共享、协同的治理平台，实现政府、市场、社会之间的信息共享和资源整合。在智慧治理中，这体现在建设智慧城市大脑、城市数据中心等基础设施，为城市治理提供统一、高效的信息支撑。

3. 智能化的治理手段

人工智能、区块链等前沿技术的应用，为智慧治理提供了更加智能化、精准化的治理手段。例如，通过智能算法优化交通流量管理、通过区块链技术提升政府服务透明度等。

（三）城市哲学的思想引领

城市哲学作为对城市本质、发展规律和治理理念的深刻反思，为智慧治理提供了重要的思想引领。在构建未来城市智慧治理的理论框架时，城市哲学的思想主要体现在以下三个方面：

1. 可持续发展理念

城市哲学强调城市的可持续发展，即在经济、社会、环境等方面实现长期、稳定的协调发展。在智慧治理中，这意味着需要注重生态环境保护、资源高效利用和绿色低碳发展，推动城市治理与可持续发展目标相契合。

2. 人文关怀与社会公正

城市哲学关注城市居民的福祉和社会公正，强调城市治理应以人为本、服务为民。在智慧治理中，这体现在注重公共服务的均衡化、优质化和便捷化，确保城市治理成果惠及全体市民。

3. 创新与包容性发展

城市哲学鼓励城市治理的创新与包容性发展，认为创新是城市发展的不竭动力，而包容性则是城市和谐稳定的重要保障。在智慧治理中，这体现在鼓励新技术、新模式的探索和应用，同时注重消除数字鸿沟、增进社会包容性。

三、未来城市智慧治理的结构维度

未来城市治理的结构维度是一个多层次、系统化的结构体系；是未来城市治理呈现智慧化、高效化、可持续化的关键要素。它涵盖了基础设施层、数据平台层、智慧应用层、安全保障层以及标准与法规层等多个方面。

（一）基础设施层：智慧城市的技术底座

未来城市智慧治理的结构维度首先依赖于坚实的基础设施层。这一层次是建立在包括高速、低延迟的网络通信设施（如5G、光纤网络）、云计算与边缘计算平台、物联网感知网络等技术维度之上的。通过这些基础设施，城市能够实时收集和处理海量数据，为智慧治理提供强大的数据支撑。

（二）数据平台层：数据融合与共享的核心

数据平台层是未来城市智慧治理结构承上启下的关键环节。它集成了数据采集、存储、处理、分析及可视化等功能，形成统一的数据资源池。通过运用大数据、人工智能等技术，数据平台能够深度挖掘数据价值，为城市治理者提供精准的决策支持。同时，数据平台还需遵循开放共享的原则，促进跨部门、跨领域的数据流通与协作。

（三）智慧应用层：多元场景下的技术创新

智慧应用层是未来城市智慧治理结构框架中最具活力的部分。它涵盖了智慧交通、智慧政务、智慧环保、智慧医疗、智慧教育等多个领域。在这一层次，通过引入物联网、区块链、人工智能等先进技术，可以实现对城市运行状态的全面感知、预测与优化。例如，利用智能交通系统减少交通拥堵，通过智慧政务平台提高政府服务效率，借助智慧环保系统监测环境质量等。

（四）安全保障层：技术风险与隐私保护的屏障

安全保障层是未来城市智慧治理结构框架中不可或缺的一环。随着城市治理的智能化水平不断提高，数据安全与隐私保护问题日益凸显。因此，必须建立完善的安全保障体系，包括数据加密、访问控制、身份认证、审计追踪等机制，确保城市数据的安全性与隐私性。同时，还需加强网络安全防护能力，抵御各类网络攻击与威胁。

（五）标准与法规层：规范发展的指引

标准与法规层，是未来城市智慧治理结构框架的重要保障。通过制定和完善相关标准与法规，可以规范智慧治理技术的研发与应用行为，促进技术之间的互操作性与兼容性。同时，标准与法规还能为智慧治理的可持续发展提供法律保障和政策支持。

第二节　未来城市智慧治理可能面临的困境

未来城市的智慧治理本质是一种在大数据、云计算、人工智能等数字技术支撑的基础上，政府、企业、社会团队、城市居民等多元主体打破传统利益格局而构建的一种全新的群体治理模式。这种治理模式是由复杂的技术系统、社会系统、自然生态系统叠加而成。各系统在各自的轨道运行，以及系统与系统间的互动中本身就可能存在各种不可控的风险，这些风险可能给未来城市的智慧治理造成诸多不利后果。

一、技术风险困境

技术是实现目的的手段集合，它通过进化，推动着经济和社会的发展[①]。未来城市的智慧治理，是建立在技术之上，涉及多种技术在城市治理中广泛而深入地运用。从技术层面看，作为风险综合体的技术，在城市治理中，可能会因为技术路径锁定、技术失灵风险、技术垄断、技术的创新抑制等技术依赖困境，给城市治理的灵活性、效率与可持续性等带来诸多挑战。

---

① 布莱恩·阿瑟. 技术的本质：技术是什么，它是如何进化的 [M]. 杭州：浙江人民出版社，2018：2.

首先，技术路径锁定问题①，限制了智慧治理的灵活性和创新空间。比如武汉的智慧城市建设因各家供应商因软硬件体系的兼容性、可行性几乎为零，虽然项目投入高达 1.75 亿元，但最终还是不了了之②。其次，技术失灵风险可能给智慧治理造成不可忽视的隐患③。智慧治理系统的高度复杂性，意味着任何一个环节的故障都可能引发连锁反应，影响整体运行效率和服务质量。2019 至 2020 年，委内瑞拉国家电网干线因多次遭受网络攻击，全国大面积停电，造成经济社会秩序一片混乱④。再次，技术垄断与高昂的治理成本紧密相关。智慧治理的高技术投入使得少数企业在市场中占据垄断地位，这不仅增加了政府的财政负担，还可能削弱治理主体的自主性，影响治理效果。从次，技术垄断还进一步抑制了技术创新⑤。少数企业对关键技术的掌控可能通过专利壁垒和技术封锁阻碍竞争，限制了新技术和解决方案的涌现，阻碍了城市治理的进一步升级和发展。最后，技术依赖还可能导致数字鸿沟的加剧。在智慧治理的背景下，技术资源的不均衡分配可能加剧社会不平等，使得部分群体难以享受到智慧治理带来的便利和福祉。

二、数据安全与隐私保护困境

在智慧治理中，海量数据的收集、存储和分析成为常态，但也为数据泄露提供了温床⑥。技术漏洞、人为失误或恶意攻击均可能导致数据泄露，威胁个人隐私及公共安全。例如，智慧城市系统可能因安全漏洞被黑客攻击⑦，或是某些技术人员为个人私利贩卖公共数据等，给城市治理造成不

---

① CARLSSON. Technological systems and economic performance：The case of factory automation [J]. Springer Netherlands, 1995：97-101.

② MEM 管理案例：智慧城市项目频频烂尾，我们还能再给它机会吗？[EB/OL].（2021-3-30）[2024-03-20]. https://www.memedu.com.cn/mem-case/2813-2021-0330-14. html.

③ AMIT R，ZOTT C. Value creation in e-business [J]. Strategic Management Journal, 2001, 22 (6-7)：493-520.

④ 陈千凌. 雨后郑州的反思：城市"智能"为何变"无能"[EB/OL].（2021-08-13）[2024-05-13]. https://new.qq.com/rain/a/20210813A0DMJY00.

⑤ 晏文隽，王小雪，李德鸿，等. 技术垄断条件下关键核心技术合作创新的演化稳定策略研究 [J]. 中国管理科学, 2023, 31 (7)：227-236.

⑥ ACEMOGLU D，RESTREPO P. Artificial intelligence, automation and work [J]. Social Science Electronic Publishing, 2018：118-124.

⑦ KITCHIN R，DODGE M. The (in) security of smart cities：Vulnerabilities, risks, mitigation, and prevention [J]. Journal of Urban Technology, 2017：1-19.

良影响①。隐私保护机制尚不完善，难以应对智慧治理中的隐私风险②。法律法规滞后于技术发展，对新技术应用中的隐私问题规制不足。同时，技术本身的隐私保护能力也有待提升，如智慧安防系统中的人脸识别技术，缺乏有效的隐私保护措施，引发公众担忧。数据在智慧治理中被广泛应用，但滥用与误用风险不容忽视③。部分机构或个人可能出于私利而滥用数据，或算法设计不合理导致数据误用，损害公共利益和个人权益。

三、数字鸿沟的困境

数字鸿沟是制约未来城市智慧治理效能的一大障碍。不同主体由于知识结构、认知层次、利益诉求、参与程度等差异，使其在城市的智慧治理中，面临着接入、使用、认知、利益及参与等多个层面的数字鸿沟。比如老人、儿童、低收入群体、残疾人等，可能因为年龄、收入、身体条件等因素，导致其在获取和使用信息技术能力上存在差异，难以接入智慧治理服务④，造成社会不平等。即便他们接入了智慧治理相关服务和系统，但数字技能和知识的差异，使他们针对智慧服务的使用效果存在显著差异，甚至难以充分利用智慧服务，由此可能产生了新的社会不平等⑤。例如，智能政务平台虽便捷高效，但低技能群体因操作复杂而放弃使用，导致服务利用率低下⑥。由于不同群体对数字技术的认知和理解存在差异，影响其对智慧治理服务的接受度和利用效果，比如老年群体可能因对新技术的不熟悉而排斥智慧治理服务，限制了其享受便捷服务的机会。此外，城市智慧治理的高效性、便捷性一般容易被少数高数字素养与资源的群体垄

① 四川省攀枝花市东区人民法院. 数十亿条信息失窃！公安部公布 2021 年侵犯个人信息十大典型案例［EB/OL］.（2022−01−25）［2024−05−24］.https：//www.thepaper.cn/newsDetail_forward_16452308.

② PIERCE, JOHN C. Technology and social inclusion：rethinking the digital divide（review）［J］. Comparative Technology Transfer & Society, 2004, 2（2）：218−220.

③ 段永彪,董新宇. 数字治理与城市高质量发展：推动机制与创新路径：基于数字治理理论的解释［J］. 地方治理研究, 2023（4）：55−66.

④ DIJK JAGMV. The deepening divide：Inequality in the information society［J］. mass communication & society, 2005.

⑤ MIECZKOWSKA S. Technology and social inclusion：Rethinking the digital divide（book）.［J］. 2004.

⑥ KIM Y., LEE J. Digitally vulnerable populations' use of e−government services：inclusivity and access）［EB/OL］.（2021−05−18）［2024−03−26］.https：//www.lunlunapp.com/newsDetails/b04a8254c74264778e28f782cf7fb69b.

断，弱势群体难以享受这些服务，导致利益分配不均①。例如，滴滴打车、萝卜快跑、广州的"空中的士"等便捷、智慧交通的出现，虽提升了出行效率，但因低收入群体、低数字技术的人群，可能因无力负担或不会使用，而享受不到其便利。同时，有些智能设备，智慧服务可能因需要专业的技术操作或制度条件才能使用，导致部分主体无法有效参与到城市的数字治理中，从而削弱了其话语权和影响力②。

四、算法偏见的转增

算法是未来城市智慧治理的"大脑"。但数据低质、算法透明度不高、技术垄断、监管滞后及公众参与深度不足等系列原因造成算法偏见问题，可能使其成为制约未来城市智慧治理公正性与有效性的关键因素③。早在1996 年，弗里德曼等就研究指出，算法并非中立，其输出结果可能反映并放大社会偏见④。首先，算法依赖于数据，而数据的代表性、完整性与准确性直接影响决策结果。若数据本身存在偏见，如性别、种族或经济地位的歧视性记录，算法则会放大这些偏见。例如，2019 年推出的 Apple Card 因其算法将女性设置为较低的信用额度而备受诟病⑤。其次，由于算法技术复杂，加上行业普遍持设计者不公开具体机制原则，透明度不足的算法加剧"黑箱"，从而助长算法偏见问题，更难监督与纠正潜在的偏见⑥。最后，智慧治理算法的技术门槛很高，一般企业很难企及，更别说普通公众，因此好的算法可能因商业利益被少数企业垄断，甚至故意保留算法黑箱，隐藏偏见，使人难以识别和监督⑦。关于少数企业垄断、控制算法的问题，法国的建筑与城市技术史专家安托万·皮肯曾在他的著作《智慧城

① DIMAGGIO, P., HARGITTAI, E. From the "digital divide" to "digital inequality"：Studying internet use as penetration increases. Social Inequality［J］. 2001, 27（3），311–335.

② GRAY J. Technology and social inclusion：Rethinking the digital divide［J］. Journal of Economic Issues，2008, 38（1）：709–733.

③ SCHRAG F. Review of weapons of math destruction：How big data increases inequality and threatens democracy［J］. Education Review，2017, 24.

④ FRIEDMAN B, NISSENBAUM H. Bias in computer systems［J］. Acm Transactions on Information Systems，1996, 14（3）：330–347.

⑤ KARA E. JOYCE. 大数据中的偏见：如何发现它并减轻其影响［EB/OL］.邹铮,译.（2021–03–14）［2024–03–24］.https://searchdatabase.techtarget.com.cn/7–23481/.

⑥ CASTELLS M. The Internet galaxy［M］. Oxford University Press，2001：54.

⑦ HAM C. The human factor：Revolutionizing the way people live with technology［J］. Bmj Clinical Research，2004, 329（7477）：789–790.

市：一种空间化的智能》中这样论述："我们熟知的所谓的信息社会，其实源自政府和大公司分别用来管理社会政策和客户而开发的大规模文档记录技术，同时也受制于它们①。"

五、制度依赖困境

制度体系是未来城市智慧治理的基础保障，但如果制度设计不合理、利益协调机制不畅、新旧制度与文化的融合不够，就可能阻碍城市治理智慧化顺利转型。智慧治理是数字化时代孕育出的一种新的治理模式，但也往往受限于既有的制度框架与治理路径，一旦形成路径依赖，后续的技术升级和治理模式调整将变得困难重重。这不仅限制了城市的创新能力，还可能加剧技术垄断和治理成本上升。比如徐爽爽曾研究指出，我国城市基层政府数字治理改革相对滞后，就是因为陷入了官僚制路径依赖锁定效应的泥淖②。一旦城市选择了特定的技术平台或治理模式，后续的更新迭代可能面临技术路径锁定的风险，难以灵活应对新的治理需求和技术变革。如果现有制度体系在智慧治理的快速发展中过于滞后，它往往会成为技术革新的障碍③。智慧治理是政府、企业、公众等多个利益主体协同的一种群体治理模式。同时，主体参与、协同的过程，往往是冲突、矛盾化解的过程，是权益、利益共享的过程④。在未来城市的智慧治理推进过程中，如何化解各方冲突、平衡各方利益、确保治理目标向着公平公正方向，是智慧治理亟待解决的核心问题。例如，谷歌系公司人行道实验室（Sidewalk Labs）在加拿大多伦多打造"未来城市"计划折戟的原因，就是该项目在数据收集和隐私保护上不力⑤。另外，监管体系建设的滞后，可能给智慧治理中的一些应用带来合规难题，致使一些不法行为的滋生。

---

① 安托万·皮肯. 智慧城市：一种空间化的智能［M］武汉：华中科技大学出版社，2023：4.

② 徐爽爽. 城市基层政府数字治理中官僚制路径依赖问题研究［D］. 大连：东北财经大学，2023.

③ ACEMOGLU D，RESTREPO P. Artificial intelligence，automation，and work［J］. The Economics of Artificial Intelligence，2019：3-8.

④ ABBOTT，C，GOLD S F，ROTELLA M.，et al. The internet galaxy：Reflections on the internet，business and society（book review）.［J］. Publishers Weekly，2001：108-114.

⑤ 南都科创工作室. 智慧城市逃不过的商业逻辑：谷歌系智慧城市项目失败因没钱赚［EB/OL］.（2020-05-13）［2024-03-23］.https://m.mp.oeeee.com/a/BAAFRD0000020200513319498.html.

例如，2023 年，NextGen Healthcare 的医疗数据泄露事件就是一个明证①。当然，智慧治理的推进还需克服文化认同与制度融合的挑战。由于不同地区的组织文化、治理传统和制度体系等存在差异，如何在新兴技术与传统文化之间找到平衡点，实现制度的顺利融合，也是助推城市智慧治理走向可持续发展的必由之路。

六、文化冲突与组织障碍

多重文化的冲突与组织障碍，也可能是阻碍未来城市智慧治理进一步发展的一个重要原因。城市中不同社群，可能因为不同的历史、地域、经济、信仰、生活习性等因素，而形成独特的价值观和文化认同②。智慧治理在城市社区中的推进，往往伴随着新技术、新观念、新的生活方式，与传统价值观念、旧的生活方式、文化认同的保持（保护），以及与部分社群的价值和文化认同的冲突。例如，巴塞罗那在实施"超级街区"项目的初期，也曾遭遇了部分居民的抵制，他们认为这违背了城市开放的传统观念。最后是通过广泛的社区参与和对话，多次的方案调整，在兼顾开放性与安全性的情况下，才成功化解了文化认同冲突③。智慧治理的推进必然伴随着权力结构的调整，传统治理主体的权威和影响力可能受到冲击。因此，未来城市的治理的核心问题仍然是处理好政府与市场、社会间的关系。也就是说，在发挥政府主导作用的同时，要充分发挥好市场、社会等多元主体的作用。换句话说，就是要完善相关组织机制，实现自上而下的权威治理、自下而上的民主治理与第三条道路的协同治理的有机互动。智慧治理的复杂性和多样性要求建立高效的沟通与决策机制，以确保各治理主体间的信息畅通和协同合作④。然而，在现实的城市智慧治理组织体系中，往往因为信息不对称、决策滞后等问题，使城市智慧治理陷入无法自救的漩涡。

---

① 大数据协同安全技术国家工程研究中心. 全球数据安全观测［EB/OL］.（2023-04-24）［2024-03-24］.http://www.nelab-bdst.org.cn/data/upload/ueditor/20230515/6461dbf2a7943.pdf.

② SCHNEIDER P A, CLARK T. The information age：Economy，society and culture. volume I. The rise of network society ［J］. Cities，2009，48（2）：132-134.

③ 巴塞罗那政府和城市生态机构. 巴塞罗那社区改造方案［EB/OL］.（2014-01-01）［2014-04-01］. https://pocacito.eu/sites/default/files/Superblocks_ Barcelona POCACITO_ chinese.pdf 5.

④ 幕枫. 网络对社会的影响 ［J］. 国外社会科学，2005（2）：85-86.

第三节　未来城市智慧治理困境的化解思路

一、构建多元化技术生态，降低技术依赖风险

影响城市智慧治理的不是单一的技术问题，而是技术生态和技术群的问题。也就是说，未来城市的智慧治理中的技术风险问题，其实是一个技术生态风险问题。

根据技术多样性理论的阐述，多样化的技术路径有助于创新和技术升级①。在具体的策略上，政府可以通过设立专项的建设基金，支持多家技术企业和科研机构共同参与智慧城市技术研发，形成多元化的技术生态系统。通过引入多种技术路径和供应商，以及整合、优化和使用多种技术路径的解决方案，避免对单一技术的过度依赖，从而降低技术锁定风险，提高治理系统的灵活性和韧性。另外，要制定和推动技术标准开放，立足于前景广阔的技术路径，注意不同软硬件体系的兼容性和互操作性，以确保智慧治理系统的灵活性和可扩展性，从而降低技术转换的成本。例如，新加坡政府在智慧城市建设中，就以招标的形式引入多家国际知名科技企业参与研发，推动开放标准的建设，促进了数据的流通和共享，降低了技术门槛，增强了系统的互操作性。

二、加强数据安全与隐私保护，构建信任体系

数据安全与隐私保护是未来城市智慧治理的基石。可以立足于物理安全、网络安全、应用安全、数据安全等多个层面，构建一个全过程、全方位的信息安全防护体系。例如，借鉴欧盟的《通用数据保护条例》（GDPR）的法律框架，明确政府、平台企业，以及技术专家在数据收集、存储、使用的规范和责任，对违反隐私保护的企业和个人实施高额罚款，甚至上刑。加强数据加密、访问控制、审计追踪等技术手段在智慧治理全过程中的推广与应用，提升数据监管的技能，保障个人隐私和公共安全。此外，可以通过加强公众的隐私保护意识教育，监管技能提升培训，构建

---

① TUSHMAN M L, ANDERSON P. Technological discontinuities and organizational environments [J]. Administrative Science Quarterly, 1986, 31 (3)：439-465.

政府、企业、公众共同参与的数据信任体系。

三、弥合数字鸿沟，促进技术普及与教育

习近平总书记曾多次强调，要坚持人民城市人民建、人民城市为人民。数字鸿沟是阻碍未来城市智慧治理最重要的拦路虎。各城市应通过普及信息技术教育、提供数字技能培训、优化智能设备设计等方式，提升弱势群体的信息技术能力，使其能够充分享受智慧治理带来的便利。同时，政府和企业可以合作推出针对老年人、残疾人等特殊人群个性化需求的智能设备和服务，如简化操作界面的智能手机、语音控制的智能应用设备等，提高他们使用智能技术的便利性。推动智慧治理服务向基层延伸，确保所有居民都能享受到智慧治理带来的便利和福祉。

四、提高算法透明度，减少算法偏见

建立算法审计和评估机制，对算法决策过程进行透明化处理。例如，美国纽约市推出的《算法问责法案》（Algorithmic Accountability Act），要求政府和企业对使用的算法进行公开和解释，以增强公众对算法决策的信任。同时，各城市可通过推动算法开源，鼓励学术界和产业界共同参与算法的研究和改进，减少技术垄断；加大对算法设计、运行和结果的公开力度，接受公众和监管机构的监督；加强算法伦理教育，引导算法设计者遵循公平、公正、透明的原则，从而减少算法偏见，提升公众对智慧治理的信任度。

参考文献

英文文献:

［1］DIMAGGIO, P., HARGITTAI, E.. From the "digital divide" to "digital inequality": Studying internet use as penetration increases ［J］. Social Inequality, 2001, 27 (3), 311–335.

［2］FRIEDMAN B, NISSENBAUM H. Bias in computer systems ［J］. Acm Transactions on Information Systems, 1996, 14 (3): 330–347.

［3］GRAY J. Technology and social inclusion: Rethinking the digital divide ［J］. Journal of Economic Issues, 2008, 38 (1): 709–733.

［4］GYOURKO J, TRACY J. The structureof local public finance and the qualityof life ［J］. Journal of Political Economy, 1991, 99 (4): 774–806.

［5］NORTON E. LONG. The city as a political community ［J］. Journal of Community Psychology, 1986, 14 (1): 72–80.

［6］PIERCE, JOHN C. Technology and social inclusion: Rethinking the digital divide (review)［J］. Comparative Technology Transfer & Society, 2004, 2 (2): 218–220.

［7］SCHNEIDER P A, CLARK T. The information age: Economy, society and culture. volume I. The rise of the network society ［J］. Cities, 2009, 48 (2): 132–134.

中文文献:

［1］狄凡, 周霞. 超大城市治理公众参与演变历程与现状分析: 基于国内外比较的视角 ［J］. 上海城市管理, 2019, 28 (6): 4-14.

［2］姜晓睿, 田亚, 蒋莉, 等. 城市道路交通数据可视分析综述（"大数据可视分析"专栏）［J］. 中国图象图形学报, 2011 (4): 6-19.

［3］刘漳辉，郭文忠，陈羽中，等.基于大数据与人工智能的疫情防控平台建设方案［J］.福州大学学报（哲学社会科学版），2020，34（2）：19-24.

［4］彭勃，赵吉.从增长锦标赛到治理竞赛：我国城市治理方式的转换及其问题［J］.内蒙古社会科学（汉文版），2019，40（1）：63-70.

［5］文军，高艺多.技术变革与我国城市治理逻辑的转变及其反思［J］.江苏行政学院学报，2017，96（6）：47-56.

［6］安东尼·M.汤森，赛迪研究院专家组.智慧城市：大数据、互联网时代的城市未来［M］.北京：中信出版社，2014.

［7］保海旭，陶荣根，张晓卉.从数字管理到数字治理：理论、实践与反思［J］.兰州大学学报（社会科学版），2022，50（5）：53-65.

［8］鲍红信.共和晚期至帝国早期罗马城市的社会管理：以罗马城为中心的考察［J］.都市文化研究，2021（1）：42-60.

［9］鲍静，贾开.数字治理体系和治理能力现代化研究：原则、框架与要素［J］.政治学研究，2019，（3）：23-32，125-126.

［10］陈蕾.社会组织参与社区矛盾化解的实践探索：以上海绿主妇工作室为例［J］.上海党史与党建，2019，383（4）：50-53.

［11］陈俐锦，吴士勇，张耀光.省会城市卫生资源与医疗服务的首位集中度评价［J］.中国卫生信息管理杂志，2023，20（2）：302-308.

［12］陈水生.城市治理数字化转型的整体性逻辑［J］.兰州大学学报：社会科学版，2022，50（6）：9.

［13］陈水生.迈向数字时代的城市智慧治理：内在理路与转型路径［J］.上海行政学院学报，2021，22（5）：72-80.

［14］陈伟东，吴恒同.论城市社区治理的专业化道路［J］.华中师范大学学报（人文社会科学版），2015，54（5）：21-28.

［15］陈晓莉，翁迎港.包容性治理：城镇化社区治理策略选择［J］.中共宁波市委党校学报，2022，（5）：76-86.

［16］邓芙蓉，郭新彪.我国快速城镇化过程中应关注的环境与健康问题［J］.中华疾病控制杂志，2018，22（5）：433-434，444.

［17］邓剑伟."后现代"公共行政话语下的公民参与问题研究［J］.华东经济管理，2012，26（6）：21-25.

［18］邓敏，刘启亮."大知识"时代地理信息科学专业本科人才培养

探索与实践［J］.测绘通报，2023，（8）：178-181.

［19］丁金宏，刘振宇，程丹明，等.中国人口迁移的区域差异与流场特征［J］.地理学报，2005，（1）：106-114.

［20］丁龙.公共行政合法性的解构与重建：后现代主义的指向［J］.电子科技大学学报（社科版），2011，13（6）：8-12.

［21］丁亦敏.政府跨部门数据共享的网络结构与组织角色［D］.济南：山东大学，2023.

［22］丁盈，朱军，王晓征.数字孪生系统设计与实践［M］.北京：清华大学出版社，2023.